国家社会科学基金一般项目"法社会学视角下
西部地区湿地保护立法研究"（批准号：14BFX115）
最终研究成果

西部地区
湿地保护
法律问题研究

黄中显　黄谟媛　著

WUHAN UNIVERSITY PRESS

武汉大学出版社

图书在版编目(CIP)数据

西部地区湿地保护法律问题研究/黄中显,黄谟媛著.—武汉:武汉大学出版社,2023.12

ISBN 978-7-307-24189-3

Ⅰ.西… Ⅱ.①黄… ②黄… Ⅲ.湿地保护法—研究—中国 Ⅳ.D922.682.4

中国国家版本馆 CIP 数据核字(2023)第 237310 号

责任编辑:沈继侠   责任校对:鄢春梅   版式设计:韩闻锦

出版发行:**武汉大学出版社**   (430072   武昌   珞珈山)

(电子邮箱:cbs22@ whu.edu.cn   网址:www.wdp.com.cn)

印刷:湖北云景数字印刷有限公司

开本:720×1000   1/16   印张:14   字数:227 千字   插页:1

版次:2023 年 12 月第 1 版   2023 年 12 月第 1 次印刷

ISBN 978-7-307-24189-3   定价:58.00 元

版权所有,不得翻印;凡购我社的图书,如有质量问题,请与当地图书销售部门联系调换。

目　　录

绪　　论

一、研究背景和意义

（一）研究背景

我国湿地资源类型多、面积大、分布广、区域差异显著、生物资源丰富，正因如此，我国已经成为国际湿地保护和生物多样性保护的热点地区。近年来，由于气候变化和人文的影响，尤其是全国各地快节奏的经济发展，我国湿地被大规模开发利用，湿地面积急剧下降，生态环境的多样性遭到了严重破坏。影响湿地生态状况的人为因素有工业污染、农业污染和生活污染等污染形式，以及围垦、非法狩猎、过度捕捞、过度采集、外来物种入侵和基础设施占用土地等生态破坏形式。在国家和社会层面上，对湿地资源的认知，有一个逐步转变的过程，整体上，湿地保护工作正逐步得到重视。自 1992 年 7 月 31 日《湿地公约》对我国生效以来，我国明显加大了对湿地保护的政策推动和实际保护力度，加强了与湿地保护相关的恢复工程和湿地保护能力工程建设。履约 30 年来，中国建立了湿地保护修复制度体系、法律法规体系、调查监测体系，实施了三个五年期的《全国湿地保护工程规划》，指定了 82 处国际重要湿地，13 座城市获得了"国际湿地城市"称号，完成了 4100 多个湿地保护修复工程项目，建立了 600 余处湿地自然保护区、900 余处国家湿地公园，湿地保护迈上了新台阶。但是，我国湿地保护形势仍然严峻，还面临着一系列的问题，例如湿地生态功能退化、湿地价值未能充分释放、湿地保护法律体系不完整和湿地保护率低等问题。

将西部地区的湿地资源保护问题与西部大开发格局联系在一起，经济利用与湿地生态冲突更甚，湿地开发利用的无序和失范、经济发展对湿地资源的侵蚀都需要引起重视。实践中具体体现为：一是湿地留存还是开发利用的决策冲突。城镇化进程伴随基础设施和房地产开发的扩张，地方建设会涉及湿地是整体性留存还是进行开发利用以满足城镇化建设需要的问题。在经济利用上，湿地有多种用途的，例如养殖业、农业、种植业等，此时湿地是留存还是利用存在冲突。在经济发展利益驱动下，地方性决策偏向湿地留存，主张让位于湿地开发利用。二是不合理开发利用造成的湿地破坏。即使政府决策确定需要开发利用湿地资源并要求在此过程中注意湿地资源保护，但实际不容易做到。湿地资源与一般自然资源开发利用模式和方法有所不同。由于对湿地的生态功能和价值缺乏充分认知导致缺少保护意识，开发中很难进行有效保护。客观上，不合理开发利用过程中容易造成湿地破坏。如何在开发利用和生态保护中取得平衡是湿地法律规制的重要课题。西部地区各种社会主体利益冲突更为复杂导致利益平衡难度加大。从社会发展看，西部地区处在社会和产业转型关键性阶段，国家大力支持西部大开发，西部地区基础开发节奏更快、更强；从产业发展看，西部地区大量承接东部工业产业转移，产业转移可能伴随环境污染的转移。

从国家宏观政策看，对新一轮西部大开发较前有不同诉求：一是国家的生态文明社会建设目标、"两山论"环境保护要求、"五位一体"发展理念和发展模式，对西部地区环境保护和自然资源开发利用构成了宏观约束，西部开发面临着更严格的生态环境保护要求。二是西部地区是我国全面推进乡村振兴的重要地域。其间如何解决西部地区经济、社会发展与地方生态环境保护之间的冲突，在全面推进乡村振兴道路上实现经济、社会同环境效益统一，是实现全面振兴乡村关键所在。此问题在西部地区少数民族聚集区更为突出，例如生态产业和生态补偿作为实现乡村振兴重要路径被赋予了新的价值，但也给湿地保护带来了难题。

在依法治国语境下，湿地保护法律规制逐步加强。因此，2012年以来，我国不断加强湿地保护工作，在国家和省级层面建立了近100项湿地相关制度，初步形成湿地保护政策和法律制度体系。我国积极履行国际湿地公约承诺，出台相关政策加强对湿地的重视和保护。地方各省市制定了一系列法规、规章和规范性文件规范湿地保护和开发利用。但是整体上制度绩效并不明显，湿地立法没有达到理想的法律效果，并未从根本上改变湿地面积下降、湿地生态系统功能衰退的趋势。2021年12月出台的《中华人民共和国湿地保护法》标志着我国迎来湿地保护新阶段，为全面加强湿地保护提供坚实法治基石。但湿地保护法律规制仍存在一些问题：一是"湿地"内涵依旧不够明确。湿地概念内涵外延确定是明确湿地保护关键所在。《中华人民共和国湿地保护法》中关于湿地"具有显著生态功能的"这一定语存在模糊性、"用于养殖的人工水域和滩涂"也存在歧义，当前立法对于湿地定义标准模糊问题，也会导致在社会湿地保护实践中无法周延保护全部的湿地类型，这便与湿地保护全国立法统一管理之初衷相互违背。其二，即使我国当前已经出台了全国统一立法，为我国湿地保护工作提供了基本依据，但其内容落实仍需依赖地方转化立法与具体执法。因此，关于当前共计 28 个出台关于湿地保护条例的相关省市应当加快地方湿地保护立法的"立改废释"。其三，我国各省市现存湿地地方立法缺乏针对性和操作性。在上位法基础上，各个省市地方立法修订应当更强调地方特色。在以往湿地保护地方立法活动中，由于国家层面立法缺失，导致湿地保护法律规制探索缺乏方向性。各省市在湿地立法上相互借鉴、内容过于雷同，法律条文缺乏地方特色。另外，在具体条例制定上，西部地区对东部地区立法依赖性过多，观望等待东部地区立法和内容复制过多。这应当是在其后修法活动中需要加强改进之处。其四，湿地管理体制不能跟上湿地保护管理发展要求。长期以来我国湿地管理体制集中体现了行政机关专业的分工原则，虽可以有效发挥部门优势和管理专业化，但是在实际管理工作中暴露出了不少问题，例如不同部门强调自己工作责任范围，忽视与其他部门密切联系，很难实现对湿地综合保护

西部地区是一个特殊场域，如何在其经济发展、社会转型、产业结构升级的社会背景以及特殊国家宏观政策诉求下，寻求湿地保护法律规制有效方法和路径，这是本书需要解决的主要问题。

（二）研究意义

湿地资源具有经济价值、生态价值、社会价值等多元价值，这已为社会普遍所认同。作为环境资源的重要类型，无疑也承载了这种多元价值。结构上其生态价值权重更突出。湿地资源的有效留存和保护一直是我国环境生态保护的难题，需要构建一种更为实用有效的利益协调与平衡法律机制。为此，需要吸取不同学科的营养、谋求制度合力、寻求制度创新。于此，本书具有以下理论和实践意义：

（1）理论价值。本书其中关于湿地本质内涵、湿地保护立法理念、内容

和制度路径创新等研究，吸收了大量已有理论成果，尤其是区域性环境保护理论、利益相关者理论、社会冲突理论，结合区域性社会经济的发展对湿地保护的不同诉求，结合地方性知识理论，在前人研究基础上有所创新，丰富了环境法基础理论、自然资源保护理论和社会法学理论和方法学术运用。

（2）实践价值。研究成果对西部各个地区乃至全国湿地保护实践具有重要参考价值。我国刚刚出台并实施《湿地保护法》，但绝大多数西部地区省市没有出台或者修改相应地方性法规和规章。当前，社会经济发展与环境生态保护已经进入更深、更广泛的利益博弈阶段，对法律规则诉求更为迫切。本书对西部地区湿地资源保护现状、问题和原因等进行系统分析，并提出了有效解决问题方法和路径。成果对于克服西部地区湿地保护立法理念滞后、法律文本共性太多、缺乏区域性和地方性特色等问题贡献良好智识，对西部地区乃至国家湿地保护政策制定、法律实施和综合机制构建具有较强的参考意义。

二、国内外研究现状述评

国际上对于湿地保护研究比较广泛，研究深入并取得了重要进展，包括湿地概念界定，湿地管理机构，湿地开发利用和湿地恢复重建。1971年拉姆萨尔制定的《湿地公约》对世界范围内的湿地保护起到举足轻重的作用。1982年第一届国际湿地研讨会出版了《湿地生态与管理》一书，让全世界湿地保护研究跨入了新的发展进程。1997年，美国著名生态学家Costanza在生态服务价值的基础上对全球大部分生态系统进行研究，湿地研究和保护得到进一步重视和加强。美国湿地研究成果丰富，极大地推动了相关的立法，产生了以宪法为根本，联邦、州和地方政府湿地保护法三级效率不同、彼此合作的体系。地方性立法如新罕布什尔州的《湿地填埋和疏浚法》、纽约州的《潮沙湿地法》等影响较大。美国学者Mitsch和Gosselink从生物、水和土壤方面定义了湿地的科学概念，采用了典型的湿地定义科学模式，这也是目前广泛采用的定义模式。目前，欧洲学者关于湿地的研究，重点围绕湿地退化和受损湿地生态系统的恢复和重建。英国形成了相对完整的湿地保护法律体系，主要由国际公约、欧盟指令、中央政府和地方政府三个层面构成。其中，湿地自然保护区制度以及湿地政府采购制度等，是英国比较独特的湿地保护措施。关于湿地保护立法方面的研究，欧洲发达国家的有关研究成果十分丰富，但立法起步较晚，主要以调整有关湿地法律关系为重点，开展湿地管理专门立法的国家只有很少一部分。至于地方性的湿地保护立法研究，更是缺乏。

国内有关湿地保护立法研究重心在以下方面：

关于湿地保护法律规制一般性研究。体现在：（1）关于湿地的法律定义问题，学术界普遍认为现有的湿地法律概念不够全面，这对湿地保护实践产生了不利影响。一些学者建议将广义的湿地界定与重要湿地名录制度相结合，但由于该名录划定了湿地的保护范围和边界，未被列入该名录的湿地将无法从法律上得到保护，另外，关于我国湿地名录在一定程度上存在重叠，这也不利于湿地的保护。另一些学者指出，在我国，湿地的定义缺乏区域间湿地保护的实践借鉴，例如小型湿地的保护，在统一认识方面也存在缺陷。目前，国内外学者已经进行了比较系统的整理和归纳，探讨如何在理论和实践层面上更好地统筹湿地法律概念，我国也于 2023 年发布了相应的小微湿地认定标准。因此，有必要进一步深入探讨这个问题。（2）湿地要素保护相关研究。一些学者指出我国湿地资源需要立法管护的紧迫性，建议以生态主义作为湿地立法的指导思想，强化对湿地土地资源、生物资源和水资源的立法。（3）具体制度和机制完善。学者们提出湿地保护法自身有待完善并且应当尽快搭建相应的配套保护设施。部分学者以湿地保护立法机制为切入点提出建议，如有学者提到要确立以政府投入为主，全社会拥护的生态环境建设的湿地生态补偿机制，也有学者提出公众参与原则的法律依据，还有学者提出应尽快健全湿地保护生态补偿制度体系，其问题具体表现为湿地保护主体权利义务关系不清、责任主体单一等，应健全生态补偿制度的法律保护体系及其配套措施，增强制度的可行性。（4）湿地保护管理体制。学界普遍认为目前需要重点改变管理分散、责任不明的现状。一些学者提出现有的管理模式存在着共同管理、分工协作、协调困难等问题，同时也指出现有的管理体制对湿地发展的制约。有的学者建议设立以湿地系统为单位的跨行政区域的统一湿地管理机构，有的学者提议应当搭建更为具体的湿地保护部门间协作机制。此外，学者们对湿地保护法律总体状况的研究还不够系统，较少结合国外湿地经验和地方湿地法律保护优秀成果进行论述。

关于湿地保护地方法律规制。体现在：（1）侧重于对地方性湿地问题自然科学调查并以此作为立法参考。（2）大多是立法建议式问题与对策性建议。

有的学者从湿地保护法律理论依据、法律构造等角度出发，对各省市湿地保护立法提出建议。有的学者沿着立法基本原则、宗旨、管理体制、法律制度和法律责任主线对黑龙江省湿地地方立法完善提供建议；针对浙江、上海、江苏等省市湿地保护立法研究也大体如此。上位法出台后，未见有相关针对性较强的相关研究成果。

关于湿地保护法律规制研究虽然取得不少成果，但仍有诸多拓展空间：一是就研究视角而言，各类研究主要侧重于自然科学和管理保护视角。例如很多成果围绕各类湿地类型自然科学问题和管理展开，针对湿地相关法律科学问题论证则相对较少。二是偏向理论分析，缺乏实证性分析。这使得研究成果忽略社会多元主体利益诉求，地方立法科学性支撑不够。一方面相关立法论证缺乏深厚的学科背景知识，导致相关法律规则缺乏科学理性，仅仅停留于对某些地方性问题现状、原因和简单对策分析。另一方面地方立法社会性、利益协调性失衡，并未考虑政府公共部门、社会群众等的不同利益诉求。三是伴随着上位法出台及实施，需加快地方立法"立改废释"工作，改变地方立法陈旧、空白、特色不明显等问题，但是相关研究不足。四是偏重要素研究而生态系统对策研究不够。侧重于土地资源、生物多样性、水污染控制、森林资源等要素研究，在某种程度上割裂了湿地作为生态系统的完整性，很难提出有效法律应对措施。五是偏重共性研究，缺乏个性研究。侧重于湿地保护共性问题、法律一般规则设计探索，湿地保护特殊性研究重视不够，例如对如红树林、草泽地等多元化湿地资源类型重视不够。

三、研究目标、思路和方法

（一）研究目标

对西部地区湿地保护法律规制目标、价值选择、制度路径等问题进行论证，寻求有效的预防、治理和保护协调规则，解决西部地区湿地保护法律规制需要解决的地方性、区域性、特殊性和差异性等重点和难点问题，并提出具有针对性的法律制度构建路径和方法。

（二）研究思路

就整体思路而言，本书按照"基本概念设定→研究对象现状和问题→基本理论分析→法律对策研究"思路展开。在充分考察西部地区湿地保护现状和立法现状基础上，梳理归纳其存在的主要问题，考察其法律规制影响因素。运用社会学冲突理论、利益相关理论、结构功能理论等理论方法，对之进行解释和论证，并构建西部地区湿地保护法律规制路径，最后从法律制度构建视角研究具有针对性法律规则。就切入点思路而言，本书从西部地区湿地资源公共、区域性利益特性展开，以湿地资源利益多元化冲突协调来归纳、梳理和评价西部湿地在核心问题。主要研究思路和分析框架如图 0-1 所示。

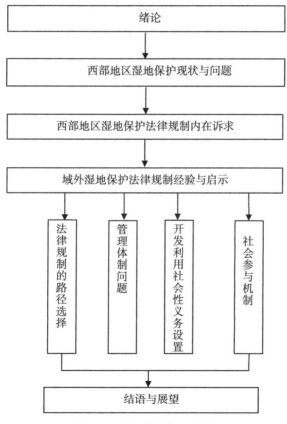

图 0-1　本书的研究思路图

（三）研究方法

本书通过多种方法综合运用：

（1）法社会学方法。贯穿了调研基础资料运用和分析，以广西、云南、贵州等西部地区省市湿地保护实践和立法现状为主要考察对象，以现实问题为分析样本，从社会运行视角对湿地保护现状和问题、立法状态、社会基础等问题考察和分析。注重法社会学方法中的相关利益、社会冲突分析方法的运用。

（2）系统分析方法。运用系统方法确立湿地问题的系统影响因子，对影响原因进行系统分析，构建多元化保护机制等，尤其注重用协同论方法分析多元利益平衡问题。

（3）比较研究方法。对国外、国内各省市湿地保护基本法律制度，如历史渊源、制度成因、内容异同、利弊后果等进行系统比较，既有纵向历史比较，又有横向制度比较，深入挖掘域外国家湿地保护制度经验和启示。

（4）文献分析方法。详细收集和分析资料，科学梳理研究所需要的论点、论据，详细收集和分析文献资料，对相关著作、论文、研究报告等进行系统分析研究。

四、创新之处

本书研究的创新之处体现在：

（1）理论创新。运用法社会学冲突论、制度经济学理论以及利益分析理论，创新性地对地方性、区域性湿地保护法律规制问题进行分析论证，丰富了环境治理的合作治理理论和区域治理理论。

（2）观点创新。西部地区湿地保护利益结构特殊性代表了特殊的利益诉求结构，对于认知湿地保护相关利益诉求具有重要价值；针对西部地区湿地保护法律规制制度创新二元化路径具有创新性；在合作治理理论基础上提出的湿地保护区社会协同治理思想具有重要参考价值。

（3）方法创新。综合运用环境科学方法、社会科学方法、经济学分析方法与法学方法相结合，从自然、社会、制度三层结构进行学科交叉研究，使得法律论证建立在可靠的自然科学和社会科学基础之上，为自然资源相关法律问题研究提供一个可行的分析论证框架。

第一章　我国西部地区湿地保护现状与问题

为了有效保护、合理开发利用西部地区湿地资源，必须从生态系统视角加强对西部地区湿地资源调查和研究，包括自然科学意义上湿地资源状态，即对西部湿地资源存量、湿地生态系统结构、湿地生物多样性、珍稀动植物资源的基本描述，也包括人文社会意义上西部湿地资源在社会运行过程中社会基础、立法状态、利益冲突、管理体制、制度规制等现状和问题考察。

第一节　湿地的概念、类型和功能

一、湿地概念①和内涵

国际上不同国家对于湿地定义存在不同解释。② 国际公认的湿地定义，是《湿地公约》中的湿地定义。1971 年的《湿地公约》将"湿地"定义为"湿地是指不问其为天然或人工、长久或暂时性的沼泽地、湿原、泥炭地或水

---

① 20 世纪 50 年代，"湿地"一词出现于美国联邦政府首次开展的湿地清查和编目工作。此词来源于英文"wetland"，由"wet"与"land"两个词组成。将"wetland"中文直接翻译为"湿地"。

② 例如，1979 年美国鱼类和野生动物管理局把"湿地"定义更新为"地下水位通常能达到或者接近地表高度或者处于被浅水淹没的状态，所处位置介于陆地和水域之间的过渡地带，而且应当具有下列一个或多个特征：（1）基底以排水不良的水成土为主。（2）至少周期性地以水生植物占优势。（3）若土层为非土壤，应当在每一年的生长季节的一部分时间被水体浸泡或淹没"。1988 年加拿大国家湿地工作组官方定义"湿地"一词为"水体淹没抑或是地下水位高度近似地表高度，或有足够长的水体浸润时间，以此达到促进湿成和水成过程，并且以水成土壤、水生植被和适应潮湿环境的生物活动为标志的土地"。1991 年英国部分学者在把"湿地"定义为"一个地面受水体浸润的地区，此地区具有自由高度的水面，一般情况下全年保持存水，或者是阶段性积水"。

域地带，带有或静止或流动、或为淡水、半咸水或咸水水体者，包括低潮时水深不超过 6m 的水域"。1982 年《湿地公约》又对湿地内涵进行了增补："湿地区域还应该囊括与湿地相邻的河流沿岸和近海沿岸，和湿地区域内的岛屿或低潮时水体深度超过 6m 的海洋水体"。该定义在广义"湿地"定义中最具代表性。

《中华人民共和国湿地保护法》出台前，我国并无明确统一立法对湿地加以定义。在《中国湿地保护行动计划》（2000）中，我国吸收了《湿地公约》中的定义，并进行了适当补充。① 在法律和法规规范层次上，无相关国家层级规范对之进行明确界定。由于无上位法明确参照，地方性法规、规章或者其他规范性文件中湿地定义，大多在《湿地公约》和《中国湿地保护行动计划》（2000）基础上，结合地方湿地保护需要加以界定。

二、湿地的分类

湿地立法上和实际管理中，按照一定的标准对湿地进行分类，可以使规则更具有科学性、针对性和操作性。

（一）《湿地公约》中的湿地分类

在《湿地公约》的湿地分类系统中，湿地可以被细分为海洋/海岸湿地、内陆湿地和人工湿地这三种主要类型。然后，根据三大类型湿地各自不同的地貌类型、水文特征、植被类型、人为干扰程度等特征，湿地可以再细分为 42 个湿地型，其中海洋或海岸湿地有 12 个湿地型，内陆湿地有 20 个湿地型，人工湿地有 10 个湿地型。

2018 年《湿地公约》第十三次缔约国大会接受并通过了由中国提交的"小微湿地保护管理（Conservation and Management of Small Wetland）"决议

---

① 该定义为"湿地是指不论其为天然或人工，长久或暂时之沼泽地、泥炭地或水域地带，带有或静止或流动、或为淡水、半咸水或咸水水体者，包括低潮时水深不超过 6m 的水域。此外，湿地可以包括邻接湿地的河湖沿岸、沿海区域以及湿地范围的岛屿或低潮时水深超过 6m 的水域。所有季节性或常年积水地段，包括沼泽、泥炭地、湿草甸、湖泊、河流及洪泛平原、河口三角洲、滩涂、珊瑚礁、红树林、水库、池塘、水稻田以及低潮时水深浅于 6m 的海岸带等，都属湿地范畴"。

草案，呼吁各缔约国关注小微湿地发挥的重要生态功能，以及在气候变化和城市化发展中面临的日益增长的威胁风险。在该项决议的指导下，针对小微湿地的调查、保护和修复将成为全球未来湿地管理工作的一项重要内容。[①]

（二）中国的湿地分类

根据 2008 年原国家林业局编制的《全国湿地资源调查技术规程（试行）》[②]，我国湿地的类型具体划分为近海与海岸湿地、河流湿地、湖泊湿地、沼泽湿地、人工湿地 5 个大类和 34 个湿地型：

1. 近海与海岸湿地

包括：（1）浅海水域。（2）潮下水生层。（3）珊瑚礁。（4）岩石海岸。（5）沙石海滩。（6）红树林。（7）淤泥质海滩。（8）潮间盐水沼泽。（9）河口水域。（10）三角洲/沙洲/沙岛。（11）海岸性咸水湖。（12）海岸性淡水湖。

2. 河流湿地

包括：（1）永久性河流。（2）季节性或间歇性河流。（3）喀斯特溶洞湿地。（4）洪泛平原湿地。

3. 湖泊湿地

包括：（1）永久性淡水湖。（2）永久性咸水湖。（3）季节性淡水湖。（4）季节性咸水湖。

4. 沼泽湿地

包括：（1）藓类沼泽。（2）森林沼泽。（3）草本沼泽。（4）灌丛沼泽。（5）内陆盐沼。（6）季节性咸水沼泽。（7）沼泽化草甸。（8）地热湿地。（9）淡泉水/绿洲湿地。

5. 人工湿地

包括：（1）水产养殖场。（2）库塘。（3）运河、输水河。（4）稻田/冬

---

① 崔丽娟，雷茵茹，张曼胤等．小微湿地研究综述：定义、类型及生态系统服务[J]．生态学报，2021，41（5）：2077-2085.

② 国家林业局 2017 年将 2008 年的标准编入林业标准修订计划，项目名称为《湿地资源资产评估和资本核算技术规范》，目前形成报批稿，但尚未公布。

水田。（5）盐田。

三、湿地的功能

湿地被誉为"地球之肾""天然水库""生命的摇篮""生物超市""鸟类天堂"，具有物质生产、能量转换、水分供给等多种功能。《中华人民共和国环境保护法》第二条关于"环境"定义的环境要素中，增加了"湿地"要素，突出了湿地在生态系统中的重要地位。[①]另外，我国在 2022 年 6 月正式实施《中华人民共和国湿地保护法》意味着将"湿地"这一生态单元作为特别法保护。具体而言，湿地生态和社会功能体现在：

（一）物质生产

湿地系统是自身拥有较强生产力的生态系统，孕育了丰富的动植物资源，可为人类提供丰富的动物产品和植物产品。例如在海洋/海岸湿地中，取自湿地的动物产品有鱼类、贝类、蟹类、虾类等，植物产品有粮食、蔬菜、药物、饲料、工农业原材料等。

作为热带亚热带海岸带海陆交错区生产能力最高的湿地生态系统，红树林湿地是进行物质生产的重要场所。例如在广西沿海地区，一直被民间传统利用、经济效益较好的红树林植物资源有星虫类、蟹类、贝类、虾类、鱼类 5 大类群，以上类群具有不同的用途，既可以作为食用植物或是经过处理后成为具有较高经济价值的药用植物，也可作为原料植物或者工业原料和蜜源营养植物。[②]

---

① 《中华人民共和国环境保护法》（2014）第二条规定："本法所称环境，是指影响人类生存和发展的各种天然的和经过人工改造的自然因素的总体，包括大气、水、海洋、土地、矿藏、森林、草原、湿地、野生生物、遗迹、人文遗迹、自然保护区、风景名胜区、城市和乡村等。"

② 例如，"白骨壤"的果实，俗称"榄钱"，是较有特色的菜肴，经常被当地老百姓作为蔬菜出售；木榄、秋茄、红海榄等湿地植物的胚轴经过去涩处理以后，和米饭或面粉等主食混合在一起可以制作成为糕饼变成可口的地方特色食物；木榄、卤蕨、白骨壤、老鼠簕和海漆等具有很高的药用价值；木榄、红海榄、白骨壤、秋茄、桐花树、海漆等植物中含有高浓度的单宁成分，经过科学加工后可提取用作药物和制成鞣料、染料；桐花树、海漆等是具有地方特色的蜜源植物。

（二）能量转换

湿地生态系统可以通过各种方式转换能量，最基本的方式是水力发电、薪柴和泥炭。

在水利电力资源中，中国水力资源总蕴藏量约 6.76 亿千瓦，可开发水力资源约 3.78 亿千瓦，在世界各国中均居第 1 位。以广西为例，广西年平均天然河川年径流量为 1892 亿立方米。水力资源的理论蕴藏量为 1751.83 万千瓦（不包括海洋能），其中可开发的为 1418.31 万千瓦，居全国第 6 位。理论年发电量为 1 534.6 亿千瓦/小时，占全国总量的 2.6%，其中红水河段长 658 千米，滩多水急，被誉为中国水电资源的富矿。广西海岸线 1628.59 千米，线型曲折，港湾多，潮汐能的理论蕴藏量为 47 亿千瓦，其中可利用的潮汐能发电量为 11 亿千瓦/小时①。又如，泥炭是沼泽环境中特有的产物，可以直接燃烧，是湿地周边社区重要的能源来源，利用泥炭资源不仅可以缓解地方社区的能源紧张，还可以美化环境。西南地区是我国泥炭分布最为广泛、储量最为丰富的区域，尤其是位于青藏高原东缘的川西北若尔盖高原。这一地区拥有独特的地质、地形、水文和气候条件，孕育了世界上面积最大、保存最完好的高寒泥炭沼泽湿地——若尔盖湿地。据相关调查评估表明，四川若尔盖湿地全区共有 220 处大中型泥炭地，泥炭分布总面积达到 2228km^2，初步估算泥炭资源总量约为 20 亿吨，占全国泥炭资源量的比例超过 40%。②

（三）水分供给

湿地提供的水资源是人类和动植物生存以及社会经济向前发展必不可少的生态要素，湿地提供了大量的工业用水、农业用水和城市生活用水。

液态水和气态水都是湿地水资源重要组成部分，前者大部分能够被直接利用，湿地空气湿度的调节很大程度上依靠湿地蒸发的水汽，因而后者通常被人类间接利用。湿地水资源中的土壤水和地下水存在于湿地土壤和岩石中，生物水存在于湿地生物体中，气态水存在于湿地所辖大气中。狭义的湿地水

---

① 广西大百科全书［M］．北京：中国大百科全书出版社，2008：108.

② 参见 http：//www.chengdu.cgs.gov.cn/gzdt_4932/cgkx_4936/202112/t20211206_686746.html。

资源是指逐年可以恢复和更新的淡水量，即湿地上由大气降水补给的各种地表、地下淡水的动态量，包括河流湿地、湖泊型湿地、湿地地下水、湿地土壤水、微咸水等。① 根据这个定义，湿地水资源可以量化和换算为经济价值。当前我国林业和草原局已经起草了《湿地资源资产评估和资本核算技术规范》，并且形成报批稿，根据此技术规范，湿地资源可以通过资本核算的基本方法转化为相应的经济价值。例如已被列入《中国重要湿地名录》的千岛湖湿地，其年平均水资源总量达 $94.75 \times 108 m^3$，年平均出境水量 $19.07 \times 108 m^3$，可供水资源量为 $75.68 \times 108 m^3$，根据支付意愿法估算其供水价值达 11.35×108 元 $\cdot m^3$②。

（四）气候调节

湿地调节气候主要体现为湿地的热容量大、异热性差和湿地的积水面积较大或者其潜水位较高两方面。③ 前者有利于湿地地区气温平衡，改善当地小气候；后者使得湿地水资源保持平衡，地下水在毛管力作用下输送到地表大量水分源源不断输送到地表，增加大气湿度和调节降水。

湿地地区的气候潮湿阴冷，通过湿地水分蒸发以及湿地中植被的蒸腾作用，水面的热量和水汽交换影响着周边地区的环境，使得周边的气温降低、空气湿度增加。以三江平原典型积水沼泽湿地及周边旱田温度差异为例，根据相关调查表明：沼泽湿地的平均气温通常低于旱田。在 0.5 米高度，两者的气温差异最为显著。随着观测高度的增加，沼泽湿地与旱田的气温差异逐渐减小。④ 研究表明，中国博斯腾湖及其周围湿地地区比其他地区气温低 1.3~4.3℃，另外，湿地面积的变化对沙尘暴、浮尘等灾害性气候的发生也有一定的影响，湿地的存在使得沙尘暴日数减少 25%，并且降低了沙尘暴大范围活动的能力。⑤

---

① 崔保山，杨志峰. 湿地学 [M]. 北京：北京师范大学出版社，2006：205.

② 宋唯真等. 千岛湖国家重要湿地非生物资源及其利用调查 [J]. 林业调查规划，2011（6）：76-80.

③ 陆健健. 湿地生态学 [M]. 北京：高等教育出版社，2006：124.

④ 拱秀丽，王毅勇，聂晓等. 沼泽湿地与周边旱田气温、相对湿度差异分析 [J]. 东北林业大学学报，2011，39（11）：93-96，101.

⑤ 滑丽萍等. 基于全球环境变化中国湿地问题及保护对策 [J]. 首都师范大学学报，2005（3）：102-108.

（五）空气成分调整

湿地生态系统是全球巨大的碳库，具有重要的碳汇功能。影响着重要温室气体 CO_2 和 CH_4 的全球平衡。泥炭地是全世界分布最广的湿地类型，占全球湿地面积的 50%~70%，主要分布在北半球中、高纬度寒冷湿润的地区，泥炭地的碳储量巨大，储藏在这些泥炭中的碳总量为 120~260Gt，约占全球土壤碳库的 10%~35%，相当于全球大气碳库碳储量的 75%，对全球碳循环有重要作用。① 诸如拉姆萨尔湿地，占地约 12.9 万平方千米，其约储有 300 亿吨碳，与美国 15 年来的温室气体排放量相当。

另一方面，湿地也是温室气体的来源，湿地经排水后，改变了土壤的物理性状，地温升高，通气性得到改善，提高了土壤中微生物矿化分解有机质的速率，在分解过程中产生的 CO_2 和在厌氧环境下经微生物作用产生的 CH_4，直接被释放到大气中。② 诸如我国素有"川西北高原的绿洲"美称的若尔盖高原，其为我国三大湿地之一，但由于进行农牧业活动和泥炭地排水疏干，泥炭地有机碳储量大大减少。尽管疏干后泥炭地 CH_4 排放量下降，但 CO_2 和 N_2O 的排放量明显增加。与未排水的泥炭地相比，用于农业的排水泥炭土的 CO_2 排放量是未开垦前的 5 至 23 倍，并且每年可增加每公顷 1 吨的 CO_2 排放量。这些增加的 CO_2 排放量远远超过了减少的 CH_4 量。

近年来受到关注的滨海湿地有着更为强大的固碳能力和极大的固碳速率。研究结果显示，广东湛江红树林国家级自然保护区核心区的天然桐花树（Aegiceras corniculatum）群落、木榄（Bruguiera gymnorhiza）+秋茄（Kandelia candel）群落、白骨壤（Avicennia marina）群落区 0~100 cm 深度土壤碳库的平均值为 45.68 kg/m²。③ 广州南沙新垦湿地人工种植的木榄种群的平均固碳速率为 0.404 kg/（m²·a）碳，其是全球陆地植被平均固碳能力的 1 倍；无瓣

---

① 刘子刚，王铭，马学慧. 世界泥炭地有机碳储量和有机碳密度 [J]. 湿地科学，2014，12（3）：279-285.

② 于洪贤，黄璞祎. 湿地碳汇功能探讨：以泥炭地和芦苇湿地为例 [J]. 生态环境，2008（5）：2103-2106.

③ 许方宏，张进平，张倩媚，林康英，林广旋. 广东湛江高桥三个天然红树林的土壤碳库 [J]. 价值工程，2012，31（15）：5-6.

海桑（Sonneratia apetala）群落的平均固碳速率为 0.964 kg/（m^2·a）碳，其是全球陆地植被平均固碳速率的 2.4 倍。[①]

（六）调蓄水量

调蓄水量是湿地的重要功能之一。湿地富含大量持水性良好的泥炭土、植被及质地黏重的不透水层使得湿地具有巨大的渗透和蓄水能力。[②] 湿地能够贮存大于其土壤本身重量 3～9 倍甚至更高的蓄水的量，素有"海绵体""天然海绵"和"绿色水库"之称。[③] 中科院研究资料表明，三江平原沼泽湿地蓄水达 38.40 亿 m^3，由于挠力河上游大面积河漫滩湿地的调节作用，能将下游的洪峰值削减 50%。[④]

湿地土壤区别于其他自然环境的水文物理性质，使其具有超强的蓄水性和透水性。在时空上能够有效调节受季节、洋流等因素影响不均的大气降水，通过湿地系统的吞吐调节，能够有效避免旱涝灾害。此外，湿地具有巨大的地下水补给和排泄功能，可以调节丰水期和枯水期。[⑤] 以广西会仙湿地为例，会仙湿地位于岩溶区，岩溶较发育，在长时间持续降雨或者集中强降雨天气时，地下水水量会急剧汇聚，流量也瞬间变大。该湿地为喀斯特岩溶地貌，具有多峰多谷特征，这种情况下，地表水水位变幅较大；松散层地下水与下覆岩溶地下水联系密切的地区，水位波动频繁，从而使岩溶地下水或受其影响较大的地区水位变幅增大，约为 2.00m，对降雨响应时间也较短。以上情况说明会仙湿地自身的调蓄功能已经大大减弱，进而会导致湿地的退化甚至

① 朱可峰. 广州南沙新垦湿地人工湿地红树林生物量及碳储量研究 ［D］. 华南农业大学，2007：44-50.

② 徐明华等. 三江平原湿地生态服务功能重要性 ［J］. 国土与自然资源研究，2012（1）：59-60.

③ 以三江平原为例，沼泽和沼泽化土壤草根层和泥炭层，孔隙度为 72%～93%，饱和持水量为 830%～1030%，最大持水量为 400%～600%，每公顷沼泽湿地可蓄水 8100m^3 左右，具有良好的蓄水和涵养水源功能。

④ 王京国，白山，王毅杰. 湿地的功能与湿地资源的保护对策 ［J］. 吉林林业科技，2010（2）：55.

⑤ 芦晓峰等. 芦苇湿地生态功能及恢复研究 ［J］. 西北林学院学报，2001（4）：53-58.

是消失，从而导致地下水储水量减少。

（七）保育生物多样性

全球超过 40% 的物种依赖湿地繁衍生息，因此湿地也被称为"物种基因库"，是生物多样性保护的热点区域。并且湿地生物多样性丰富，据统计，地球表面 6% 的湿地生活着世界 20% 的生物。中国湿地约占国土面积的 5%，却为 50% 的珍稀禽鸟提供着生境。除此之外，湿地还是许多珍稀的两栖类、名贵鱼类和贝类提供繁衍、觅食、栖息的场所，许多湿地生物具有重大科研意义和重要经济价值。1971 年通过的国际湿地公约（又称《拉姆萨尔公约》）最初便是聚焦于迁徙水鸟和水禽栖息地的保护问题，为更好保护 4 条途经中国的候鸟迁飞通道，中国认定和建设了多处重要湿地和自然保护区，几乎涵盖了迁飞区上所有的关键节点。①

根据相关研究表明：在中国湿地中，共有珍稀濒危植物 30 种，包括 3 种近危植物、5 种易危植物、7 种濒危植物、4 种极危植物、1 种灭绝植物、1 种地区绝灭植物、8 种无危植物和 1 种植物数据缺乏；有 9 种植物被《濒危野生动植物种国际贸易公约》附录 II 收录；有 43 种植物为国家重点保护植物，其中，5 种植物为国家一级重点保护植物，38 种植物为国家二级重点保护植物。② 而广西湿地类型复杂，生物多样性高。在亚热带高温高湿气候条件下，生物数量多、物种多，而且存在许多珍稀物种，因此更要发挥湿地在保育生物多样性上不可或缺的作用。

（八）人文功能

湿地的人文功能，体现在其旅游景观、航运、研究和审美等方面。随着社会经济的快速发展，"回归自然"已成为一种新的旅游时尚，越来越多的人渴望回归自然，他们更趋向于选择到环境优美、空气清新的自然地带观光旅

① 参见湿地中国 [EB/OL]．（2022-11-14）[2023-6-14]．https：//www.forestry.gov.cn/main/586/20221114/092554845960031.html。

② 李庞微，娄彦景，唐浩然等．中国湿地中植物资源的现状和保护与利用对策 [J]．湿地科学，2022，20（4）：517-528．

游、度假疗养。湿地往往具有独特的地形地貌、生物特性和生态特征，具有独特的美学特征，形成优美的旅游风景区，成为人们旅游的首选。我国的许多重要国家级的旅游景区都分布在湿地上，例如宁夏北部的银川国家湿地公园、云南北部的腾冲北海湿地保护区、贵州中部的贵阳花溪国家城市湿地公园、甘肃南部的文县黄林沟国家湿地公园和广西北部湾红树林湿地保护区，都是全国 5A 级国家旅游风景区。湿地多分布的湖泊、河流、海岸带等，水运和旅游业往往能互相促进，带动协同发展。

湿地系统还为科学研究提供了重要的场域。湿地系统为生态学、地理学等多门学科提供了丰富的研究课题。以广西湿地区域的红树林为例，红树林具有特殊的自然生态特征，形成了热带、亚热带海岸的独特景观，是游客赏景、观鸟、钓鱼、品尝海鲜等的游憩场所，是环境保护和科普教育基地，是不可多得的海洋生态系统和物种研究场域。

第二节　我国西部地区湿地保护实践现状和问题

一、我国西部地区湿地资源现状

（一）西部地区资源整体状况

我国西部地区由于自然原因，湿地面积广阔，类型丰富。据有关统计，西部地区湿地总面积达 3032.35 万公顷，占全国湿地总面积的 50.2%。[1] 全国湿地七大片区中位于西部地区的是：青藏高原湿地、西北内陆湿地、西南（云贵高原、四川盆地）湿地三部分地区。其中最具有代表性的有青海三江源、拉萨拉鲁、云南拉市海等湿地。[2]

---

[1]　参见 http://www.china.com.cn/opinion/think/2021-10/21/content _ 77823560. htm#：~：text＝2019%E5%9B%B4%EF%BC%8C%E8%A5%BF%E9%83%A8，%25%E5%92%8C50.2%25%E3%80%82。

[2]　刘国庆. 西部地区湿地保护立法研究——以陕西、四川两省湿地保护为例［D］.西北民族大学，2010：5.

表 1-1　　　　　　　　　西部地区湿地分布一览表①

区域	省份	面积（单位：万公顷）	占全省（自治区）面积（%）	分布及其特点
西南地区	广西	75.43	3.18	广西湿地以喀斯特湿地和近海与海岸湿地最具特色。喀斯特湿地分布在喀斯特峰丛洼（谷）地、峰林平原（盆地）中，以岩溶水为主要补给源，在生态功能与社会经济作用中独树一帜。近海与海岸湿地面积大，其次是河流湿地，广西的红树林面积密度全国最大、保存完整，主要分布在北海和钦州。
	云南	61.83	1.6	云南是长江等多条江河的重要源头或处在这些江河中上游位置，湖泊众多，具有特色的高原湖泊湖滨沼泽地、高山和冻原沼泽湿地，例如丽江、昭通。
	四川	123.08	6.1	天然湿地主要集中在四川西北部和西南部；成都平原、四川盆地的丘陵和低山地区集中分布人工湿地。湖泊、河流和库塘湿地面积小、数量大是其湿地整体分布特点。
	贵州	0.71	0.41	贵州地处云贵高原处，地势西高东低、水系顺地势由西部、中部流向北、东、南三面，以乌蒙山、苗岭为分水岭，分属长江和珠江流域，湖泊湿地主要分布在西部和西南部。贵州湿地斑块较小，在喀斯特地貌广泛发育的地下喀斯特溶洞湿地多。受亚热带季风气候影响，贵州省内的湿地多以河流湿地为主。
	西藏	652.90	5.31	西藏湿地类型独特而多样，是世界上特殊的高原湿地分布区，共有河流湿地、湖泊湿地、沼泽湿地和人工湿地等 4 类 17 型，是我国湿地类型齐全、数量最为丰富的省区之一。

①　刘国庆. 西部地区湿地保护立法研究——以陕西、四川两省湿地保护为例［D］. 西北民族大学，2010：5-6；参见中华人民共和国中央人民政府网第三次全国国土调查数据［EB/OL］.（2021-8-26）［2023-5-27］. https：//www.gov.cn/xinwen/2021-08/26/content_5633497.htm。

区域	省份	面积（单位：万公顷）	占全省（自治区）面积（%）	分布及其特点
西北地区	陕西	30.86	1.5	陕西湿地大部分分布在半湿润、半干旱和干旱地区。面积大于 $1km^2$ 的河流湿地面积占全省湿地总面积的 85%。占全省湿地总面积 6.1% 的沼泽和沼泽化草甸湿地分布范围最广。湿地以河流型为主，河流湿地占全省湿地面积的 72.6%，集中分布在黄河、渭河、汉江等主要河流及其支流。
	青海	510	7.32	由于各自然地理单元在地形、气候、水文等方面的自然差异，青海湿地有着明显的地域特点，东北部及祁连山区分布着中国最大的高原湖泊湿地青海湖和祁连山河流沼泽湿地。
	新疆	394.82	0.89	主要分布在塔里木河下游，天山间盆地与河谷地带，阿勒泰草原的额尔齐斯河流域，其中，巴音郭楞蒙古自治州湿地面积最大。
	甘肃	118.56	2.6	甘肃是水源外流的省份，天然湿地以咸水湖、河流湿地、沼泽湿地为主，主要分布与甘南高原、河西区、文县等地。
	宁夏	2.49	0.85	宁夏以河流湿地为主，宁夏一级地类湿地面积共 37.33 万亩，其中，内陆滩涂 23.8 万亩、沼泽地 12.16 万亩、沼泽草地 0.73 万亩、灌丛沼泽 0.64 万亩。

（二）西部地区湿地资源存态和分布现状——以广西为例

西部地区湿地类型多样，既有内陆湿地，又有沿海湿地，因此西部地区湿地资源类型较多，在要素构成上具有独特性、并具有丰富的生物多样性。下面以广西为例说明西部地区湿地资源的分布情况和分布特点。

广西国土面积 23.76 万平方千米，地貌多呈山地丘陵性盆地地貌，山系多呈弧形，层层相套，丘陵错综，谷地、河谷平原、山前平原、三角洲等夹杂其中。复杂的地貌使得广西湿地特点鲜明，根据第三次全国国土调查和2021年度国土变更数据统计，广西全口径湿地总面积为91.86万公顷。具体而言，其分布特点如下：

一是类型多样，分布分散。广西湿地类型多样，包括了湿地分类中的5个大类湿地，以及浅海水域、永久性淡水湖等24个湿地型。在5大湿地类中，河流湿地面积最大，达26.93万公顷，占湿地总面积的35.75%，其余依次为近海与海岸湿地（占34.38%）、人工湿地（占28.73%）、湖泊湿地（占0.83%）、沼泽湿地（占0.31%），各湿地类面积差异大、分布不均。

二是近海与海岸湿地比重大，生态地位高。广西南临北部湾，近海与海岸湿地类型占湿地总面积的34.38%。广西近海与海岸湿地国际和国家生态地位极其重要，根据《中国湿地保护规划（2022—2030年）》所公布的国家重要湿地及国家重要湿地候选区名单（其中，国家重要湿地29块；国家重要湿地候选区104块，共计133块），广西沿海地区列入国家重要湿地的有六块，分别是广西洛灵湖湿地自然保护区、广西北海涠洲岛自然保护区、合浦儒艮湿地自然保护区、钦州湾湿地、山口红树林区湿地、北仑河口湿地。另外，山口红树林区与北仑河口湿地于2002年被《湿地公约》列入国际重要湿地名录；桂林会仙喀斯特国际重要湿地、北海滨海国际重要湿地于2022年被《湿地公约》列入国际重要湿地名录，至此，我国被纳入国际重要湿地总数达82处。

三是河流数量多、密度高，珠江水系河流湿地面积大。广西的河流数量众多，密度高，8公顷以上的湿地斑块达4710个，占全区湿地斑块数量的52.69%，总面积26.93万公顷，占35.75%，居各湿地类面积之首。其中珠江水系是区内最大水系，流域面积占全区总面积的85.2%，大型河流有西江、浔江、郁江、黔江、红水河、右江、左江等河流，湿地面积25.95万公顷，占全区河流湿地总面积的96.36%。

四是湖泊湿地数量少、面积小。受喀斯特地貌结构的影响，加上人为活动的频繁，广西现存湖泊湿地数量少。全区8公顷以上的湖泊仅有256个，总面积0.63万公顷，仅占全区湿地总面积的0.83%，并且许多湖泊只有在丰水季节才能有水，从而季节性湖泊占有相当的比重，面积达0.18万公顷，占湖泊湿地的30.39%。

五是沼泽湿地面积小、以草本沼泽为主。全区108个县（区），仅31个县有沼泽湿地分布，总面积 2369.25 公顷，仅占全区湿地面积的 0.31%，且以草本沼泽为主，面积 2031.58 公顷，占沼泽湿地的 85.75%。

六是人工湿地比重大，库塘、水产养殖场比例高。广西各地充分利用山溪河流众多且落差较大的特点，修建了大批的大、中、小型水库。全区除为数不多的几个平原型水库外，其余几乎为山谷型水库。由于长期的开发利用，如围垦等人为活动影响，广西大量湖泊、沼泽、海滩等被围垦转变为农业用地或以水产养殖场为主的人工湿地。调查结果显示，广西人工湿地面积达21.6 万公顷，其中库塘湿地和水产养殖场湿地面积分别为 17.2 万公顷和 3.9万公顷，占人工湿地总面积的 97.7%。

七是生物多样性丰富、保护价值高。广西湿地虽然受人为干扰大，但是湿地生物多样性比较丰富，保护价值高。据本次调查统计，全区记录有湿地高等植物 797 种，其中国家重点保护野生植物 18 种，自治区级重点保护植物3 种，其他珍稀濒危植物 2 种，中国特有湿地植物 14 种，广西特有 8 种；有真红树植物 12 种（含 2 种外来种），占全国红树林种数的 44%，另有半红树植物 8 种。① 广西湿地维管束植物现已知的有 723 种，其中，属于国家重点保护野生植物的有 10 种，其中 I 级 2 种，Ⅱ级 8 种；属于广西壮族自治区级重点保护湿地植物的有 3 种；另有广西特有植物 6 种，它们是：贵港水蓑衣、广西隐棒花、橙花水竹叶、靖西海菜花、出水海菜花、合苞挖耳草等。广西特色湿地植物——海菜花，属于沉水植物，为国家三级保护植物。记录有野生脊椎动物 884 种，其中国家重点保护动物 129 种，中国特有 182 种，广西特有 54 种，其中属于国家 I 级保护动物 7 种，国家Ⅱ级保护动物有 41 种。具有丰富的湿地野生动物中，鱼类物种资源非常丰富。同时，广西既是候鸟的迁飞通道，又是很多候鸟的越冬地，因而湿地野生动物中，鸟类也占有相当大的比例。与 2017 年以前的数据相比，北海滨海国家湿地公园的鸟类增加了 46种，底栖生物增加了 87 种。

八是湿地文化沉淀深厚。广西大量的湿地资源是广西自然系统的存在形态，为周边的居民提供丰富的生产资料和生活资料。北部湾是广西沿海居民的天然渔场，大面积的红树林群落是地球上最奇妙、最特殊的生物群落。沿海居民世世代代与海洋相偎相依，在历史长河的进程中融合而成了具有民族

---

① 参见 https：//www.forestry.gov.cn/main/5462/20221028/091932392699453.html。

特色的海洋文化与航运文化，也造就了独特的旅游文化。

湿地在广西全区皆有分布，但地域性分布明显，总体上集中于中部和南部地区。主要规律体现如下：

（1）近海与海岸湿地分布规律。近海与海岸湿地分布于北部湾，东起合浦县的洗米河口，西至中越交界的北仑河口，主要分布于钦州湾、防城港湾、北海港和铁山港等港湾。

（2）河流湿地分布规律。珠江流域聚集了大部分的河流湿地，自西北流向东南形成了以红水河为主干流的横贯中部以及支流分布于两侧的树枝状水系，从西北转东横穿广西全境，全长 1239 千米，由梧州流往广东方向最终汇入南海海域。

（3）湖泊湿地分布规律。主要分布于桂中，均属于珠江流域，受地貌结构影响，广西湖泊湿地从东北到西南逐渐减少，尤其在桂西南喀斯特地貌集中区，湖泊湿地少，且以季节性湖泊为主。

（4）沼泽湿地分布规律。沼泽湿地以漓江平原及越城岭为主要分布地，面积不大，以草本沼泽为主。其中像会仙喀斯特湿地、猫儿山森林沼泽、十万古田藓类沼泽、灌丛沼泽等稀缺资源主要分布在桂林市，全市沼泽湿地面积达 1174.79 公顷，占 49.58%。

（5）库塘湿地分布规律。广西的人工湿地以库塘和水产养场为主，其中库塘湿地在全区均有分布。大型的水库主要分布于桂西南和桂东北低山丘陵山地中较大型且落差大河流的中上游；水产养殖场湿地则主要分布于北海、钦州和防城港沿海三市，以及南宁市。

（6）水稻田湿地分布规律。水稻田湿地主要分布于河谷平原、山前平原及三角洲等平地。

二、我国西部地区湿地的保护与利用现状

（一）管理上区分城市湿地和非城市湿地

我国现行湿地管理对城市、非城市湿地采取不同的湿地保护措施。在湿地保护上，较多的社会资源相对倾斜于城市。

湿地公园是城市湿地保护常用保护方式，城市湿地公园立法相对较为完善。国家层面，建设部于 2005 年 2 月出台了《国家城市湿地公园管理办法

（试行）》，并且在同年 6 月发布了《城市湿地公园规划设计导则（试行）》。2017 年 10 月，这两部规范性文件被《城市湿地公园管理办法》（建成〔2017〕222 号）和《城市湿地公园设计导则》（建办城〔2017〕63 号）所取代。城市湿地保护中的重要方式，是通过发布国家湿地公园名单的形式进行保护。从 2005 年 2 月建设部发布第一批国家城市湿地公园名单至今，有 12 批次总计 57 个城市湿地公园被确定为 "国家城市湿地公园"。① 其中，属于西部地区国家城市湿地公园分别有宁夏回族自治区银川市宝湖国家城市湿地公园、贵州省贵阳市花溪城市湿地公园、甘肃省张掖市城北城市湿地公园、新疆兵团农六师五家渠市青格达湖城市湿地公园、贵阳红枫湖—百花湖城市湿地公园、张掖高台黑河城市湿地公园、四川省阆中古城湿地公园、四川省成都市白鹭湾城市湿地公园和贵州省安顺市黄果树城市湿地公园。

（二）保护模式上以区域性保护为主

根据国家湿地保护政策和国家统一保护要求，西部地区多采用区域性保护方式，例如建立自然保护区、国家湿地公园、海洋公园、湿地保护区域以及饮用水水源保护区等进行专门湿地管理和保护。具体体现在：

1. 建立湿地自然保护区

自然保护区模式在一定程度上适应了不同时期各类自然资源保护和管理需要，对维护国家生态安全、保护国家战略资源、促进人与自然和谐发展、保障经济社会可持续发展具有重要作用。建立专门的湿地自然保护区，或者建立与湿地资源保护相关的自然保护区，是西部西区各地方采用的重要保护模式。

以广西为例，全区现有湿地类型自然保护区 12 处、国家湿地公园 24 处（含试点）、海洋公园 2 处、国际重要湿地 4 处，其中，国际重要湿地面积为 129.5km²。

广西专门的湿地自然保护区有 12 个，其中国家级自然保护区 3 个，自治区级自然保护区 6 个，市（县）级自然保护区 3 个，总面积约为 8.21 万 km²。与湿地保护有关的自然保护区有 50 个，面积约为 115 万公顷。其中，这些自然保护区中国家级自然保护区 12 个，自治区级自然保护区 33 个，市（县）级自然保护区 5 个。一些自然保护区建立是为了某种独特自然资源的保护，例如红树林是具有地方性特质的环境要素，广西建立了一系列相应保护区域，

---

① 李和平，梁洪. 我国城市湿地公园保护立法研究 [J]. 中国园林，2009（1）：48.

包括 2 个国家级自然保护区、1 个省级自然保护区、1 个国家海洋公园、1 个国家湿地公园和 6 个红树林自然保护小区，并已将合浦铁山港东岸红树林等 4处重要红树林区域纳入第一批自治区重要湿地名录。其中，1983 年原防城县人民政府批准建立的山脚红树林保护区是广西第一个以红树林为对象的县级保护区；1990 年该保护区经广西壮族自治区人民政府批准晋升为自治区级北仑河口海洋自然保护区；2000 年，经国务院批准晋升为国家级自然保护区。1990 年经国务院批准成立的广西山口国家级红树林生态保护区是我国首批建立的 5 个国家级海洋类型自然保护区之一。2005 年由广西壮族自治区人民政府批准成立的茅尾海红树林保护区属自治区级自然保护区。2011 年由国家海洋局批准成立的钦州茅尾海国家海洋公园是我国首批国家级海洋公园之一。2016 年通过原国家林业局评估验收的北海滨海国家湿地公园是广西第一家正式授牌的国家湿地公园。根据第三次国土资源调查数据公报，广西位于自然保护地内的红树林面积 4115.57 公顷，占广西红树林总面积 9330.34 公顷的44.11%，近 1/2 的红树林已经纳入保护区范围而得到较好保护。其中山口红树林国家级自然保护区和北仑河口海洋国家级自然保护区已被列入国际重要湿地名录，山口红树林湿地、北仑河口红树林湿地、茅尾海红树林湿地、澄碧河水库湿地已列入中国重要湿地名录。

表 1-2　　　广西湿地自然保护区基本情况表（国家级和省部级）

序号	自然保护区名称	保护区位置	总面积（万平方千米）	保护对象	级别
1	广西北仑河口国家级自然保护区	防城港市防城区	0.3	红树林生态系统	国家级
2	广西合浦营盘港-英罗港儒艮国家级自然保护区	北海市合浦县	3.5	儒艮及海洋生态系统	国家级
3	广西山口红树林国家级自然保护区	北海市合浦县	0.8	红树林生态系统	国家级
4	广西桂林漓江自然保护区	桂林市	1.5	漓江河流生态系统、珍稀濒危动植物	自治区级

续表

序号	自然保护区名称	保护区位置	总面积（万平方千米）	保护对象	级别
5	广西灵川青狮潭水库自然保护区	桂林市灵川县	0.003	濒危物种、珍稀物种及其生态环境	自治区级
6	广西北海涠洲岛自然保护区	北海市海城区	0.002	各种候鸟和旅鸟	自治区级
7	广西桂林猫儿山森林沼泽自然保护区	桂林市兴安县、资源县	1.3	喀斯特地貌、热带森林和湿地等多样化生态系统及其珍稀濒危物种	自治区级
8	广西钦州茂尾海红树林自然保护区	钦州市钦南区	0.005	红树林生态系统	自治区级
9	广西百色澄碧河水库自然保护区	百色市右江区	0.8	珍稀濒危鸟类及其栖息环境	自治区级

表1-3 广西与湿地保护有关的自然保护区基本情况表（国家级和省部级）

序号	自然保护区名称	保护区位置	总面积（万公顷）	保护对象	级别
1	广西大明山国家级自然保护区	武鸣、马山、上林、宾阳	1.7	常绿阔叶林、水源涵养林及自然景观	国家级
2	广西大瑶山国家级自然保护区	金秀	2.49	水源林及瑶山鳄蜥、银杉	国家级
3	广西金钟山黑颈长尾雉国家级自然保护区	隆林	2.09	鸟类及其生境	国家级
4	广西九万山国家级自然保护区	罗城、环江、融水	2.52	水源涵养林	国家级
5	广西猫儿山国家级自然保护区	资源、兴安	1.7	典型常绿阔叶林生态系统、水源涵养林	国家级

序号	自然保护区名称	保护区位置	总面积（万公顷）	保护对象	级别
6	广西千家洞国家级自然保护区	灌阳	1.22	水源涵养林及野生动植物	国家级
7	广西十万大山国家级自然保护区	上思、防城区、钦州市	5.83	水源涵养林	国家级
8	广西花坪国家级自然保护区	临桂区，龙胜县	1.52	银杉和濒危野生动植物资源及森林生态系统	国家级
9	广西防城金花茶国家级自然保护区	防城区	0.92	金花茶及其生态环境	国家级
10	广西岑王老山国家级自然保护区	田林、凌云县	2.52	季风常绿阔叶林及珍稀野生动植物	国家级
11	广西木论国家级自然保护区	环江县	1.08	中亚热带石灰岩常绿落叶阔叶混交林森林生态系统	国家级
12	广西恩城国家级自然保护区	大新县	2.58	黑叶猴及其栖息地,和生态系统	国家级
13	广西姑婆山自然保护区	八步区	0.65	水源涵养林及珍稀野生动植物	自治区级
14	广西大桂山鳄蜥自然保护区	贺州市八步区	0.38	鳄蜥及其生境	自治区级
15	广西大平山自然保护区	桂平市	0.19	水源林、桫椤、瑶山鳄蜥	自治区级
16	广西大容山自然保护区	玉林市玉州区、北流、兴业	2.08	森林生态系统及水源涵养林	自治区级
17	广西大王岭自然保护区	百色	7.99	水源林涵养林及野生动物	自治区级
18	广西底定自然保护区	靖西	0.09	水源林涵养林及野生动物	自治区级

续表

序号	自然保护区名称	保护区位置	总面积 （万公顷）	保护对象	级别
19	广西海洋山自然保护区	灵川、恭城、灌阳、阳朔、全州、兴安	17.03	水源涵养林、常绿阔叶林、落叶常绿阔叶混交林	自治区级
20	广西滑水冲自然保护区	贺州市	0.99	水源林、野生动物	自治区级
21	广西架桥岭自然保护区	荔浦、阳朔、永福	7.31	水源林涵养林	自治区级
22	广西建新鸟类自然保护区	龙胜	0.49	迁徙候鸟	自治区级
23	广西靖西底定自然保护区	靖西	0.48	水源涵养林及野生动植物	自治区级
24	广西老虎跳自然保护区	那坡	2.7	水源涵养林及野生动植物	自治区级
25	广西龙山自然保护区	上林	1.08	水源林涵养林及珍稀野生动植物等	自治区级
26	广西龙滩自然保护区	天峨	4.28	猕猴及水源涵养林	自治区级
27	广西那林自然保护区	博白	1.99	水源林及珍稀野生动植物等	自治区级
28	广西七冲自然保护区	昭平	1.3	水源林及野生动植物	自治区级
29	广西青狮潭自然保护区	灵川	4.74	青狮潭水库水源林	自治区级
30	广西三匹虎自然保护区	南丹、天峨	0.31	水源涵养林及珍稀动植物	自治区级
31	广西寿城自然保护区	永福、临桂	6.01	水源林涵养林	自治区级
32	广西泗水河自然保护区	凌云	2.1	水源涵养林及珍稀野生动植物	自治区级

续表

序号	自然保护区名称	保护区位置	总面积（万公顷）	保护对象	级别
33	广西五福宝顶自然保护区	全州	0.8	水源林涵养林	自治区级
34	广西西大明山自然保护区	扶绥、隆安、大新	6.01	水源涵养林及珍稀野生动植物	自治区级
35	广西西岭山自然保护区	富川	1.76	水源涵养林及野生动植物	自治区级
36	广西下雷自然保护区	大新县	2.72	水源涵养林及猕猴	自治区级
37	广西银殿山自然保护区	恭城	4.8	水源涵养林及野生动植物	自治区级
38	广西元宝山自然保护区	融水	0.42	元宝山冷杉、珍稀动物及水源涵养林	自治区级
39	广西龙虎山自治区级自然保护区	隆安县	0.23	野生动植物及石山森林生态系统	自治区级
40	广西王岗山自治区级自然保护区	钦北区	0.42	生态系统以及珍稀濒危野生动植物	自治区级
41	广西天堂山自治区级自然保护区	容县	0.28	森林生态系统及水源涵养林	自治区级
42	广西黄连山-兴旺自治区级自然保护区	德保县	1.46	水源涵养林	自治区级
43	广西王子山雉类自治区级自然保护区	西林县	3.22	雉类及栖息地、南亚热带森林生态系统	自治区级
44	广西那佐苏铁自治区级自然保护区	西林县	1.25	水源涵养林及野生动植物	自治区级
45	广西金秀老山自治区级自然保护区	金秀县	2.56	珍稀动植物和典型常绿阔叶林生态系统	自治区级

2. 建立湿地公园

湿地公园以湿地景观资源为基础，在科普宣教、湿地功能利用、湿地研究、休闲娱乐等诸多方面起到了重要作用，既有利于调动社会力量参与湿地保护与可持续利用，又满足了公众需求和社会经济发展的需要。《中华人民共和国湿地保护法》出台后，为加强国家湿地公园建设管理，确保在自然公园管理办法等文件出台前相关管理工作有效衔接，国家林业和草原局修订了《国家湿地公园管理办法》（林湿规〔2022〕3号），以促进国家湿地公园健康发展、有效保护湿地资源。目前，西部地区建设的国家湿地公园有 283 处,①西部各个省区皆有分布。

表 1-4　　　　　　　　　　西部部分地区湿地公园名录②

省份	国家级湿地公园（包括试点建设）	数量（处）
广西	北海滨海、都安澄江、富川龟石、靖西龙潭、横县西津、桂林会仙、南宁大王滩、荔浦荔江、龙胜龙脊梯田、全州天湖、灌阳灌江、梧州苍海、百色福禄河、凌云浩坤湖、平果芦仙湖、贺州合面狮湖、昭平桂江、东兰坡豪湖、南丹拉希、大新黑水河、龙州左江、忻城乐滩、合山洛灵湖、兴宾三利湖。	24
贵州	六盘水明湖、阿哈湖；石阡鸳鸯湖；威宁锁黄仓；余庆飞龙湖；罗甸蒙江；安顺邢江河；纳雍大坪箐；六盘水娘娘山；沿河乌江；思南白鹭湖；德江白果坨；江口；万山长寿湖；碧江；安龙招堤；兴义万峰；北盘江大峡谷；晴隆光照湖；都匀清水江；荔波黄江河；贵定摆龙河；黎平八河；黔西柯海；汇川喇叭河；习水东风湖；凤冈龙潭河；湄潭湄江河；遵义乐民河；六枝牂牁江；务川洪渡河；平塘；从江加榜梯田；惠水鱼梁河；红枫湖；福泉岔河；百花湖；修文岩鹰湖；黄果树；玉屏舞阳河；印江车家河；台江翁你河；独山九十九滩；册亨北盘江；望谟北盘江。	45
云南	红河哈尼梯田；洱源西湖；普者黑喀斯特；普洱五湖；盈江；鹤庆东草海；蒙自长桥海；石屏异龙湖；通海杞麓湖；晋宁南滇池；沾益西河；玉溪抚仙湖；保山青华海；泸西黄草洲；兰坪箐花甸；江川星云湖；梁河南底河；昆明捞渔河。	18

---

① 参见湿地中国，http：//www.shidi.org/unit.html。

② 参见 https：//baike.baidu.com/item/%E4%B8%AD%E5%9B%BD%E5%9B%BD%E5%AE%B6%E6%B9%BF%E5%9C%B0%E5%85%AC%E5%9B%AD/23753577。

续表

省份	国家级湿地公园（包括试点建设）	数量（处）
陕西	西安浐灞；三原清峪河；淳化冶峪河；蒲城卤阳湖；千湖；铜川赵氏河；丹凤丹江；宁强汉水源；旬河源；凤县嘉陵江；太白石头河；旬邑马栏河；千渭之会；濂水；丹江源；牧马河；朝邑；千层河；七星河；徐水河；落星湾；汤峪龙源；富平石川河；延安南泥湾；白水林皋湖；洛南洛河源；潼关黄河；宜君福地湖；临渭沈河；平利古仙湖；汉中葱滩；汉阴观音河；西安田峪河；凤翔雍城湖；耀州沮河；镇坪曙河源；礼泉甘河；石泉汉江莲花古渡；永寿漆水河；蒲城洛河；泾阳泾河；华州少华湖；华阴太华湖。	43
四川	南河；大瓦山；构溪河；柏林湖；若尔盖；桫椤湖；遂宁观音湖；西充青龙湖；南充升钟湖；邛海；营山清水湖；仁寿黑龙滩；新津白鹤滩；蓬安相如湖；隆昌古宇湖；阿坝多美林卡；红原嘎曲；松潘岷江源；平昌驷马河；广安白云湖；纳溪凤凰湖；雷波马湖；白玉拉龙措；绵阳三江湖；江油让水河；沙湾大渡河；炉霍鲜水河；巴塘姊妹湖；渠县柏水湖。	29
甘肃	张掖；兰州秦王川；民勤石羊河；文县黄林沟；嘉峪关草湖；酒泉花城湖；康县梅园河；金塔北海子；金川金水湖；永昌北海子；临洮洮河；景泰白墩子盐沼。	12
青海	贵德黄河清；西宁湟水；洮河源；都兰阿拉克湖；德令哈尕海；玛多冬格措纳湖；祁连黑河源；乌兰都兰湖；玉树巴塘河；天峻布哈河；互助南门峡；泽库泽曲；班玛玛可河；曲麻莱德曲源；乐都大地湾；刚察沙柳河；贵南茫曲；甘德班玛仁拓；达日黄河。	19
西藏	多庆错；雅尼；嘎朗；当惹雍错；嘉乃玉错；白朗年楚河；拉姆拉错；朱拉河；阿里狮泉河；类乌齐紫曲河；琼结琼果河；比如娜若；曲松下洛；洛隆卓玛朗措；贡觉拉妥；那曲夯错；日喀则江孜；边坝炯拉错；丁青布托湖；错那拿日雍措；班戈江龙玛曲；巴青约雄措高山冰缘。	22
宁夏	石嘴山星海湖；银川；吴忠黄河；黄沙古渡；青铜峡鸟岛；天湖；固原清水河；鹤泉湖；太阳山；简泉湖；镇朔湖；平罗天河湾黄河；中卫香山湖；银川黄河外滩。	14

续表

省份	国家级湿地公园（包括试点建设）	数量（处）
新疆	赛里木湖；乌鲁木齐柴窝堡湖；乌齐里克；阿克苏多浪河；玛纳斯；和布克赛尔；博斯腾湖；乌伦古湖；尼雅；拉里昆；塔城五弦河；沙湾千泉湖；伊犁那拉提；泽普叶尔羌河；额敏河；英吉沙；于田克里雅河；乌什托什干河；哈密河；霍城伊犁河谷；伊宁伊犁河；青河县乌伦古河；吉木乃高山冰缘区；尼勒克喀什河；布尔津托库木特；麦盖提唐王湖；昭苏特克斯河；吉木萨尔北庭；疏勒香妃湖；莎车叶尔羌；帕米尔高原阿拉尔；富蕴可可托海；巴楚邦克尔；尉犁罗布淖尔；和硕塔什汗；呼图壁大海子；天山阿合牙孜；阿合奇托什干河；温泉博尔塔拉河；天山北坡头屯河；哈巴河阿克齐；叶城宗朗；察布查尔伊犁河；特克斯；阜康特纳格尔；吐鲁番艾丁湖；伊犁雅玛图；照壁山；焉耆相思湖；策勒达玛沟；博乐博尔塔拉河；胡杨河；恰拉湖；丰庆湖；木扎尔特；昆玉胡木旦；玉昆仑湖。	57

以广西为例。目前广西获得国家林业和草原局批准开展试点建设的国家湿地公园有 5 处，总面积为 239.04km²（表 1-5），其中公园内湿地总面积为 133.74km²。① 每处试点建设的湿地公园建设年限为 5 年。经 5 年左右的试点建设，建设内容基本完成任务后，方可向国家林业和草原局申请验收。验收合格后，国家林业和草原局将正式挂牌授匾。

表 1-5　　　　广西国家级湿地公园试点建设基本情况表

序号	公园名称	公园位置	湿地公园面积（km²）	批准年度	验收年度
1	南宁大王滩国家湿地公园	南宁市良庆区	55.20	2015	2020
2	荔浦荔江国家湿地公园	桂林市荔浦县	6.99	2014	2019
3	龙胜龙脊梯田国家湿地公园	桂林市龙胜县	35.04	2015	2020

---

① 参见广西壮族自治区林业厅编制的广西国家湿地公园信息统计表，http：// lyj. gxzf. gov. cn/bsfw/sjfb/qtsj/t7108069. shtml。

续表

序号	公 园 名 称	公园位置	湿地公园面积（km²）	批准年度	验收年度
4	全州天湖国家湿地公园	桂林市全州县	8.07	2016	2021
5	灌阳灌江国家湿地公园	桂林市灌阳县	6.12	2016	2021
6	梧州苍海国家湿地公园	梧州市龙圩区	7.23	2015	2020
7	百色福禄河国家湿地公园	百色市右江区	6.59	2014	2019
8	凌云浩坤湖国家湿地公园	百色市凌云县	13.12	2014	2019
9	平果芦仙湖国家湿地公园	百色市平果市	9.67	2014	2019
10	贺州合面狮湖国家湿地公园	贺州市八步区	25.20	2016	2021
11	昭平桂江国家湿地公园	贺州市昭平县	11.99	2016	2021
12	东兰坡豪湖国家湿地公园	河池市东兰县	5.50	2014	2019
13	南丹拉希国家湿地公园	河池市南丹县	5.62	2015	2020
14	大新黑水河国家湿地公园	崇左市大新县	6.93	2014	2019
15	龙州左江国家湿地公园	崇左市龙州县	10.31	2014	2019
16	忻城乐滩国家湿地公园	来宾市忻城县	12.52	2016	2021
17	合山洛灵湖国家湿地公园	来宾市忻城县	3.17	2016	2021
18	兴宾三利湖国家湿地公园	来宾市兴宾区	9.77	2016	2021
合计			239.04		

（三）保护机制上保护和利用并重

西部地区面临着经济和社会发展压力，经济开发和环境生态保护冲突突出。自然资源开发利用是西部地区解决这一问题重要方式。西部地区不少省市都把湿地资源旅游开发利用作为当地经济和社会发展重要方式。客观上，通过发展旅游业能够提升资源利用效率，缓解湿地保护资金缺乏问题。

以云南为例。云南普者黑湿地保护区旅游开发潜力巨大。当地政府根据其特点推出了山水田园、休闲渔业、科研教育等旅游项目。生态旅游发展有利于区域产业结构调整，将给当地居民带来更多的就业机会和福利，更重要的是将使生态环境保护和经济发展得到共同发展。① 云南洱海生态旅游区以洱海滨湖湿地区域为基础开发旅游项目，重点实施了环海路及码头生态改造、桃园村 20 公顷生态旅游示范点、人工沙滩泳场、古村镇改造等建设项目，恢复环洱海生态湿地 670 公顷。同时，将环洱海生态修复与生态旅游景观带建设相结合，促进湿地旅游品质整体提升。2022 年，为实现洱海"一湖之治"转向"生态之治"，云南大理自治州全面打响洱海保护治理攻坚战，其中作为洱海保护治理的"洱海生态廊道"重要项目是湿地保护机制重大创新。该项目涵盖了超过 790 公顷的范围，包括建设了 129 公里环绕湖泊的生态廊道和若干个环境监测站点、完善了 30 千米污水管网以及建立了 5 个带有湿地修复功能的科研实验基地。以上措施旨在对洱海周边的湖滨缓冲带和湖滨带进行生态修复和湿地建设，从而使其形成一个完整、稳定的生态系统结构，进而实现自我循环和可持续发展。这极大地美化了洱海周边环境，为当地居民提供了一个休闲散步的好去处。又以新疆为例，新疆赛里木湖湿地公园以规范化、秩序化综合服务代替之前粗放式个体旅游经营，使生态环境得到保护同时也提高赛里木湖旅游资源价值。坚持统一规划、严格保护、统一管理、合理开发的原则，湿地保护区实现经济、生态、社会效益协调发展。② 伊犁在相关部门支持下，将林场 5170 亩林地及沿河沼泽、河滩划入伊犁州级伊犁河湿地公园，扩充了旅游发展空间。借助伊犁河部分区域湿地保护已提升至国家湿地试点公园契机，地方政府大力推进伊犁河生态环境保护和生物多样性保护，建设湿地生态资源科普、滨河观光休闲、湿地文化体验等功能齐全的生态旅游区。③

（四）治理上污染控制和生态恢复并重突出综合治理

在湿地生态环境治理上，西部地区注重湿地污染控制与生态恢复。湿地系统破坏不仅仅来自湿地资源利用和破坏，还来自工业、农业和生活污染。

---

① 吴素云，李亚．普者黑湿地生态旅游资源开发探析［J］．北方经贸，2015（3）：20-21.

② 田润炜等．新疆赛里木湖国家湿地公园生态旅游资源综合评价［J］．生态科学，2015（5）：87-89.

③ 徐平．新疆伊犁河流域湿地保护与生态旅游综合开发研究［J］．中共伊犁州委党校学报，2016（4）：76.

以云南为例。2017 年，为加强湿地保护和恢复，保证湿地面积不减少，保障到 2020 年湿地保护率不低于 52%，云南省政府办公厅出台了《关于贯彻落实湿地保护修复制度方案的实施意见》，建立健全湿地保护修复制度，全面保护湿地，扩大湿地面积，增强湿地生态服务功能。① 为了确保湿地保护工作得到有效的实施，云南省率先在国内探索建立了湿地资源年度监测制度，并每年组织全省范围内湿地资源年度变化监测活动。这强化了监测成果有效运用，为各级政府和相关部门考核以及生态转移支付资金测算提供了基础数据。又以广西为例。为了防治海洋污染和内陆水域污染，广西各级政府积极通过禁止砍伐天然林，全面开展封山育林、退耕还林和加大山区综合治理等措施，治理生态环境，防止水土流失。统筹山水林田湖草海湿地系统治理和修复，实施重点流域生态保护修复工程。广西北海市冯家江滨海国家湿地公园水环境治理工程项目入选中国特色生态修复典型案例，并在此过程中更为重点关注海湾系统治理、红树林等滨海湿地系统保护修复。广西山口红树林和猫儿山两处自然保护区加入"国际人与生物圈"保护区网络，山口红树林和北仑河口两处自然保护区被列入"国际重要湿地名录"。同时加强对制糖、造纸、淀粉、酒精等重点行业和企业的治污工程建设。全区大部分海域为清洁海域，海洋功能区海水水质能满足不同海域功能使用要求，珍稀濒危物种和生态环境系统都能得到较为充分的保护。

（五）在立法层次上地方法规和政府规章并重

西部地区湿地保护立法注重地方法规和规章协调配置，形成了完整地方立法体系。在西部湿地地方性立法规制进程中，我国地方湿地立法（不包含规范性文件）始于 2003 年甘肃省最早颁布的《甘肃省湿地保护条例》，并呈

---

① 方案的目标预计 2020 年云南全省的湿地面积要等于或者高于 845 万亩，在这之中自然湿地面积不少于 588 万亩，有效的湿地保护率不低于 52%；重要江河湖泊水功能区水质达标率提高到 87% 以上，云南全省湿地野生动植物种群数量保持稳定，湿地生态功能逐步恢复，维持湿地生态系统健康和稳定。此外将对全省湿地资源实行面积总量管控，逐级分解落实，确保湿地面积不减少，特别是自然湿地面积不减少。合理划定纳入生态保护红线的湿地范围，并落实到具体湿地地块，实现全省湿地资源管理一盘棋。加强自然湿地保护，通过自然恢复，因地制宜辅以污染治理、水系连通、植被恢复、栖息地恢复和外来有害生物防控等措施，全面提升湿地生态功能。

逐年增长趋势，在 2011—2015 年阶段湿地立法数量快速增长。① 截至目前，西部地区颁布各类湿地法律文件共计 60 件，省级地方性法规有 20 部、设区市地方性法规 36 部，政府规章 2 部，数量相对较少。

表 1-6　　　　　西部各省地方性法规及地方政府规章数量统计表②

省份	地方性法规		地方政府规章	
	省级	设区的市级	省级	设区的市级
广西	1	8	0	1
贵州	2	1	0	2（已失效）
云南	3	3	0	0
甘肃	1	2	0	0
青海	3	2	0	0
西藏	0	4	0	1
四川	1	6	0	0
新疆	1	5	0	0
陕西	4	5	0	0
宁夏	4	0	0	0
总计	20	36	0	4

三、我国西部地区湿地保护存在主要问题及原因分析

（一）我国西部地区湿地保护存在的主要问题

近 20 年来，西部地区不少湿地环境要素破坏严重，天然湿地面积迅速减少、生物多样性减少、生态功能减弱甚至丧失。主要问题是湿地保护与开发利用之间存在矛盾和冲突。具体表现在：

---

① 贺光银．我国地方性湿地保护立法规范分析——基于环境法治发展完善视角［C］//武汉：新形势下环境法的发展与完善——2016 年全国环境资源法学研讨会（年会），2016：25.

② 本表数据基于国家法律法规数据库整理得出。

1. 项目违规与不合理占地建设问题

工业化、城市化进程加快，使西部地区湿地保护压力增大。基础建设设施项目加剧了植被破坏、湿地污染，废弃渣石淤塞河道，人口聚集使得沟塘被填平作为垃圾堆放场地，干扰了动物栖息、破坏了湿地自然景观，加剧了湿地萎缩。城市房地产开发对湿地保护不利影响尤为明显。在加快城市化进程中不可避免地要加大房地产开发力度，经济发展过程中城市湿地变为城市建筑和建设工地。例如，在西北地区，位于新疆两河源湿地自然保护区的库尔木图地区，因为河流两岸的金矿过度开采，造成沿岸植被遭受严重破坏，还使得废弃矿区表面沙石开始裸露松动，造成水土流失，使得两河源下游湖沼湿地造成淤积，湿地生态环境逐渐恶化。在阿勒泰旅游不当开发利用案例中，因为没有重视对湿地的保护，出现草场退化、雪线上升、生物多样性恶化现象。甘肃兰州大河滩湿地公园，伴随人口增加，生活垃圾倾倒加剧，违规房地产项目、违建厂房增加，公园湿地生态环境影响很大。在西南地区，重庆水磨溪湿地自然保护区湿地破坏行为触目惊心。[①] 由于违规开发建设，湿地保护区内原有地形、地貌大幅改变，地表植被全部破坏。除工业园区外，保护区内还存在 8 个违法违规建设项目。

2. 湿地资源要素过度开发和利用问题

湿地利用开发是湿地社会价值的重要体现。但高强度湿地开发，尤其是与湿地保护理念不相符合的产业开发违背湿地特征的利用方式，往往造成湿地组成要素破坏。

传统农业对湿地水资源不合理利用，对湿地赖以生存水体产生不利影响。贵州草海湿地自然保护区是黑颈鹤的重要栖息地，也是贵州乃至西部地区的重要生态屏障。[②] 但根据近年水质监测数据，2013 年和 2014 年草海水质都是处于四类、五类和劣五类状态。原因主要是草海湿地核心保护区尚有 6 万亩耕地，传统农业生产方式使用农药和化肥过多，这些有害化学物经过农作物吸收，仍有近 70%经雨水稀释后排入草海，水中氮、磷严重超标，导致水体富营养化，加重草海湿地保护区水体污染。除此之外，对水资源的过度利用

---

①　参见 https：//baijiahao. baidu. com/s？ id＝1603259019994064720&wfr＝spider&for＝pc。

②　参见 http：//www. shidi. org/sf _ 5BF39BFFEDD44B1F94FA88D807163EAC _ 151 _ chanbawetland. html。

也直接导致湿地水体减少，使湿地的自净能力下降。例如面积约 24 万公顷的云南西双版纳自然保护区，承担着保护热带雨林等森林生态系统和湿地动植物物种资源的重要功能，具有重要生态价值。但保护区管理局将建设用地违规出租给商业公司取水，该公司在长达数年的时间内，在保护区核心区违规取水用于生产瓶装水，直至被查出才停止生产。①

在西部新一轮大开发、全面振兴乡村大背景下，通过发展旅游产业达到发展经济、促进乡村振兴的目的，成为重要运作模式。但在观光旅游发展过程中，如果对湿地过度开发利用，不可避免会导致湿地资源遭受破坏。例如，重庆缙云山国家级自然保护区是长江中上游地区典型亚热带湿地和植物物种基因库，具有极高的生态保护与科研价值很高。但近十几年缙云山大规模旅游开发已经严重破坏了保护区面貌。保护区共有旅游设施、工矿用地等人类活动区域 500 多处，且 2015 年以来还新增 16 处，扩大规模 76 处，侵占破坏生态问题十分突出。在保护区核心区仍有村民擅自扩建房屋，侵占林地，试验区区内仍有 105 家农家乐，超强度开发问题十分突出。② 又如陕西渭南，渭南城投公司为了加快洽川风景名胜区的开发建设，在未取得国土资源、环境保护等相关手续，也未征得黄河湿地省级自然保护区管理部门同意的情况下，擅自在黄河湿地自然保护区大规模开发建设圣母湖旅游项目，该项目破坏湿地、人工"造湖"，严重改变保护区地形地貌，并计划建设水上乐园、沙滩区、圣母岛、木婴古渡等辅助设施，严重影响候鸟迁徙，对湿地生态环境造成不可修复的影响。③

在经济利益驱动下，一些地方开发房地产、发展滩涂养殖，不少湿地资源地带被过度开发、湿地生态系统要素遭受破坏，湿地生态价值和社会价值丧失殆尽。尤其是房地产开发，除了直接占用湿地、破坏湿地资源之外，土地开发过程中引发的粉尘、噪音环境污染加重了湿地资源生态系统破坏。例如广西合浦儒艮国家级自然保护区盗挖海砂问题。该保护区位于广东、广西两省区交界处海域，跨省盗采海砂猖獗，儒艮保护区管理中心多次联合合浦县海监、廉江市海监等部门进行执法并处罚，但盗挖海砂船受利益驱使甚至

---

① 参见 http：//env. people. com. cn/n1/2018/0927/c1010-30316265. html。

② 参见 http：//env. people. com. cn/n1/2018/0927/c1010-30316265. html。

③ 参见 http：//money. 163. com/19/0513/13/EF2E1ARD002580S6. html#from=keyscan。

选择风浪大时半夜 2 点至 5 点作业，执法艇无法安全出海执法难度大，对儒艮保护区红树林生态系统造成了不可估量破坏。

3. 社区居民或相关住民湿地资源利用问题

如何协调好湿地保护区域中居民湿地资源合理利用关系是我国西部地区湿地保护过程中的重要问题。设立保护区域、划定保护范围对湿地资源进行专门保护，从整体上保持水土、涵养水源，从而改善湿地环境，也是为了保证公众健康、增进环境权益。但其中需要平衡相关利益主体，不能以过度牺牲利益主体合理权益为代价。

一些地方湿地保护区域内社会经济社会发展较为落后，居民生活水平较低。以云南省大山包黑颈鹤自然保护区为例，2019 年调查农户参与湿地保护对减贫的影响及作用机制，其结果表明受访农户贫困发生率超过 75%。[①] 这些地区多位于中西部地区和偏僻山区，发展相对落后。当地居民采用传统生产、生活方式，对自然资源依赖性很强。湿地自然保护区域设置限制了他们对湿地资源利用，使其出现长期持续性的相对贫困。湿地保护专门区域建立也会对当地文化传承产生某种程度的不利影响。当地居民依托自然资源经年累月逐步积累了丰富的习俗、宗教等文化资源，此中孕育成长的独特文化也可能会因此逐渐消失。例如彝族人"火塘文化"传承与保护问题。云南省大围山自然保护区周围，以彝族人居多。彝族人具有火崇敬的历史传统，在他们眼里，火与太阳同等重要，围绕火的各种活动，形成了"火塘文化"。但是，这种文化是以消耗大量的林木资源为前提的。为了保护当地生态资源而设立严格的自然保护区，政府出台相关文件限制了周边居民对木材的使用，这对当地彝族居民"火塘文化"的保存和传承造成了相当不利的影响。

上述问题可以通过乡村全面振兴、加大生态补偿、以生态保护带动产业振兴等途径得到一定程度解决。但是，经费严重不足、投资水平过低一直是我国自然保护建设中亟待解决的问题。政府部门输血式拨款很难满足湿地保护区域内私人利益的正常需要，区域之间竞争加剧更进一步拉大了这些地区

---

① 武照亮，周小喜，段存儒，冯琳. 农户参与湿地保护对家庭减贫的影响及作用机制——基于自然保护区问卷调查的实证研究 [J]. 中国农业资源与区划，2023，44（1）：95-107.

同其他地区之间的经济差距。

4. 湿地生态环境污染恶化问题

湿地污染也成为我国西部地区湿地保护面临问题。湿地污染的主要形态是水污染，湿地水体面临着生活污染源与工业污染源的双重威胁。根据调研，西部地区污水来源复杂，污水来自工业生产、企业经营、城镇生活、农业生产、船舶运营及渔业养殖，含有大量重金属和有机质，伴随着污染水体流动性，对周边土壤、生物等产生潜在不良影响。例如旅游开发带来污染不容忽视。西部地区各地方湿地旅游得到了巨大发展，地方特色是主打名片，相关的"农家乐"产业发展迅猛。"农家乐"是湿地旅游和西部资源开发利益共享的有效措施，也是乡村振兴发展重要途径。但"农家乐"带来的对湿地生态的负面影响，尤其是污染问题不容忽视。①

如果湿地处于工业区或者城市地带，污染现象会更为严重。例如，城市湿地公园受到水污染的影响较大，湿地水系统与城市水系相互连通，江河水体污染直接导致湿地水体污染。在农村地区，农业环境污染严重威胁着湿地水体。如广西柳州市 724 块湿地斑块中，20% 斑块面临着环境污染威胁，这些斑块主要分布于农村河流区段以及人口密集的库塘湿地。与 2011 年相比全市湿地面积已有 7 处湿地斑块遭到破坏，被侵蚀的湿地面积约 67.92km²，另外新增了 2 处湿地斑块，面积 20.84 km²。整体看，全市湿地面积正在逐年减少，保护城市湿地已势在必行。② 调研中发现一些地方湿地水质污染物超标、水体发黑发臭，基本丧失生态功能。直接原因是上游工业企业超标排放废水，湖泊、水库等水域由于大量富含氮磷营养物质流入，富营养化现象比较明显。拉萨市湿地水质均不同程度地受到污染。拉萨河水体周边生活垃圾均丢弃于水体中，对水体造成污染；拉鲁湿地主要水源补给为拉萨河地表径流，部分监测点出现氨氮、溶解氧等超标现象；另外区域内耕地主要集中分布于拉萨

---

① 作为全国农家乐发源地的四川省，农家乐数量达全国总数的 1/3。然而，在当地农民致富增收的同时，这些遍地开花的农家乐大部分都存在废水处理难的问题，产生的生活污水远超出大自然的自净能力。参见关于农家乐面源污染问题 [EB/OL]. http://www.shidi.org/sf_C17ADA5FA8D44047818D4FB7AA2FA14D151chanbawetland.html；很多农家乐"前门生态、后门排污"问题突出，污染防治和监管滞后。参见农家乐成污染监管盲区：前门生态农庄后门污水直排 [EB/OL]. http://www.chinanews.com/sh/2018/05-28/8524516.shtml。

② 王孟欣. 广西柳州城市湿地现状及保护策略 [J]. 防护林科技，2019 (3)：53-54.

河周边，农药、化肥等农业面源污染也较为严重。①

（二）我国西部地区湿地保护存在主要问题原因分析

西部地区湿地保护中存在种种问题原因是多元化的，既有主观方面、也有客观方面因素：

主观上，来自社会对湿地价值认识不足和保护理念偏差。较之于湿地经济价值，社会对于湿地生态价值和社会价值认知不足。湿地资源作为自然要素，其生态价值特殊性并没有得到充分宣传和认知。甚至在一部分人表现出某种社会集体性偏见，认为湿地是自然荒芜之地。一些地方政府部门也没有真正对湿地生态系统重要性有足够认知。主观性认知缺乏，必然导致人们湿地保护理念偏差，对湿地遭受破坏社会行动不够，湿地破坏和污染得不到有效控制。这也使得一些地方政府没有从生态安全角度将湿地作为一种全局性、战略性生态资源纳入公共决策。

客观上，既有地方生存和发展面临内在冲突因素，又有湿地资源保护依据不足、技术落后等因素：

（1）湿地资源保护的复杂性。湿地资源生态系统性要求对其进行系统保护，例如管理体制具有灵活性、保护方法多元化和调整机制综合化。由于在2021年之前国家层面湿地保护立法缺失，地方性立法规制探索缺乏方向性和指导性。

（2）地方生存和发展冲突。在经济社会发展上，西部地区对自然资源依赖程度相对较强，实践中难免过度开发利用自然资源来换取经济发展。城镇化、工业化发展对土地、水源需求日益增加，直接侵入湿地生态系统空间。生活污染源与工业污染源叠加严重威胁了湿地生态平衡。

（3）湿地保护法律规制操作性有待提升。我国已出台了湿地保护专门立法，地方工作重点是促进地方性法规"立改废释"工作。在湿地保护具体问题上，不仅仅是依靠上位法，还要依靠地方法规规章和政策性文件。然而一直以来地方湿地保护工作法律规范依据层次较低、规定缺乏统一性，为了达到湿地综合保护的目的，需要在上位法基础上出台地方性法规，细化上位法。这个工作需要一定的期限周期。

---

① 路飞，许先鹏等.拉萨市城市规划区湿地保护现状与对策［J］.林业调查规划，2019（1）：43-45.

（4）湿地保护技术落后、经费缺乏。西部地区关于湿地科研发展缓慢、缺少相关专业高端人才、科研技术落后、资金短缺，直接影响湿地保护的科学性。一些湿地重要建设项目没能纳入国家对应中长期规划，可支配项目建设资金少。特别是在湿地调查与污染监测、湿地公园和保护区及示范区建设、湿地保护研究与宣传等方面缺乏专门资金支持。

以上种种原因固然是导致湿地保护不力因素，但更深层次的原因，是地区经济社会发展不平衡，这是西部大开发格局下利益之间的内在冲突，在湿地资源保护问题之上的呈现。①

第三节　我国西部地区湿地保护立法规制现状及存在的问题

一、我国西部地区湿地保护地方立法状况

国家层面的法律规范性文件，始于 2004 年 6 月国务院颁布的《关于加强湿地保护管理的通知》，其明确要求各省、自治区、直辖市人民政府采取多种形式来加快推进湿地保护工作，并在 2021 年通过《中华人民共和国湿地保护法》，确立了关于湿地保护上位法依据。西部地区湿地保护立法以 2004 年施行的第一部省级湿地保护条例（《甘肃省湿地保护条例》）为起点，地方立法进入了快车道。我国西部地区依据国家法律法规并结合自身实际情况制定湿地保护地方性法规和规章，有力推进了湿地保护工作。截至 2022 年年底，西部地区共颁行省级湿地保护条例 10 部，市级湿地保护条例 10 部，区域性湿地保护条例 10 部，此外还有不少政府规章和规范性文件。

（一）立法依据和参考

1. 法律规范性依据

目前，西部地区湿地保护的法律规制和法律依据较为丰富。除了直接上位法《中华人民共和国湿地保护法》（2021）之外，其他重要的法律包括《中华人民共和国环境保护法》（2015）、《中华人民共和国森林法》（2019 年修订）、《中华人民共和国土地管理法》（2019 年修正）、《中华人民共和国野生动物保护

---

① 关于此问题更详细的分析，参见第二章的相关内容。

法》（2018 年修正）、《中华人民共和国水污染防治法》（2018）、《中华人民共和国水法》（2016）、《中华人民共和国水土保持法》（2010）、《中华人民共和国渔业法》（2013 年修订）、《中华人民共和国海洋环境保护法》（2017 年修订）、《中华人民共和国环境影响评价法》（2018）、《中华人民共和国海域使用管理法》（2002）、《中华人民共和国乡村振兴促进法》（2021）等多部法律。

　　行政法规方面，与湿地保护有关的有《风景名胜区管理条例》（2006年）、《中华人民共和国海洋石油勘探开发环境保护管理条例》（1983）、《中华人民共和国陆生野生动物保护实施条例》（2016）、《中华人民共和国水生野生动物保护实施条例》（2013）、《中华人民共和国基本农田保护条例》（1998）、《中华人民共和国自然保护区条例》（2017）、《中华人民共和国自然保护区条例》（2017）、《中华人民共和国森林法实施条例》（2018）、《中华人民共和国河道管理条例》（1988）、《中华人民共和国水土保持法实施条例》（1993）、《中华人民共和国陆生野生动物保护实施条例》（1992）、《中华人民共和国水生野生动物保护实施条例》（1993）等多部行政性法规。

　　国家政策和政府规章方面，主要包括《中国 21 世纪议程——中国 21 世纪人口、环境与发展白皮书》（1994）①、《全国生态环境保护纲要》（2000）、《跨世纪绿色工程规划》（1996）、《全国生态环境建设规划》（1998）、《全国湿地保护规划》（2022—2030）、《全国湿地保护工程规划》（2004—2030）、《全国湿地资源调查技术规程（试行）》、（2008）、《中国生物多样性保护战略与行动计划》（2011—2030）②、《国务院办公厅关于加强湿地保护管理的通

---

　　① 国务院在1994年3月通过并正式颁布了《中国 21 世纪议程——中国 21 世纪人口、环境与发展白皮书》，重点表述了当前中国人口、经济、社会、资源、环境的可持续发展战略、政策和行动框架，里面的大部分内容都关系到湿地的生态保护及合理利用，特别是白皮书中所涉及的自然资源保护与可持续利用、生物多样性保护的各种实施方案，是制定实施《中国湿地保护行动计划》的重要依据。《中国 21 世纪议程——林业行动计划》（1995）是实施《中国 21 世纪议程——中国 21 世纪人口、环境与发展白皮书》的一个专项行动计划，该计划提出了中国林业发展的总体战略目标和对策，并提出了湿地资源保护与合理利用的目标和行动框架，也对制定湿地保护有重要的参考意义。

　　② 《中国生物多样性保护战略与行动计划》（2011—2030），是确定全国生物多样性保护行动引领思想的纲领性文件。该计划全面地论述了包含湿地生物资源的各种生物资源及其生态系统目前所受到的威胁状况及产生的原因，提出了中国生物多样性保护行动计划的总目标、具体目标和行动方案还有行动计划实施的具体措施方案，对制定湿地生态保护有特别的参考意义。

知》（2004）、《中国湿地保护行动计划》（2000)① 等多个政策性文件。

（二）西部地区规范性文件出台现状

近些年来西部地区相继颁行 20 余项地方性法律文件，其对湿地立法原则、法律界定、监管体制、法律责任等方面作出了明确规定，有力地推动了湿地保护工作。

1. 地方性法规

西部地区目前有效的湿地保护地方性法规如表 1-7 所示。

表 1-7　　　　　西部地区目前有效的湿地保护地方性法规一览表

序号	省（自治区）	省级法规	市级法规
1	云南	《云南省湿地保护条例》（2014）	《云南大理白族自治州湿地保护条例》（2012）
			《拉市海高原湿地保护管理条例》（2014 年修订）
2	贵州	《贵州省湿地保护条例》（2016）	《贵阳市湿地公园保护管理规定》（2019 年修正）
			《贵阳市花溪国家城市湿地公园管理规定》（2013）
3	西藏	《西藏自治区湿地保护条例》（2010）	《拉萨市拉鲁湿地自然保护区管理条例》（2010）
4	新疆	《新疆维吾尔自治区湿地保护条例》（2012）	《新疆玛纳斯国家湿地公园保护条例》（2014）
			《乌鲁木齐市湿地保护条例》（2015）
5	四川	《四川省湿地保护条例》（2010）	《阿坝藏族羌族自治州湿地保护条例》（2009）
6	广西	《广西壮族自治区湿地保护条例》（2014）	《南宁市西津国家湿地公园保护条例》（2016）
			《南宁市大王滩国家湿地公园保护条例》（2020）

---

① 《"十三五"生态环境保护规划》（2016），建设有地方特色的湿地生态系统，同时尝试建设湿地生态效益补偿试点、退耕还湿试点。在国家地区内具有重要地位的湿地、湿地自然保护区、国家湿地公园，完善湿地保护与修复工程，逐步修复湿地生态功能，有序扩大湿地面积，大力提高湿地保护和管理能力。

续表

序号	省（自治区）	省级法规	市级法规
7	宁夏	《宁夏回族自治区湿地保护条例》(2008)	《银川市人民代表大会常务委员会关于加强鸣翠湖等 31 处湖泊湿地保护的决定》(2014)
8	甘肃	《甘肃省湿地保护条例》(2003)	
9	青海	《青海省湿地保护条例》(2013)	
10	重庆	《重庆市湿地保护条例》(2019)	

2. 地方性政府规章和其他规范性文件

作为地方政府重要的立法方式，在湿地保护中起重要作用。但西部地区的湿地立法较少采用地方政府规章方式。其他规范性文件是地方政府立法的重要形式。规范性文件以其特有的灵活性、针对性，数量众多的其他规范性文件，构成了西部地区湿地地方立法的主体内容。具体如表 1-8 所示。

表 1-8　　　西部地区部分省市湿地保护规章或规范性文件表

省（自治区）	省级规范性文件	市级规范性文件
云南	《云南省人民政府办公厅关于贯彻落实湿地保护修复制度方案的实施意见》 《云南省人民政府办公厅关于成立云南省湿地保护专家委员会的通知》 《云南省人民政府办公厅关于成立云南省第二次湿地资源调查工作领导小组的通知》 《云南省人民政府办公厅转发国务院办公厅关于加强湿地保护管理文件的通知》	《保山市人民政府办公室关于印发保山市贯彻落实湿地保护修复制度工作方案的通知》 《红河州人民政府办公室关于印发红河州一般湿地认定办法的通知》

续表

省（自治区）	省级规范性文件	市级规范性文件
四川	《四川省人民政府办公厅关于开展森林草原湿地生态屏障重点县建设的通知》 《四川省人民政府关于同意调整四川嘉陵江源湿地市级自然保护区功能区的批复》	《广元市人民政府关于建立四川汉王山东河湿地省级自然保护区的通知》 《南充市人民政府办公室关于印发〈南充市湿地保护管理办法〉的通知》 《阿坝州人民政府办公室关于深入实施〈阿坝藏族羌族自治州湿地保护条例〉的通知》
贵州	《贵州省级湿地公园管理办法》	《贵阳市花溪国家城市湿地公园管理》 《贵阳市小车河城市湿地公园管理暂行办法》 《贵阳市人民政府办公厅关于明确花溪十里河滩湿地公园一期管理职责的通知》
广西	《广西湿地保护制度实施方案》	《桂林市会仙喀斯特国家湿地公园保护管理规定》

地方政策规范性文件在湿地资源保护上发挥了重要作用。以湿地水资源保护为例。水资源是湿地的组成要素。保护湿地首先需要保护水资源，避免水污染与水资源的不合理利用，在没有专门湿地水资源立法情况下，要结合地方特殊性更好地利用水资源。广西壮族自治区出台了地方性水资源管理法规、规章。如《广西实施〈水法〉办法》《广西取水许可制度实施细则》《广西水资源费征收使用管理暂行办法》《广西河道管理规定》等，为水资源管理、配置、节约和保护提供了法律保障。南宁、柳州、梧州、北海、钦州、贵港、玉林等市相继出台了《水资源管理办法》，明确了城乡水资源按照"五统一"管理的要求，由水行政主管部门统一管理地表、地下水资源，统一发放取水许可证和征收水资源费。同时还组织完成了《广西水中长期供求计划》《广西地下水资源开发利用规划》《广西水环境生态建设规划》《广西水资源保护规划》《广西水资源综合规划》《广西河道清障规划》《广西九洲江水系水资源保护规划》《广西水功能区划》《广西防洪体系规划》《广西水库建设

规划》《广西大型灌区续建配套与节水改造规划》《广西水利信息系统工程规划》等规划的编制，这些规划的制定和实施，是有效保护、科学合理开发用水资源的重要依据，间接为湿地水资源提供了有效保护。

（三）我国西部地区湿地保护地方立法特点

1. 立法起步晚，发展快

西部地区的湿地立法起步普遍比较晚，但进度十分迅速。自 2003 年甘肃出台第一部省级湿地保护条例起，在十多年时间内大量湿地法规出台，立法成果可观，有力地推动了湿地保护工作的开展。其大概经历两个阶段：（1）起步期（2004—2008 年）。在这一时期，国家对于湿地保护的立法工作十分重视，相继出台了国家层面如《关于加强湿地保护管理的通知》（2004）、《国家城市湿地公园管理办法（试行）》（2005）、《城市湿地公园规划设计导则（试行）》（2005）指导文件。西部地区随之进行立法，甘肃、宁夏、陕西湿地保护立法相继出台，并在一定程度上体现了当地实际与湿地保护规律的结合。（2）快速发展期（2010—2021 年）。受国家日益重视环境保护工作影响，2010 年之后湿地保护立法进入快速发展时期，广西、云南、贵州等地方湿地保护条例相继出台，这些法律文件对湿地法律定义、立法原则、监管体制、法律责任等问题作出规定，形成了完善湿地保护体系。（3）成熟推进期（2021 年至今）。以 2021 年颁布的《中华人民共和国湿地保护法》为标志，科学保护湿地理念和有益做法经验被上升为法律制度，对湿地资源管理湿地保护利用、湿地修复、监督检查以及法律责任等都作出了系统的明确规定，西部地区普遍将湿地保护相关立法列入计划，湿地保护立法进入全面修订阶段，湿地法律规制的科学性、合理性、操作性等将得到系统完善，修订对维护湿地生态功能及生物多样性、综合保护湿地生态系统、建设生态文明具有重要而深远的意义。

表 1-9　　　　我国西部省级湿地保护地方性法规立法概况表

序号	条例名称	实施时间
1	《甘肃省湿地保护条例》	2004 年 2 月 2 日
2	《陕西省湿地保护条例》	2006 年 6 月 1 日

序号	条 例 名 称	实 施 时 间
3	《宁夏回族自治区湿地保护条例》	2008 年 11 月 1 日
4	《四川省湿地保护条例》	2010 年 10 月 1 日
5	《西藏自治区湿地保护条例》	2011 年 3 月 1 日
6	《新疆维吾尔自治区湿地保护条例》	2012 年 10 月 1 日
7	《青海省湿地保护条例》	2013 年 9 月 1 日
8	《云南省湿地保护条例》	2014 年 1 月 1 日
9	《广西壮族自治区湿地保护条例》	2015 年 1 月 1 日
10	《贵州省湿地保护条例》	2016 年 1 月 1 日
11	《重庆市湿地保护条例》	2019 年 12 月 1 日
12	《内蒙古自治区湿地保护条例》	2007 年 9 月 1 日

从历史进程看，我国西部地区湿地立法相对滞后，出于立法成本、经验和背景等多重考虑，对中东部地区湿地立法内容进行移植较多。在国际上湿地保护规则被世界各国立法机构认同并采纳，借鉴国外湿地保护法律制度及成功经验，也是西部地区湿地地方立法推进的可行办法。出于保护湿地的迫切要求，西部地方立法机关加快了立法进程，客观上也推动了西部地方湿地保护立法实践。

2. 一般与特殊立法相结合

当前，西部地区湿地保护立法主要存在三种模式，体现在：

（1）一般立法模式。此种立法模式着眼于对本地方法域内所有湿地的统一保护，并不对具体某一个或者某种类型进行单项保护。例如贵州、广西、西藏、甘肃、云南等的《湿地保护条例》。这种立法模式立法效率较高，也节约立法成本。但对具有典型、重要生态价值的区域性湿地保护，该模式就难以做到完全回应。

（2）特殊保护模式。该模式针对某一类特殊类型或者极具生态价值湿地单位以特殊单独立法保护。例如《拉萨市拉鲁湿地自然保护区管理条例》《新疆玛纳斯国家湿地公园保护条例》《云南省玉龙纳西族自治县拉市海高原湿地保护管理条例》等地方性法规为专门针对特定类型湿地进行立法保护。再如，地方政府规章层次的《广西壮族自治区山口红树林生态自然保护区和北仑河口国家级自然保护区管理办法（2021 年修正）》，地方规范性文件层次的《银川市人民代表大会常务委员会关于加强鸣翠湖等 31 处湖泊湿地保护的决定》。这种立法优势是针对性强，但同时出台特殊湿地类型保护单行法，不可避免地增加了立法成本。

（3）一般与特殊保护相结合模式。该模式把一般与特殊保护统一在一个立法文本中，针对特别类型湿地制定专门法律条款。例如《云南省大理白族自治州湿地保护条例》主要内容是湿地保护，但在第十二条中特别强调指出洱海湿地、鹤庆县草海湿地、剑川县剑湖湿地等八块湿地属于重要湿地。

整体上分析西部地区湿地地方立法经验，一般而言，立法机关层级越高，统一立法保护偏好越高；立法机关层级越低，特殊保护立法偏好越高。两种立法模式并无本质冲突，反之应做到有效衔接。例如通过《西藏自治区湿地保护条例》对全自治区湿地实行统一保护，而通过对拉鲁湿地自然保护区制定单行法律规范性文件进行特别保护，两者从不同侧面出发共同推进湿地保护立法体系化。

3. 生态补偿制度得到强化

生态补偿作为一项缓解经济发展与生态环境之间矛盾的重要举措，已经成为湿地保护的重要内容。在国家国土功能区规划中，西部地区不少区域属于禁止开发、限制开发区，从社会公平出发，为平衡经济利益与生态利益之间的矛盾，要细化生态补偿中的各项具体制度。我国西部地区各级湿地立法中普遍地确立了生态补偿制度。①《贵州湿地保护条例》提出，把湿地保护纳入贵州省国民经济和社会发展规划，将经费纳入同级财政预算，并逐步建立湿地生态补偿机制；《广西壮族自治区湿地保护条例》规定，县级以上人民政府必须把湿地保护列入本级国民经济和社会发展规划，并将湿地保护经费和湿地生态补偿经费纳入同级财政预算；《云南省湿地保护条例》提出建立生态补偿制度。湿地保护需要使湿地资源使用者合法权益受到损害的，各级政府应给予补偿，妥善安排生产、生活。《中华人民共和国湿地保护法》明确建立湿地生态保护

_____

① 此外还有《阿坝藏族羌族自治州湿地保护条例》《南宁市西津国家湿地公园保护条例》《云南省大理白族自治州湿地保护条例》等条例也明确规定生态补偿。

补偿制度，使得生态补偿制度得到普遍强化。国务院和省级人民政府应当按照事权划分原则加大对重要湿地保护的财政投入，加大对重要湿地所在地区的财政转移支付力度，并且鼓励湿地生态保护地区与湿地生态受益地区人民政府通过协商或者市场机制进行地区间生态保护补偿。

除一般立法外，西部地区湿地特殊立法也对生态补偿作出了制度安排。比如《南宁市西津国家湿地公园保护条例》指出各级人民政府应当建立湿地公园保护协调机制，协调解决保护范围生态环境保护、生态补偿等重大问题。

4. 因地制宜地体现区域保护特色

结合地理条件、湿地自然情况、民族分布状况和地方经济发展水平，西部地区湿地地方立法体现出因地制宜的地域特色。例如，大多数西部地区位于内陆，而南部沿海地形落差大，除了传统河流、湖泊等湿地种类外，还有沿海红树林、冰川、泥炭地等特有湿地类型。相关地区在立法上对之予以回应，在湿地法律界定上重点强调"季节性""人工湿地"等湿地内涵，并对红树林、湿草甸、冰川湿地特有湿地类型予以特别立法关注。

在社会参与方面，西部地区通过创新宣传方式、规定宣传时间等方式加以规范。例如《贵州省湿地保护条例》明文规定每年10月第三周为湿地保护宣传周，通过科学普法方式推进湿地保护宣教工作；《新疆湿地保护条例》通过设立每年5月25日为自治区湿地保护宣传日，推进湿地保护宣传，提高民众保护意识。

二、我国西部地区湿地保护地方立法存在的问题

（一）立法理念有待修正

在《中华人民共和国湿地保护法》颁布以前，西部地区长期存在落后的发展理念，不关注事前预防，而是依赖事后规制和惩罚；不关注对资源与环境相应治理、恢复和积极建设，对破坏生态相关案件惩罚力度不足；理论基础较为薄弱，带有浓厚的行政色彩。

以可持续发展理念为指导思想，应尊重自然规律，对湿地及湿地资源的利用不应损害湿地生态系统健康正常运转，以维护生态平衡，实现了湿地资源可持续性的发展，达到人与自然和谐共处的境界。由于经济发展最终取决于人才、资金、技术和资源等诸多要素，在立法中对于这些要素要加以关注

和规范。《中华人民共和国湿地保护法》明确了湿地保护的基本理念和原则，西部地区湿地保护立法工作要紧跟上位法确立的基本理念，要对照加以吸收和修正。尤其是，湿地保护法律规制要重点关注经济发展与生态保护的关系，树立"绿水青山就是金山银山"两山理念，落实"创新、协调、绿色、开放、共享"发展理念，完善好湿地环境影响因子评估立法和实施工作，科学量化影响湿地因素，对产业经济发展合理引导。

（二）地方性特色体现不足

从现有立法文本来看，西部地区湿地地方立法移植东部地区相应立法的做法较普遍和突出，区域特色体现不明显：

（1）立法内容比较粗糙，没有从本地生态资源实际情况出发。西部地区的生态环境立法必须有利于促进本地区经济、社会和环境可持续发展，西部地区共同问题是湿地污染加剧、湿地面积缩减、湿地功能退化等，地方均应根据本地实际情况，在限制污染物排放、湿地水源保护、封闭保护等方面作出类似规定。与此同时，应对地方特殊环境问题进行规范。例如，甘肃应当针对降水少、蒸发量大的不利气候条件，对湿地进行水源涵养保护治理、大面积进行退耕轮牧还林还草。西藏应着眼于生物多样性、大江大河发源地湿地保护问题。云南、贵州、广西需要加强红树林、冰川等特殊湿地类型保护等等。

（2）民族性体现不够。西部地区是多民族聚居地，目前立法规范对西部少数民族环境习惯法文化与地方立法规范衔接重视不够。少数民族聚居地区一些世居习惯和理念对湿地保护立法影响很大，这些习惯和理念包括宗教信仰、传统朴素环境意识、生产习惯、生活方式、风俗人情等要素。以环境习惯和环境意识为例，西部少数民族地区居住地依山傍海、风景优美，其长久传承行为方式深深受到自然保护文化影响，比如四川羌族民间历代盛行"祭山会"，一般以村寨为单位，以全民性盟誓的方式举行"祭山"仪式，在庄重的祭祀气氛中规定封山育林和禁猎禁伐禁樵采等盟约中的具体行为内容，违反了必遭严惩。云南布依族习惯法中的"榔团盟约"，其中属于保护环境规范条款有"不准放火烧山""不准乱伐林木"，违者给予一定金钱处罚。地方立法活动应当吸收少数民族环境习惯法文化中优秀养分，而且层级越低立法机关越需要体现民族立法地方民族特色。

（三）跨区域协同合作难

西部地区面临着不同生态环境保护问题，这是因西部地区自身特别生态环境特征决定的，但这并不意味着其环境立法是孤立进行的，相反，他们之间有内在联系。西部各地区具有天然地域联系，例如在生态系统上具有大面积共同林木、草地、野生动物和水文资源等，这种系统关联性使得在区域意义上西部环境是一个整体系统。尤其是毗邻省份和关联性地区更为显著，共同的区域性生态环境保护问题突出。地域环境关联性要求西部地区在立法上进行沟通和协调，保护好共享的生态资源。

由于湿地是一个综合性环境综合体，要考虑到各种存在环境要素，我国现存不少重要湿地横跨多个不同行政区域，实践中湿地保护也需要考虑确立跨行政区湿地保护制度。现有西部湿地保护地方性立法中普遍缺少跨地区湿地保护法律制度规定，一些地方意识到此类问题，但也没有走得更远。例如《甘肃省湿地保护条例》注意到了多元利益协调问题，在条款中要求湿地保护过程中应当平衡法律关系中各个利益关系，但是相关规定在目前跨行政区保护方面缺乏效率。

（四）湿地管理协调难

《中华人民共和国湿地保护法》出台前，西部地区对于湿地管理主体责任界定、职责范围等普遍缺乏科学性，管理措施难以持续和有效执行、湿地保护管理效率较低、管理协调较为困难。湿地生态系统整体性决定了湿地保护管理复杂性，其保护管理、开发利用牵涉面广、部门多，管理难度大。之前的管理体制存在以下两个主要问题：一是没有形成有效的湿地管理协调机制。根据不同自然要素来划分管理部门区分管理，行政管理部门职权分工不同，管理所追求的目标、利益有所不同。这决定在实际湿地保护管理中对政策、法律理解和执行存在偏差。客观上，各个部门权限和职责都在特定要素上，管理视野局限在特定自然要素之中，对于其他相关自然资源要素重视不足。如果主观上叠加追逐地方利益、部门利益，很容易各自为政、相互搁置，导致部门矛盾和冲突，更妄谈湿地科学管理。这容易导致各个行政主管部门更注重和倾向于湿地资源的开发和利用而忽略湿地生态系统整体性保护。例如管理历史上，贵州红枫湖湿地区域管理机构众多，有国家级风景名胜区管理处、两湖一库管理局、清镇红枫湖湿地公园管委会，还有专类管理机构红枫湖林业站、红枫湖渔政管理处、红枫湖海事管理处，机构复杂，甚至重复，①难以形成合力。二是协调机制有待加强。林业行政主管部门是湿地资源行政主管部门，对湿地资源实现统一监督管理。在行政部门的职权分工上，对于陆生野生动植物资源，林业行政主管部门具有管理权限。但是，对于湿地范围之内其他自然资源并无实际管理权，这直接导致了林业行政主管部门在湿地管理上权力虚置不利于湿地保护工作的开展。例如在湿地保护区大部分水域和土地权属不归保护区管理局所有，导致在中心区域养殖和捕捞现象层出不穷。湿地保护牵扯林业、水利、环保、土地、水保、农业甚至旅游等多个行政主管部门，如果缺乏统一有效协调机制，结果必然是管理事项无人负责、也无从问责，最后造成湿地资源萎缩、污染和破坏，严重影响湿地生态价值、社会价值实现。贵阳市市域有许多湿地缺乏专门湿地管理机构，例如贵阳市母亲河——南明河流域，管理机构为贵阳市河道管理处，隶属于贵阳市城管局，无湿地专业管理职能，② 导致湿地管理缺乏绩效。

《中华人民共和国湿地保护法》重点解决了湿地保护管理体制问题，具体明确了各部门之间的职责与联系，即国务院林业草原主管部门负责湿地资源的监督管理，负责湿地保护规划和相关国家标准拟定、湿地开发利用的监督管理、湿地生态保护修复工作。国务院自然资源、水行政、住房城乡建设、生态环境、农业农村等其他有关部门，按照职责分工承担湿地保护、修复、管理有关工作；国务院林业草原主管部门会同国务院自然资源、水行政、住房城乡建设、生态环境、农业农村等主管部门建立湿地保护协作和信息通报机制。但是由于湿地是一个庞大且复杂生态系统，其中水文、地质、野生动植物等都是其中重要的构成要素，要素之间具有密切内在关联性，湿地中土地、水、动植物等要素都很重要，这就使得湿地保护必须由多个部门共同管理，"一个部门综合协调、多个部门分部门实施"管理较难奏效。如何构建更为顺畅的协调机制，还需要进一步研究。

---

① 任静，陈振声，周莉. 贵阳市国家级湿地公园建设探析 [J]. 园林科教，2014（4）：12-15.

② 任静，陈振声，周莉. 贵阳市国家级湿地公园建设探析 [J]. 园林科教，2014（4）：12-15.

（五）法律规范针对性和操作性有待强化

在《中华人民共和国湿地保护法》颁布之前，西部地区湿地保护地方立法的原则性、宏观性、纲要式的规定较多，细化、量化的规定较少。例如，在对执法主体法律责任进行规范时，大部分的地方立法都只有一条概括性的规定。这些规定的内容一般为"违反本条例规定的，由有关行政主管部门责令限期改正，并按国家有关规定予以处罚"。法规条文不具体、模棱两可，很难提供明确、清晰执法和守法界限。

在湿地保护法颁布之后，法律条文中软规范条款和刚性条款过少。通过对地方性立法条款分析表明，地方法律规范性文件中，倡导性、号召性和宣示性的条款已在减少，而针对性、实质性和具体化的法律条款内容较多。在湿地保护的地方立法条文中，"积极""鼓励""加强""支持"等概括性、抽象性措辞被大量删减，明确了不同部门之间的职权分工。从条文可操作性来看，立法水平得到提升，但是对于实际上解决湿地保护过程中不同行政部门的职权和合作问题，还是有待加强的。

第二章　我国西部地区湿地保护法律规制理论逻辑

从环境保护的视角出发，湿地保护是环境保护内容的一部分，因此需要遵循环境保护的基本要求。然而，不同的环境资源，其保护模式、方法和路径，具有不同的内在逻辑。从法社会学的视角看，法律规制需要有对应的社会基础，这种社会基础本质上是利益诉求结构。法律规制的诉求，承载着社会多元利益的诉求。后者决定了前者的理念、规范重点、方法和路径。湿地资源首先是生态环境资源，与其他自然资源一样，具有天然的公共性品格，这意味着湿地资源中隐含着公共利益的现实问题。当然，其同样承载了私人利益诉求。另外，湿地资源是特殊的环境资源，这决定其保护机制有特殊的内在诉求。这种特殊性，体现在湿地资源的资源特性和空间特性两个方面：一是湿地资源作为特殊的生态环境资源，承载人类不同的利益诉求；二是湿地资源的区域空间性分布问题，西部湿地资源又提出相对的特殊要求。

第一节　湿地资源承载环境公共利益对法律规制的诉求

湿地资源作为环境资源特殊形态，为实现环境资源的公共利益目的，必须进行平衡和限制。这种公共利益体现为经济利益、生态利益和社会利益。其中，湿地资源中的生态利益更为凸显，因此，基于湿地保护的利益平衡过程，更多体现为生态利益对经济利益、社会利益诉求的限制。即对湿地资源的经济性和社会性追求，比其他的生态环境资源进行更多的限制，具有合法性和正当性，也是可行的。从产权角度，这种限制与传统物权所体现的物权限制的目标诉求、限制机制和方法，都有所不同。这源于湿地资源作为环境要素存在与普通私人之物的不同，明显的差异是湿地资源具有公共性品格，承载着生态环境公共利益的诉求。这使得在法律规制上，其基本定位是对公用物的利用和限制，其目标是生态利益的实现。所以，湿地保护的法律规制理念、目标、机制和方法，与传统方法相比，发生了很大变化：理念上更注重保存和保护；目标上更注重生态利益的实现；方法上更注重抑制经济效益和社会效益，公法机制在其中具有更多的运用。

一、生态环境公共性及其对法律规制的影响①

（一）生态环境的公共性特征

生态环境系统是环境要素之间通过一定的关联形成的结构和功能系统。法律机制调整的客体——环境和环境要素，两者的关联性决定了环境"自然"地具有公共性品格，并映射到社会利益结构之中。

1. 环境的自然公共性

环境首先是作为自然而存在，为各种物种的生存和发展提供必要的物质和空间。生态环境对于物种和人类生存发展的重要性，已经众所周知。环境构成了自然意义上的公共场所。这就是环境自然公共性的基本内涵。环境的公共性的基本特征和基本规律已经被现代生态学揭示。生态学表明，生态环境作为一个整体而存在。但是，认识到生态环境公共性的存在和它的重要性，与对这种公共性形态的特性进行把握和描述，是不同的层面。公共性的内涵，具有两个表达路径：一是相对于私人领域而存在；二是它作为公共部分"自身"为何、如何。前者人们较为熟悉，而对于后者重视并不够。人类社会知晓生态环境作为公共资源对于各个物种的重要性，但是对于这个公共资源所表现的形态，并不够重视。换言之，自然环境是作为公共资源和公共场所而存在，人们更重视自然环境作为公共资源的公共性，而不是公共场所的公共性。生态学已经表明，生态环境是由环境要素和环境功能构成的巨系统。人们重视生态环境的环境要素，尤其是作为经济资源形态存在的环境要素，但对环境功能却没有引起足够的重视。环境作为整体的功能是客观存在的，它是环境要素通过一定的结构呈现出来的一种能力，是环境系统所体现的功能

---

① 黄中显．环境的公共性品格及其法律意义［J］．经济与社会发展，2015（5）：97-100.

形态。这种形态通常用环境容量或者环境承载力进行描述。① 人类社会在很大程度认识到了在实体层次上、资源层次上自然环境的整体性和公共性，却忽视了环境作为一种功能而存在的整体性和公共性。"每一种独特的环境系统观点，都仅仅是复杂整体的一个狭小片段。当每种看法都可以说明整体中的某些特点的时候，它所产生的画面在一定程度上就必然是错误的。因为当我们看到一种关系时，难免会忽视其他的关系；而现实世界中，在环境中的每个事物都是相互联系着的。"② 这种对环境功能认知上的局限和忽视，使得人类在对待自然环境的种种行为出现偏差，也为环境问题的系统发生引入了不可避免的因果。

2. 环境的社会公共性

在自然意义上，环境的公共性主要体现在环境生态系统是生物存在的基础。从人类社会诞生以来，人类社会与自然环境的相互交集从未停止。人类社会作为整体存在，本身就是公共性的体现。这种公共性和自然系统的公共性具有共性，这种共性体现为人即作为自然的存在融入自然的公共性之中，也作为社会存在融入社会的公共性之中。从社会视角出发，自然作为整个社会存在的基础，是社会得以维持、发展的物质基础，当然，对自然不同的文化解读，又表明自然本身就是人类文明的构成。从物质意义上，自然环境是作为社会的公共物品而存在的，自然环境因为作为社会公共物品而具有社会的公共性。

公共物品有个基本特征，即消费的非竞争性和受益的非排他性。所谓非竞争性，是指公共物品在需求方面，人与人之间无须为争夺公共物品的消费权而竞争，即一个商品在给定的生产水平下，向一个额外消费者提供商品的边际成本为零。所谓非排他性，是指人们不能被排除在使用一种公共物品之外，任何一位公民都可按既定的法律程序消费该物品，任何人包括公共物品

①　环境容量，在环境科学上指一个复杂的反映环境净化能力的量或者指某环境单元所允许承纳的污染物质的最大数量。环境承载力主要指在某一时限内，自然环境系统所能承受的人类社会活动的能力阈值。两者之间区别在于：环境容量主要强调环境系统排污容纳能力，反映了环境系统的自然属性；环境承载力强调环境系统所能承受的人类社会经济活动能力，是环境系统的自然属性和社会属性的统一。

②　[美] 巴里·康芒纳. 封闭的循环——自然、人和技术 [M]. 侯文蕙译. 长春：吉林人民出版社，1997：19-20.

的提供者都不可能阻止他人享用公共物品。水、空气、阳光等，都是每个人生存所必须，即在同一自然环境之下，每个生物都有共同利用这些自然资源的天然权利，这些自然资源不能为特定的人所独占。此外，无论是什么样的人，都无须缴纳任何费用就可以呼吸空气、利用河水。因此，自然环境是具有公共物品这两个基本特征的，是真正意义的公共物品。正如萨克斯教授所言"人们不必将清洁的大气及这类共有的财产资源仍然视为企业的垃圾场，或者任由渴求利润的人们尽情消费免费的美味，而必须将其视为全体市民的共有利益。这些利益与所有私人利益一样，同样有受到法律保护的资格，并且其所有者具有强制执行的权利。"当然，根据排他性和竞争性的具体形态不同，经济学上对公共物品的分类是复杂的，比如还将公共物品分为纯公共物品和准公共物品，准公共物品又分为俱乐部物品和公共资源。但不可否认的是，自然环境作为一个整体，是具有公共物品的内在品格的。环境因为成为公共物品而具有社会公共性。

（二）环境公共性对法律规制的影响

1. 环境公共性对法律制度影响的逻辑起点

法律制度的生成需要构建在理性和科学基础之上。就其生成逻辑而言，法律制度需要指向某种稳定形式的社会问题，法律为将要解决和能通过司法解决的社会问题而产生；从其构建逻辑而言，法律制度设计需要建立在自然和社会问题的内在规律之上，法律制度必须具有科学理性。环境作为公共物品资源进入社会系统加以运用，就会产生相应的社会问题。典型的问题如人们熟悉的"公共地悲剧"问题。在经济学视角上，公共资源很容易产生"搭便车"现象，人们不是通过更科学有效地利用资源、通过技术革新来增加利益，而是通过盲目性过度使用和破坏自用自然资源，并把本应由自己支付的成本转嫁到他人身上。从正面看，由于环境的公共性，生态环境保护所产生的收益是公益的；从反面看，即使是公共地悲剧产生的后果，也具有公共性。可以说，公共地悲剧是生态环境作为经济资源进入社会系统而带来的社会问题，此社会问题是环境法律制度得以生成的内在逻辑，换言之，环境法律制度的使命以解决公共地悲剧为己任。

法律是调整社会系统不同利益诉求的机制。公共地悲剧代表了某种利益结构的失衡状态。环境法律制度因这种利益平衡要求而产生。

2. 生态环境公共性对环境法制度构建的影响

萨克斯教授指出，环境作为公共物品，其规范需要建立在公共产权、自由使用和政府管制三个相关原则之上。① 这三个原则，为我们思考环境公共性对法律制度构造提供了参考，也对环境法律制度设定进行了必要的指引：一是公民有利用环境的自由；二是环境的公共性决定了环境事务的公共性，因此，政府在环境保护中具有不可推卸的责任，甚至是主要责任；三是环境和环境资源只能设定为公共产权，不能视为私人产权。具体而言，环境的公共性品格对环境法律制度的构建产生以下重要的影响：

（1）确立了环境法律制度的社会法属性。传统法律系统将法律划分为公法和私法两大法域。公法和私法的划分对法律系统的功能定位有重要作用。由此确定了私法和公法两大法律系统具有不同的权利诉求、救济途径和法律目标。以权利诉求而言，就是熟悉的民商法之"法不禁止即自由"和"行政法之法无明文规定不可行"。随着社会和经济的发展，新型社会矛盾不断出现，环境利益冲突就是这种新型社会矛盾的典型代表，法律系统在回应这种新型矛盾过程中表现出很大的不适应性，传统的公私法律体系划分难以满足现有的法秩序。由此，社会法应运而生。社会法根本之特征，在于其所调整的社会关系，既不纯粹属于传统公法之领域，也不纯粹属于传统私法调整之领域，很难将其纯粹的归为公法或私法领域。虽然人们对于"社会法"的定义还没有形成统一的认识，但是普遍认为传统的公私法域划分不能满足社会法的发展。因此，社会法划分具有内在的合理性。社会法在产生背景、调整利益基础、调整方法等方面，都与传统的私法和公法不相同。法律修正的依据，就是社会公共利益的诉求。因此，从利益上看，社会法所保护的利益，既不是纯粹的私人利益，也不是建立在统治基础上的纯粹的国家利益，而是社会公共利益。社会利益是一种普遍的、公共的集体性利益。环境的共性承载的，就是社会公共利益。环境的公共利益，几乎与国家无关，即国家存在不是环境利益存在的前提和基础。因此，这种利益当然地属于社会利益。由此，环境法当属社会法范畴无疑。当然，对此有不同的声音。有的学者认为，学界主张的社会法是建立在私法公法化或者公法私法化的基础之上，然而

---

① ［日］宫本宪一. 环境经济学［M］. 朴玉译. 北京：读书·生活·新知三联书店，2004：67.

"公法私法化"与"私法公法化"并不像其间的"化"字那般真的将公法变成了私法,公法被化掉了,或将私法变成了公法,私法被化掉了。只能说公法与私法在当代联系更为紧密,界限更为模糊。尽管界限模糊,但是并不意味着界限消失,法律人的任务就是将模糊的界限清晰化。因此,环境法当属公法范畴。①

(2)决定了环境法律制度的权利本位性质。环境法自产生以来,关于它的本位问题一直处在争论之中。关于环境法法律本位,其实就是环境法究竟是权利本位还是义务本位问题。主张环境法是义务本位的学者认为,判断一个法律体系是以权利本位还是以义务本位为主要依据的关键在于:该体系的立法直接目标是什么,以及以何种法律规范占主导地位。环境问题成因主要是人类社会行为,不少是人类社会权利人在行使权利过程中,对环境造成侵害或者损害。因此,如果说保护环境是环境法的出发点,那么,环境法从一开始就是对人类社会行为设定义务的法律。环境公共性指向的环境公共利益,具有整体性。为了实现社会公共利益,每个社会公民都具有限制自身行为的义务,即法律关系主体负有以保护生态环境和生活环境为目的的作为或者不作为义务。这是环境法的基本出发点,也是环境法的义务本位体现,即为了保护环境、维护人类生存的基本条件,应当以为国家、社会、个人提供环境义务性规范为主要指引。然而,主张环境法的权利本位的学者认为,环境法应该以实现环境权利为出发点,应该注重环境权利的设置和规范。义务是权利本位论中的当然内容,也是权利义务配置的逻辑要求,权利本位理论中并没有忽视义务问题,甚至为了实现权利尤为重视义务问题;权利本位理论为法律义务提供了正当性存在的理由;环境法的失败不仅不能归咎于权利本位对权利的倡导,而且从根本上看,环境法的失败恰恰源于权利本位理论未能得到贯彻和落实。② 这种争论,对于我们认识环境法的本质,具有重要意义。本书认为,所谓本位问题,就是法律设置的出发点问题,即法律的生成逻辑起点。环境法规范的对象是环境,以维护环境中含涉的合理和正当利益为己任。而环境最大的特点是公共性,承载着公共利益的诉求。因此,环境法从

---

① 刘三木. 从环境的公共性看环境法的属性 [J]. 法学评论,2010(6):77-81.

② 钱大军. 环境法应当以权利为本位——以义务本位论对权利本位论的批评为讨论对象 [J]. 法制与社会发展,2014(5):151-160.

一开始就是以维护"环境"这一公共资产为出发点。同时，社会公民有维护公共利益的义务。与此而言，环境法看似以义务为本位。但实际上，法律追求的终极目标与法律实现目标的机制存在区别。我们回到萨克斯教授关于环境资源是公共资产的观点，即"无论个人经济地位如何，所有的市民都应该对其进行自由的使用"。因此，公民对环境首先具有权利。这是一种生存和发展权利，是自然法意义上的基本权利。环境法实现的机制，虽然也包含了义务性法律机制，但其本位即追求的最终目标却是权利性的。换言之，从法律机制设计上，环境保护所承载的公共利益需要通过个人利益的实现来实现。"公共利益以个人权利为出发点和归宿。它不是凌驾于个人权利之上、不能分解和还原的终极利益，而是存在于个人权利之中、由个人权利组成的派生的复合利益。这种利益只有在能够有助于绝大多数人的生存和发展时，才具有实际的意义，才是一种真正的益。"但是不能就此否认环境的公益性。

（3）确立了环境法的法律综合调整机制。一般认为，公共性的实现主要依靠公共性行政。政府在实现公共性过程中扮演主角。然而，目前依靠政府推动环境公共性的实现明显乏力。当前的环境法律制度是以行政权力为本位，其不足有两个突出特征：一是缺乏清晰的生态社会愿景和法律理想图景；二是不够重视公众的社会理性和合作本能。换言之，在越来越重视政府理性和市场经济力量的同时，却越来越轻视社会理性和市民社会力量。① 例如，自然资源通常采用国家所有权的形式，以实现资源的公共性。然而，研究已经证明，仅因为对自然资源的公共国家所有权之盛行远远超出了大多数人们的设想，其在权能实现上并不必然意味着它比其他的财产权利安排在环境或者经济方面更可取。在自然资源利用权能上，适当安排私人性权益在某些场合充分实现。这意味着，公共性的实现需要多种力量的参与，需要多种法律制度的安排。在社会治理机制上，除了公共权力之外，私人治理和社会参与也是重要的两种公共性实现的法律机制。由于环境存在自然上的普遍联系，个人在环境上具有不可剥夺的基本权利。因此，环境的公共性与个人的自然环境权利具有内在的联系。在某种意义上，只有实现了每一个人的环境基本权利，才能整体上实现了环境的公共性诉求。在法律语境下，这种环境基本权

---

① 王小钢. 从行政权力本位到公共利益理念——中国环境法律制度的理念更新 [J]. 中国地质大学学报（社会科学版），2010（9）：41-46.

利需要通过设定民事性的私人性权利设定来实现。因此，环境权利构建成为环境法律制度构建的重要内容，也是实现环境公共性的重要法律机制。另外，社会参与也是公共性实现的重要法律机制。当公共权力决策的内容影响到公众的切实利益时，社会参与是体现利益诉求的最佳途径。因此，公共性所隐含的利益主体多元性，意味着环境法治法律机制的多元化。

（4）环境的功能性要素应该纳入法律规制。环境要素和环境功能是环境的不同内容，环境功能是环境要素结构呈现的整体能力状态。环境的功能性是整体性的，最能体现环境的公共性。这种整体性使得环境成为典型的公共产品。尽管环境要素可以独立利用，但环境功能的利用却难以独立进行。目前，对环境功能的规制主要是通过环境容量管理来实现。环境容量的测定、使用和分配，就是对环境功能利用的路径。然而，当前对于环境容量规制主要通过环境行政上的环境容量管理实现，即这种法律规制主要是公法规制，而且出发点是环境管理。用公法手段分配环境功能容量最大的问题在于资源的公有财产制度，即所有者与管理者分开、权责不一。因此应该确立环境功能利用的多元化机制，尤其是私法机制。例如建立私法意义上的排污权交易制度，实现环境功能的市场化利用，并将排污权交易作为一项经济手段来自发地实现对环境资源的保护和合理利用。

二、环境资源公共性利益化成为湿地保护法律规制基础

从生态学角度看，环境是作为整体而存在，是生态链上各种物种生存的空间，这使得环境从一开始就具有自然意义上的公共性。相对于自然系统而言，人类社会系统虽然具有相对的独立性和封闭性，但是人从一开始就作为自然的一部分而存在，因此从自然大循环来看，社会系统也是自然一部分。因此，环境作为人类社会的公共物品而存在，这种公共物品属性使得环境在人类的视角下具有了社会性，其构成了人类社会共同的利益基础——环境公共利益。这样，这种社会性通过环境公共利益的解释，使得"环境"自身作为人类社会发展的内在变量之后，直接影响、甚至是决定了环境法律制度构建的内在逻辑。可以说，当前环境法律制度运行和构建中出现的种种问题，很大程度上缘于没有对环境公共利益做出正确解释，因此难以通过法律制度妥善协调好私人利益和公共利益（私人权利和公共权力）的冲突。其深层次根源是传统法律制度所调整的利益结构中，嵌入了复杂的环境利益，使得其

难以妥善解决现有涉及环境的社会纠纷。在诸多环境要素类型中，湿地资源最能体现环境资源的公共性特征。在公共利益的实现上，公共权力天然具有实现社会公共利益的使命，换言之，在湿地资源保护立法中，由于环境公共利益的存在，更多的公共权力需要介入。因此，政府环境规制具有介入湿地资源保护的内在合法性逻辑。

（一）环境公共利益作为环境公共性的利益化呈现

1. 环境利益的出现

在现代社会，随着人口快速增长、生产社会化以及城镇化快速扩张，对环境资源的利用速度不断加快，环境资源成为稀缺性资源。在此过程中，由于缺乏对环境保护的关注，环境污染、生态破坏等环境问题凸显，并已经构成社会风险的一种典型形态。随着人们对环境问题的关注，环境保护也成为一种社会共识，并在法律制度中得到建构。同一物之上的经济功能和生态功能都受到关注，代表了社会人们对物之不同价值的追求，即生活的舒适、物质的丰富与健康的生活环境、清新的空气同样是社会追求的目标，由此产生了物之经济利用和生态利用之间的社会冲突。从社会利益冲突论视角看，这似乎表明社会系统中涌现了一种新型的、与其他既存的社会利益在短时间内难以调和的利益形态——环境利益。这种利益体现为人们对良好环境质量需求的满足，它已逐渐发展成为一种具有独立诉求的新型利益形态。当代生态危机产生并加剧的根源，是由于人们对环境利益与经济利益、社会利益等不同利益诉求冲突所导致。这表明传统的社会利益平衡结构将被打破，需要演化出一种新的平衡状态。①

作为一种迅速成长的利益形态，对于环境利益这种新型的利益形态，其内涵、外延和本质等都在争论之中。有的学者认为环境利益是与经济利益相对的一种利益状态，环境问题来自环境利益和经济利益之间的冲突。从利益冲突形态来讲，环境问题的产生与经济利益和环境利益冲突无疑是直接相关的。但是，将环境利益理解成为一个纯粹的生态需求，无疑有失偏颇。不管学术争论如何，有一个问题是科学上确认无疑的，即对人类而言，自然环境

---

① 黄中显. 环境法视野下的物权法社会化进程 [J]. 学术论坛，2015（6）：111-115.

有两个基本功能，生产性的经济功能和生存性的生态性功能。换言之，人类对自然环境的诉求就可以分为两大类，经济性质的利益和生态性质的利益。前者是传统经济认知已经很充分的利益状态，专门指环境要素中的环境资源，可以用市场价格来衡量；后者主要体现了环境的生态功能，难以用一般的市场价格进行衡量。经济性的利益，由于是自然资源进入人类社会的表现，一般在法律上由相应资源的所有权人或使用权人享有，私人性、个体性利益成分较重。而生态性质的利益，一般是公共性的，因而难以进行适当分割。但环境利益却是公共利益。也就是说，环境和环境要素上，承载了人类对经济利益和生态利益的诉求。换言之，环境利益具有经济利益和生态利益的二元结构，其中经济利益是环境利益的一部分。只是在环境问题没有大规模出现之时，人们更多注重环境利益中的经济成分而忽视了其生态成分。因此，不能说环境利益专指生态利益，是与经济利益相对应的利益状态。既然环境承载了人类的经济性和生态性需求，环境利益本身就包含着经济利益和生态利益这两方面要素。"这种环境是不可分的，这种环境所带来的利益也是不可分的。人类的环境权是指向这种不可分的环境利益的，这种人权是关于人类的整体环境的权利。"

既然环境利益难以界定，但是描述其基本元素并不困难。整体上，环境利益具有以下内容要素：一是环境利益是以人的视角出发，基于人类社会生存和发展所需而从环境中获取外部空间、条件和状况等需求。这种利益需求，以人类社会可支配、可利用的环境为限，即人力所及的天然形成的物质和能量的总体，主要是由大气、水、土壤及生物等共同组成的外部物质空间和条件。环境具有客观性，它不随人的主观意愿而改变。二是这种需求大致可以分为经济性需求和生态性需求。经济性需求主要体现为人类社会对环境和环境要素的获取和消耗，经济性需求的体现，是环境要素以自然资源的形态进入人类社会的经济结构之中。生态性需求则是指人类社会基于人的个体自身作为自然一部分的属性，而需要环境提供生存和舒适生活的需求。因此，经济性利益主要为个体性利益需要，而生态性利益主要为了利用环境功能，因为环境功能不可分割，具有整体性，所以环境利益中的生态利益具有公共性。这使得环境利益具有公共性，使其主体无法分割和特定化；三是环境利益包括了物质和精神要素。显然，物质要素自不待言，因为它们涉及对环境的依赖以及对舒适性环境的追求。环境的舒适性，是人的正当追求。① 可见，环境具有经济性、生态性和精神性三种属性，而环境利益包含经济利益要素、生态利益要素和精神利益要素。一般而言，精神要素利益隐含在经济利益和生态利益，尤其是后者之中。

2. 环境公共利益解释

环境的公共性品格，决定了环境利益的公共性。环境利益是一个复杂的利益形态，它具有自然意义上的公共性品格，代表了人们对生活在健康和舒适的自然环境之中的利益诉求。之所以说它是一种复杂的利益形态，在于环境利益是个体性和公共性复合的二元结构利益形态。环境利益的公共性品格源自环境的公共性。在环境科学上，环境是由环境要素通过一定的结构关联而形成的自然有机系统。环境要素主要体现为自然资源要素，而它们的结构体现为环境整体性功能。由于自然系统是相互关联的，自然资源要素是人类社会生存和发展的基本条件。因此，环境被认为是反映人基本生存权利的载体，也被视为公共物品、公共资产和公共资源。在管理上，这种公共资源可以通过公共信托形式委托给国家进行管理。此外，在经济学上，公共物品和私人物品最大的区别在于是否具有排他性、是否为全体社会成员共同享有和消费、是否具有无偿性和不可分割性等特征。作为资源形态的环境，属于典型的公共物品。这体现在几个方面：一是环境和环境资源具有稀缺性。这意味着环境和环境资源不可能满足所有用途和所有人的要求，它们存在竞争性使用的现象。二是环境和环境资源具有竞争性。这种竞争性来自资源的稀缺性。这意味着环境资源存在不同的利益集团、不同用途之间的竞争，同时也存在不同社区、区域、省际、国家以及代际的竞争。三是涉及不特定多数人的利益。环境与每个人息息相关，具有自然上的连带性，环境资源不仅能满足多人的需要，而且还使各种满足存在着天然的相互依赖性。每个人都生活在公共环境之中，人的根本利益具有最广泛的代表性。四是环境公共利益具有排他性。环境公共利益的排他性，来自环境属于"公共地"，在一定范围之内，每个人都可以自由进入并免费使用。这容易导致对公共环境资源的"搭

_____

① 环境权利是人对环境安全、舒适和优美的基本权利。"优美"是更高的追求，但是对于其能否进入法律规制的领域，争论很大，也具有立法难度。但是，安全和舒适，应该具有法律上的价值和立法追求。这是环境利益转化为环境权利、环境权利变为法律利益和法律权利的可行方法。环境的精神性问题，还是环境尊严，环境人格权的理论来源。

便车"行为，出现"公共地悲剧"。有学者曾形象地对这种公共性、不可分割性及其意义做了形象的比喻。其将地球环境比作遮阳伞，认为这个遮阳伞是在其下乘凉的人们的共同利益，但这个共同利益并不是每人从遮阳伞上扯一块伞布。整个的遮阳伞才是大家的利益所在，每人分别占有一块伞布是对大家共同利益的葬送。把地球环境理解为一个可供多人分享的蛋糕，把整体环境简化成为可以分割的环境，就像地球上的土地可以分给不同的地主作为财产那样，这种理解实际上是错误的。"公共地悲剧"之所以发生，正源于环境资源的公共性以及对公共性的非理性分割。

环境资源的公共物品属性所指向的公共利益，决定了其采取市场交易的方式难以实现公共环境资源有效率的供给，而应该将其界定为一种公共所有权（或者国家所有权），生成一种社会性权利。① 当然，在一定条件下，环境资源的公共性并不排斥环境资源利用的私人性。例如对于自然资源，人们可以通过一定的产权界定方法，把它界定为私人产权。我国《物权法》目前规定的水权、狩猎权、土地使用权、矿产资源开发权等自然资源物权形态，就属于此种情形。环境要素关联结构所体现出来的环境功能——环境容量或环境承载力，同样可以通过产权界定方法归为私人使用，例如环境容量分配和排污权交易。但即使如此，同一环境之"物"上承载的经济利益和生态利益二元结构，并没有发生变化。由于生态系统的关联性，物之上承载的生态利益诉求并不因为物被界定为私人产权而随之消失。此时私人之物之上的环境利益，是私人经济利益和环境公共利益叠加的复杂利益形态。② 也就是说，即使为了解决"公共地悲剧"问题而将部分的自然资源界定为私人产权、将环境容量部分内容特定为私人利用，因为这些私人产权性质的自然资源或者私人利用性质的环境容量，承载着环境公共利益实现的需要，也必须对这种私人性加以更多的规制。

（二）公法规制作为环境公共利益实现的路径选择

环境要素之间的依赖性和人类对环境的依赖性，使得环境具有经济学上

---

① 后文中有更为详细和深入的分析。

② 黄中显. 环境法视野下的物权法社会化进程［J］. 学术论坛，2015（6）：111-115.

公共物品的性质，对其的利用容易产生外部性，当然也表明了环境公共利益存在的客观性。公共性与公共权力运用存在天然的连接。正是在这种环境下，公共利益作为内在的动力，使得公共权力介入环境资源保护和利用之时，具有内在逻辑和社会合法性。这种社会合法性为公共权力进入法律公法机制构造奠定基础。具体而言，公共权力的合法性包括正当性、权威性和有效性三个方面：公共权力的权威性是政府执行国家意志的手段，主要指的是政府权威性；公共权力有效性是指公共权力满足其基本功能的程度，它是对公共权力（或政府）的功能性评价或工具性评价，此评价是公共权力在维护社会秩序和利益分配中的实效；公共权力的正当性是其中最主要的因素，它包括三个核心内容：这种权力的存在必然且必要、这种权力的途径和使用的范围必须是正当的以及这一公共权力必须以公共利益为目。① 公共权力的正当性，要求公共权力具有实质合法性，其与所在社会的公认价值要相一致，符合公平正义要求，这是一个价值判断问题。如果公共权力不具备实质合法性，就可能存在公共权力干预社会运行的合法性危机。

经济学表明，环境利用外部性的产生，与环境作为公共资源、公共产品具有直接关系。外部性可以按不同方式加以定义，但是它一般是公司或个人对另外一方造成的无意的、不用补偿的副作用。② 对于外部性问题，自由主义的经济学家试图通过清晰界定私人产权、达成一致协商来解决。这就是著名的科斯定律。一种定义外部性的方法是，假设市场中特定资源产权缺失。例如，如果存在对空气的私人产权，那么，人们就必须购买产权才能排放烟雾污染环境，以此达到被动的烟雾排放被市场内部化的目的。然而，建立这种产权和市场很可能存在现实的障碍。不幸的是，依赖关系可能是长期的，这就可能使产权的协商和界定变得困难。③环境和环境要素之间，以及人对环境均具有很强的依赖性，这种依赖性使得环境利益指向的主体具有多元性，并不属于特定多数人。因此，欲要达成协商一致，几乎不可能。环境外部性问题，使得政府公共权力干预成为必要。正如有的学者指出，环境污染的社

---

① 赵俊. 环境公共权力论 [M]. 北京：法律出版社，2009：58-61.

② ［瑞典］托马斯·思德纳. 环境与自然资源管理的政策工具 [M]. 张蔚文，黄祖辉译. 上海：上海三联书店、上海人民出版社，2005：32.

③ ［瑞典］托马斯·思德纳. 环境与自然资源管理的政策工具 [M]. 张蔚文，黄祖辉译. 上海：上海三联书店、上海人民出版社，2005：33.

会要比一个激励人们不在污染厂附近居住的社会更加美好。它反映了这样一种信念，即那些受空气或污染之害的人宁愿支付减少污染的成本也不愿忍受这种污染。不仅如此，在现行私人权利与责任的配置方式下，组织联合体来贿赂生产商存在巨大的困难。因而，政府的干预就更可能减少受影响的消费者愿意通过支付金钱来减少的污染总量。① 一般来说，政府可以通过命令与控制政策直接管制行为以及市场为基础的政策提供激励作出反应。

环境成为公共物品最大的问题是存在经济学上面的搭便车行为。学者们也强调指出，产权对于解决环境问题的重要性。当然，此时的产权需要政府的积极干预。正如学者指出的那样，当市场因没有产权而失灵时，政府可以潜在地解决这个问题。例如，在出售污染许可证的情况下，解决的方法是政府帮助确定产权，从而重新焕发市场力量。②

不管是环境和环境要素利用过程的外部性问题，还是环境作为公共物品的存在，本质上都是因为"环境"承载了公共利益。这种公共利益具有经济、生态、社会、文化等要素。当然，目前公权力干预环境问题的理由，主要体现为以生态环境中的生态利益诉求制衡个体性的经济利益诉求，实现环境利益结构要素中的利益均衡状态。私人性的个体协商很难解决这种复杂的利益状态。外部性问题具有延伸效应，从而增加了决策者设计恰当的法律规制手段的复杂性。假定，污染同时造成了不可转的生态恶化，并且这种恶化被认为仅会对下一代人造成不利影响，那么，这种错误配置不能通过私法工具来解决，因为私权利主张存在时滞效应。此时，基于公益的理由，规制便成为必需。③ 体现在法律制度构造上，就是以公法机制为主的法律治理机制。

三、政府规制主导性是湿地资源法律规制的特殊要求

（一）湿地资源之上的利益结构

作为自然系统存在的环境，具有要素和功能两大属性，主要是自然生态属性。作为"人—自然"系统存在的环境，有经济性、生态性和社会性

---

① ［美］史蒂芬·布雷耶．规制及其改革［M］．李洪雷、宋华琳、苏苗罕、钟瑞华译，宋华琳校．北京：北京大学出版社，2008：38．

② ［美］曼昆．经济学原理［M］．梁小民，梁砾译．北京：北京大学出版社，2015：246．

③ ［英］安东尼·奥格斯．规制：法律形式与经济学理论［M］．骆梅英译．北京：中国人民大学出版社，2008：36．

等多元属性。对于自然系统，人要实现对其经济、生态和社会等多元属性的利用。与之对应的利益关系，环境利益也具有经济利益、生态利益和社会性利益多元要素。所以，在环境问题上，总体而言要实现经济利益（效益）、生态利益（效益）和社会利益（效益）的有机统一。从利益主体结构上看，环境利益是一种复杂的利益形态，是个体性和公共性复合的二元结构利益形态。这是生态环境资源具有的共性利益结构，但不同的环境要素，其利益结构具有不同的构造形态。就湿地资源而言，其所承载的利益结构特殊之处体现在：

1. 在经济、生态和社会利益中更突出生态利益的权重

从"人—自然"的社会系统出发，湿地资源对人类的价值与普通的自然资源有所不同。普通的自然资源，更多是在经济利用层面。环境保护的路径，是在对这种自然资源的开发利用过程中注重可持续利用。而湿地资源更多是体现在留存和保存而不是经济利用层面。普通自然资源的利益冲突体现在开发利用过程中，主要表现为经济利益诉求和环境友好生态利益诉求的不同价值选择。而湿地资源的利益冲突是基于其独特的生态利益和价值，整体上排斥经济性开发和利用。这种冲突更多体现在经济决策和经济开发利用中，涉及如何保存和留存湿地资源、维护生态系统。以土地资源为例，传统法律中都有对于土地经济价值利用的内容。土地所有权人或者土地物权人行使土地权利的直接目的是获得经济利益，这种经济利益通过土地的占有、开发和利用实现。内容上这种经济利益是可以被评估和计算的。土地资源还具有生态价值，它代表了土地经济利益之外的一种利益状态——土地生态利益。这种生态利益具有正外部性，除了土地物权人之外，任何与土地距离相对较近的社会主体，通过土地这一环境要素的作用，可以获得良好的身心感受以及一些和精神利益相关的享受。例如，通过土地资源，社会主体可以获得周围环境清新的空气，从而在个人体验中获得生活自然环境的安宁和平静。相对于经济利益而言，这种生态利益难以评估和计算。在一定限度内，其中任何一种利益的充分实现会排斥或降低另外一种利益实现的可能性。由此产生利益的冲突必然在法律上导致权利冲突。① 从经济利益实现角度，土地资源作为

---

① 又以森林资源的开发利用为例，过度砍伐森林必然导致其调节气候、保持水土、涵养水源的能力降低，进而影响森林生态系统安全；而不砍伐森林，人类社会对于木材的需求难以得到满足，社会生产就会受到影响。

个体性的角色更为突出，所以在土地之上，设定了不同的物权形态。而湿地资源，更注重其作为自然系统的整体性，自然资源的生态关联性比其独立个体形态性更为重要。湿地系统之上的资源虽然以自身个体的存在而存在，但是人类社会更看重其作为生态系统的一部分与其他环境要素具有关联性。换言之，人们更强调湿地资源作为一种环境要素而不是一种自然资源而存在。①

2. 在个体和公共利益中更突出公共利益权重

湿地资源强调环境要素的定位和角色，而一般环境要素则强调作为可开发利用资源。在资源所承载的利益结构上，个体性利益和公共利益的权重是不同的，在法律上反映为私权性权利安排的差异。在市场经济条件下，自然资源开发、利用和交易以产权清晰为前提。因此需要根据传统的物权逻辑，对自然资源进行开发利用权利配置。具体而言，是在对"物"进行界定和划分的基础上，来确认开发利用权利的内容和边界，达到定纷止争、物尽其用制度目的。也只有将自然资源的开发利用内容配置到私人权利领域，资源的利用才具有市场效率。私人性物权注重意思自治，权能自由和扩张，以物的最大利用为价值导向。在自然资源开发利用过程中，不可避免地对环境和环境要素产生负面影响。因此，在这种民事性权利下必须进行适当限制。当然，限制不等于否认。限制的意义在于强调自然资源开发利用性承担社会义务，即自然资源的可持续开发利用和在环境容量的范围内进行开发利用。从这个角度而言，自然资源作为环境之"物"，从一开始就具有公共性。如此，同一自然资源之上存在两种基础利用：一是作为私权之物的经济利用，二是作为环境之物的生态利用。自然资源开发利用和限制，体现为私人性的经济利益和公共性的生态利益的协调和平衡。而湿地资源的价值和定位决定对其不能进行以开发利用为主的模式，不能过多地配置个体性权利，更多体现公共利益的权重诉求。如果湿地资源确认为某个社会个体和组织进行私人性利用，那么，权利人并没有内在动力去追求湿地资源的生态效益，相反更容易牺牲湿地资源的生态效益去谋求经济利益。

---

① 环境要素包括大气、空气、土壤、森林等环境组成部分，是纯粹的自然性要素。可以说，只要是环境组成部分，基于环境的生态性特征，这些组成部分就可以被视为环境要素。而"环境资源"不同，环境资源是站在人类有用性的视角而言的，是现有技术和经济能力可以开发和利用的环境要素。资源强调人类的有用性，环境要素强调的是自然系统的有用性。

（二）湿地资源保护要体现政府规制主导性

环境问题的解决突出政府公共权力的介入，其内在动因是环境公共利益实现之诉求——对自由资源利用权利进行限制和平衡以实现社会利益诉求。法律本质上是调整人与人之间的利益关系。在法治语境下，如何对这种新的社会利益冲突进行理性的制度安排，是法律制度成长的重大问题。法律是建立在特定的社会行为模式基础之上的治理机制。传统的社会法律系统调整的行为模式是"人—人"行为模式；而在涉及环境问题的社会行为关系之中，是"人—环境—人"行为模式。① "人—人"行为模式不一定涉及公共性问题，但是，在"人—环境—人"行为模式中，因为环境的公共性，使得在环境社会关系中，必然存在公共性问题。这就是环境问题通过法律调整最特殊之处。在中国当下的社会结构和状态下，公共利益大多通过政府公共权力的介入实现。因为，在国家政策的发展过程中，似乎存在大量的"路径依赖"现象，一旦一个国家开始实施某种政策，就会导致某种固定模式的政策导向、学习效应以及未来接受政策工具的经验。② 中国民间社会无法解决自身公共性缺失问题，也无法解决集体行动动力缺乏问题，社会短时间内无法自发形成环境利益实现机制。因此，需要凸显政府公共权力规制干预。

总而言之，湿地资源保护法律规制中要突出湿地作为环境要素的诉求而不是作为自然资源的利用问题。虽然不排除在一定程度上进行湿地经济性开发和利用，但其环境生态功能实现是湿地资源法律规制主要的、也是最重要的考量目标。这种规制定位基于湿地资源系统自身的脆弱性、敏感性以及承载的生态利益。根据新制度经济学的观点，人的有限理性包含两个方面的含义，一是环境是复杂的，而人对环境的计算能力和认识能力是有限的，人不可能无所不知。③在湿地资源的利用过程中产生的环境风险具有很大的不确定性，这种不确定性在客观上表现为环境潜在损害难以明确。由此，环境风险认定、评估、因果关系证明等成为难题，通过法律规则分配责任的目标难以

---

① 黄中显. 环境法视野下的物权法社会化进程 [J]. 学术论坛，2015（6）：111-115.

② [瑞典] 托马斯·思德纳. 环境与自然资源管理的政策工具 [M]. 张蔚文，黄祖辉译. 上海：上海三联书店、上海人民出版社，2005：201.

③ 卢现祥. 新制度经济学（修订版）[M]. 北京：中国发展出版社，2003：16.

实现，经常是彻底失败的，部分原因是政策失效背后的一般因素。① 在此种情况下湿地资源保存和保护比开发利用更有价值、也更具有根本性。实现这一目标，需要突出政府规制的规范和引导，突出限制性义务的设定。例如，基于法律规定或者协议对湿地资源利用权进行限制，采用征收征用设定区域性保护范围；或者不直接进行限制，而是制定湿地规划、标准控制、许可禁止限制等有关规则、标准和要求进行规范。

第二节　区域性利益实现对西部湿地资源法律规制的内在诉求

　　湿地资源作为环境要素隐含的环境利益承载了对环境安全和舒适的内在诉求。但是，湿地资源作为自然资源也承载了人们对湿地资源作为经济利用的内在诉求。人们以资源的视角利用环境要素，满足生产和生活的需要，也具有天然的合理性。尤其是西部地区、相对贫困地区和乡村地区，这是区域性社会存在和发展的必要前提。更宏观层次讲，西部地区湿地资源承载了国家生态安全、产业结构调整等国家政策诉求，因此在湿地资源法律规制中以另外的逻辑呈现。由此可见，湿地资源的政府规制复合了多元的利益诉求，尤其经济利用方面的影响。湿地资源不仅仅作为环境要素实现生态利益的要求，还作为自然资源实现经济利益的要求。同时，湿地资源区域性分布不均衡又对法律规制产生了特殊影响。

一、湿地资源经济利益的实现约束

　　从经济利用的角度看，环境资源经济利益的实现，实际上就是将其作为传统物权之客体，对物加以利用，体现的是传统物权的私有性和个体性。客

---

　　① 作者同时指出，有几个因素说明了为什么政府在将所有权转向实际控制和管理时会失败。这些因素包括大规模的国有化区域、地方控制到国家控制的快速转变、认识并尊重地区传统权利上的失败、在管理自然资源上的有限的预算和管理能力、日益增加的人口压力、农村发展提供就业方面的失败。这些因素中，地方控制到国家控制的快速转变、认识并尊重地区传统权利上的失败和在管理自然资源上的有限的预算和管理能力源于政府的有限理性。参见［瑞典］托马斯·思德纳. 环境与自然资源管理的政策工具［M］. 张蔚文，黄祖辉译. 上海：上海三联书店、上海人民出版社，2005：97-98。

观上，从物之利用角度出发对环境和环境要素进行人为分割之后，权利主体对环境和环境要素的开发利用具有支配性和排他性的特征，必然会影响生态利益的实现。在微观上，由于经济利益和环境利益共同存在于同一物权客体之上，因此在利用方面，会出现"鱼和熊掌不可兼得"的情况，尤其是在对环境要素进行毁损性开发利用的情形中，例如矿产资源、林木资源、湿地资源等自然资源的开发利用。但从宏观上，经济发展和环境保护都是人类社会生存和发展的需要，所以，环境利益和经济利益之间不存在你死我活的争斗，它们之间是同质同源的非对抗性关系，具体体现在几个方面：① 一是同质同源关系。环境利益和经济利益都是公共利益的一部分。公共利益是一个社群中不确定的个人都可以享有的社会价值。就个体利益和公共利益关系而言，没有脱离个人利益的抽象公共利益、任何公共利益都不可能完全与特定的个人利益一致。无论是环境保护还是经济发展，最终的受益人都是个体。二是都是正当利益。法律对利益的确认方式是将利益转化为权利和义务，权利是利益的确认和给予，义务是利益的限制和剥夺。法律是利益获得或受损的规范性形式，法律权利是利益的确认和扩张方式，法律制裁表现为利益的限制剥夺。三是非对抗性利益。政府公共权力在对环境资源进行分配和再分配时，要考虑到分配的公平性问题，这种考虑实质上是对政府干预效能的考虑。利益选择有两种选择，一种是对抗性选择，一种是非对抗性选择。前者是利益的取舍，后者指互惠、妥协，是"双赢"的合作。环境利益和经济利益既是公共利益又是正当利益，都是人类发展所必需的，因此对这两种利益的衡平和选择不是对抗性的利益取舍，而是非对抗性的合作选择。同样也是在互惠基础上对环境利益和经济利益进行的一种妥协性选择，这种选择既要使环境利益得到彰显，又要使经济利益得以实现。这种选择的实质就是将经济发展限定在环境可以承受的范围内。

经济利益和环境利益之间的关系表明，在对待环境和环境要素开发利用问题上，不管是基于环境保护利用环境利益对经济利益进行限制，还是基于环境资源的利用运用经济利益对环境利益进行平衡，都应当有一个适当的限度。人类社会生产系统中主要的初始原料，大多来自生态环境，自然资源的

---

① 赵俊. 环境公共权力论［M］. 北京：法律出版社，2009：132-136.

开发和利用，是一种合理需要。换言之，自然资源开发和利用的权利，是人类生存和发展权的呈现形态。因此，环境和环境资源的开发利用规制实际涉及有限资源分配的问题。① 法律在协调环境利益和经济利益关系时，需要兼顾这种根本需要，否则环境保护的真正价值就值得斟酌。环境法律的立法宗旨表明环境保护之目的在于协调人与环境的关系，在于满足当代人和后代人的身体健康和社会发展，保证国家的持续发展。

深层次而言，这是一个生存和发展的辩证关系问题。不管是生存还是发展，都来自人的需求，人的需求既包含生理需求，也包含精神需求。其中生理需求决定了生存的需要，精神需求决定了发展的需要。发展不仅涉及经济，还是一个涉及政治、社会、价值观念等众多方面的一个综合过程。它意味着消除贫困、人身束缚、各种歧视和压迫以及缺乏法律权利和社会保障的状况，提高人们按照意愿来生活的能力。发展是人的合理需求，也是人类自我实现的必由之路。发展为人的生存提供基本物质条件，对消除贫困有重大发展意义。发展首先要满足人的安全和生理的需求，为社会公共设施的建立创造条件。例如，人类的公共卫生、基础设施、教育等设施的建立都需依靠发展。人的生存和发展是法律规制的出发点和归宿。在生态环境利用和保护过程中，无论是政府的基础作用还是市场的补充作用，都围绕着人的生存和发展这个中心，离开了这个中心，环境保护则毫无意义。如果否定人的生存权和发展权，这将会导致法律规制异化。

这就要求我们在进行湿地保护的时候，要注重这种生存性、物质性和经济性的合理需要，而不能因为湿地资源的保护，走向另外一个极端。不能以牺牲西部地区地方生存和发展权利为代价来实现湿地资源保护立法和法律规制，而应该适当考虑西部地区地方性的经济发展利益诉求，在尽可能的情况下，适当鼓励湿地资源的开发利用，在开发利用中进行湿地资源的保护，以此达到经济效益、社会效益和环境效益的协同平衡。

---

① 具体而言，有限资源分配可以简单地分为三个方面的问题：一是有限资源在本代人与后代人之间的分配，涉及有限资源代际分配的公平与效率；二是有限资源在本代人之间的分配，涉及有限资源代内分的公平与效率；三是有限资源代内分配与代际分配的关系，涉及如何更好实现有限资源的公平分配与有效率分配的问题。参见厉以宁. 经济学的伦理问题 [M]. 上海：上海三联书店，1995：198。

二、湿地资源环境利益实现的区域差异性诉求

（一）西部湿地法律规制面临的宏观约束

从宏观上，西部湿地资源法律规制面临着几个宏观性约束，这些宏观性约束在很大程度上影响了西部湿地地方立法和法律规制的理念、原则和制度安排，这些问题具体是西部承载的国家生态安全责任、对东部工业产业的承接和西部大开发新格局。

1. 国家生态安全重要屏障

当前，生态安全已经上升到国家安全战略高度。生态安全在国家安全中具有重要的地位和意义，它作为国家安全问题纳入国家发展战略，成为国家发展计划的组成部分。生态安全不能仅靠控制和治理工业污染，以及控制和治理生态破坏实现。要建设良好健全的生态系统，单纯依靠投入资金和建设净化废物的装置是不够的，更重要的是转变社会发展模式，特别是经济发展方式转变。生态安全是国家安全与人类福祉的自然基础和前提，因此应成为国家决策的重大考量要素。特别是在经济政策决策中应拥有否决权，如果经济发展决策严重损害生态安全，那么这种决策就应该被否定。国家生态安全是生命系统和环境系统因素综合效应，其涵盖了国土安全各方面，需要通过多要素加权表示。在推进国家生态安全战略上，有两个国家决策尤为关键：一是 2017 年中共中央办公厅、国务院办公厅印发的《关于划定并严守生态保护红线的若干意见》（以下简称《若干意见》）；二是 2010 年国务院发布的《全国主体功能区规划》。《若干意见》提出的总任务是"以改善生态环境质量为核心，以保障和维护生态功能为主线，按照山水林田湖系统保护的要求，划定并严守生态保护红线，实现一条红线管控重要生态空间，确保生态功能不降低、面积不减少、性质不改变，维护国家生态安全，促进经济社会可持续发展"。"红线"不仅要将需严格保护的森林、草原、湿地、海洋等生态空间统一划入，更要按照主体功能区定位要求，全面梳理区域资源环境生态条件和经济社会状况，进一步明确国土空间格局、生态优势和发展定位，合理确定城镇空间、农业空间和生态空间，以促进区域经济社会协调发展和绿色发展。《全国主体功能区规划》最大的政策导向是根据可持续发展的开发理念，按开发方式将我国国土空间分为优化开发区域、重点开发区域、限制开

发区域和禁止开发区域主体功能区。这两个规范性文件的精神和政策导向，对西部湿地保护立法法律规制影响深远。西部地区自然资源丰富、大多地处"生态环境脆弱带"①"敏感带"，是国家实施生态安全的重要地带。在国家层面的限制开发区域中，重点生态功能区共25个，其中，西部省区（市）就有23个，占了92%，限制开发区域和禁止开发区域面积大。西部地区具有各级各类自然保护区，根据《全国主体功能区规划》其属于禁止开发区域。在西部地区，也没有全国层面的主体功能优化开发区域。可见，根据国家生态安全战略，西部地区保障国家生态安全的重要区域，是与自然和谐相处的示范区，此类地区发展的功能定位是坚持保护优先、适度开发和发展，因地制宜发展资源环境可承载的特色产业，加强生态修复和环境保护，引导超载人口逐步有序转移，逐步成为全国或区域性的重要生态功能区。在自然分布上，不少的湿地区域位于重点生态功能区中，按主体功能区分类属于限制开发区域和禁止开发区域。因此，在湿资源的地立法规制中，限制性和禁止性的制度性安排更为突出。

2. 对东部地区的产业承接和自身产业升级

当前，西部地区正在承接着东部地区部分的产业转移。随着东部地区劳动力价格不断上涨、东部地区产业的二次升级，东部地区一些产业生存空间不断被压缩，进而向西部地区转移。目前，这些转移的产业主要有水泥等高耗能、污染性产业和制鞋、服装等劳动密集型产业两大类。尤其是前者，这些产业在东部地区往往是地方限制性产业。环境容量在东部和中西部地区因发展阶段不同、产业聚集程度不同而有较大的差异性：一方面，随着经济社会发展，东部地区居民的环境意识日益增强；另一方面，东部地区的环境承载力也趋于饱和，面临的资源环境瓶颈日益明显，产业转型升级与转移的步伐加快。② 这些产业在东部地区生存空间已越来越小，但却是中西部地区一

---

① 根据《全国生态脆弱区保护规划纲要》的通知（环发〔2008〕92号）全国生态脆弱区保包括：东北林草交错生态脆弱区；北方农牧交错生态脆弱区；西北荒漠绿洲交接生态脆弱区；南方红壤丘陵山地生态脆弱区；西南岩溶山地石漠化生态脆弱区；西南山地农牧交错生态脆弱区；青藏高原复合侵蚀生态脆弱区；沿海水陆交接带生态脆弱区。在我国生态脆弱区的八大类型区中，西部省区市的就占六个，我国西部地区生态脆弱性的严重程度以及范围已经不言而喻，这种天然的生态脆弱性是不可逆的，甚至是无法修复的。

② 朱允卫. 东部地区产业向中西部转移的理论与实证研究 [D]. 浙江大学，2013：61.

些地方所乐于接受的。相对而言，广大中西部地区的环境意识相对较弱，在积极承接东部地区产业转移时，一些地方对自身环境容量认识不清，对污染的危害后果认识不足，甚至有些地方有意识地以"环保地"作为招商引资的卖点，从而导致产业转移可能变成污染转移。客观上，我国西部地区经济发展相对落后、经济发展内生动力不足、当前产业对劳动力吸纳能力较差造成人才外流严重、产业层次较低。而东部转移过来的产业，在很大程度上可以解决西部地区就业、提高居民收入、拉动经济增长。从战略上，西部地区以承接来自东部地区落后产业和过剩产能转移为契机，进行西部地区企业产能升级和结构性调整。但是，这种产业升级和结构性调整，带来了不容乐观的生态破坏问题。例如，在经济基础、基础设施相对落后的背景下，西部民族地区民众传统的自然伦理观与现代生态法治观，具有一定的观念冲突性。一方面既想承接东部地区过剩的产业转移尽快脱贫致富，但另外一方面又面临着国家提出的产业升级转型、技术更新、生态搬迁等政策性制约。近些年来，西部地区经济社会发展尽管取得了长足的发展，但民族地区生态环境问题仍不容乐观。快速的产业转移和缺乏规划的大规模社会经济开发，尤其是急功近利的旅游开发，带来的环境污染、生态破坏、生物多样性锐减、土地沙漠化和盐碱化等种种问题，给西部地区的生态治理带来旷日持久的治理难题。

3. 西部大开发格局

西部大开发属于区域性发展的国家重大决策和战略。为缩小沿海和内地的经济差距，1999 年国家提出了西部大开发政策，2004 年通过《国务院关于进一步推进西部大开发的若干意见》，2006 年国家提出要大力促进中部地区崛起。除此之外，国家还出台了一系列支持中西部发展的政策。西部大开发政策，确定了西部地区发展的基本方向和路径，也为西部地区地方法治确定了准则和路径。西部大开发战略使得西部地区的经济得到快速增长、社会得到明显进步。但在某种程度上忽视了所带来的生态环境问题以及相关的社会问题，距离实现区域经济协调和高质量发展的目标差距仍然较大。区域发展不协调不仅会带来经济发展整体性问题，同时也会引发环境保护和社会问题。例如，因为片面性追求经济发展和经济增长，西部地区的城镇化、工业化、基础设施建设等开发建设活动过度开发和利用土地和自然资源，尤其是未利用土地。而具有重大生态价值的自然资源，往往体现在未利用土地类型上。如此，生态空间遭受过度挤压和持续威胁。交通基础设施建设、河流水电水资源开发等，直接割裂生物生存环境的整体性和连通性。2019年3月19日，中央全面深化改革委员会第七次会议上审议通过《关于新时代推进西部大开发形成新格局的指导意见》（以下简称《意见》），提出推进西部大开发、形成新格局。该《意见》确定西部大开发的新任务、新方法和新理念为"更加注重抓好大保护，从中华民族长远利益考虑，把生态环境保护放到重要位置，坚持走生态优先、绿色发展的新路子""贯彻落实新发展理念，深化供给侧结构性改革，促进西部地区经济社会发展与人口、资源、环境相协调"。《意见》的提出为新一轮西部大开发奠定了新格局，也为今后的西部湿地资源保护法律规制明确方法和路径。

国家生态安全、西部对东部产业转移承接和西部大开发新格局，构成了湿地资源地方立法规制的宏观约束。西部大开发是国家长期坚持的一项基本宏观政策，必须通过西部大开发，加快西部地区的经济发展和社会转型，解决地区之间发展不平衡问题。承接东部部分产业的转移是西部大开发经济发展方式之一。但产业转移过程较为复杂，产业良莠不齐，转移可能伴随着污染转移。因此，相对于东部地区，西部地区的环境保护和经济发展之间的张力更为突出，对自然资源开发利用的法律规制要求更严格和更具有操作性。

（二）西部地区的区域性和差异化发展诉求

基于环境公共利益，对湿地资源进行法律规制具有整体意义。然而，环境利益的整体性特征并不能掩盖一个重要的事实：并不是所有人都能无差别地享受这一利益。从自然资源分布看，不同地理区域的"原生环境"存在自然差异性。因此，不同区域的环境利益并不具有统一衡量标准，只能是一种区分性利益，不同地域对环境利益享有不同的内容。从环境法治角度看，不仅应当对影响环境利益增进和减损的行为进行规制，还需要为维护环境公共利益作出制度安排。并且应当在不同主体、不同区域"区分性"的环境利益之间进行衡平。① 当前，在自然形态上，自然资源具有三个基本特征：一是自然资源的稀缺性，自然资源的自然存量在一定的时间和空间范围之内是相

---

① 史玉成. 环境利益、环境权利与环境权力的分层建构——基于法益分析方法的思考［J］. 法商研究，2013（5）：50.

对有限的；二是自然资源的区域性，自然资源在地域空间的分布上，不管是资源的类型还是自然的存量，分布都是不平衡的，具有明显的地区差异；三是自然资源的整体性，自然资源虽然外观呈现为不同的独立要素，分属于不同的地域，但实际上每个地区的自然资源要素彼此之间形成一个有机整体，存在内在的生态联系。换言之，生态系统的一个很重要的方面是空间异质性或差异性。① 具体到我国，环境利益的区域差异性和区分性，体现在不同区域之间因为国家政策、自然资源禀赋差异、自然条件等诸多原因带来的环境利益分配不平衡。从经济发展格局上，我国具有城乡差异化和东西部地区差异化的二元化差异格局。从城乡格局看，城市优于农村；从区域格局看，东部地区最好、中部次之、西部最差。以自然资源禀赋为例，我国的自然资源分布具有区域和地方不均衡性。由于地质、气候、水文等因素的影响，使自然环境的区域特征十分明显，不同地区间的环境呈现出不同的地理特征。西部地区自然资源相对丰富、原生态环境系统保持相对完整。从生态环境的现状看，中西部地区大部分地区是干旱、半干旱气候，植被覆盖率很低，水土流失和沙漠化趋势都很严重，生态系统相当的脆弱。一些地区是我国主要大河大江源头，地形复杂、动植物种类繁多、生物多样性丰富。就自然资源的地方性差异而言，同样是西部地区，但不同的省份，或同一省份的不同地方，自然资源的种类、存量、分布以及开发利用情况也不同。这使得环境和环境要素的开发利用具有鲜明的区域性和地方性。在区域发展上，我国首先发展城市和东部地区，并在各种社会资源以及法律制度上加以支持。农村地区、西部地区的经济相对落后，经济发展和环境保护的冲突更为突出。从经济学视角分析，一般认为资源的分配应当向较富裕的地区倾斜，这才是资源在本代人之间的分配较有效率的保证。但是问题在于，这难以保证贫富差距的缩小，② 这也违背了社会实质公平的要求。

　　基于地方和区域自然资源分布的不均衡性，以及地方经济、社会、文化方面的差异性，同一类型和形态的自然资源的开发利用规制，必须具有灵活性，切忌简单地整齐划一。对于环境和环境要素开发利用的法律规制，要尊

---

　　①　[瑞典] 托马斯·思德纳. 环境与自然资源管理的政策工具 [M]. 张蔚文，黄祖辉译. 上海：上海三联书店、上海人民出版社，2005：73.

　　②　厉以宁. 经济学的伦理问题 [M]. 上海：上海三联书店，1995：205-209.

重这种区域性和地方性，因地制宜地使用不同的法律机制和规制工具。例如，对于经济发展较为发达的地区，公众的环保要求相应高一些，对政府环境执法的要求也较高；经济发展相对落后的区域，由于地方经济和社会发展压力较大，所以在经济利益和环境利益的衡平中，经济利益在一定程度上具有优先性。环境法法律制度设计必须平等地对待处于不同社会地位和不同区域的群体，在基本权利义务上同等分配，但是也必须在实现基本环境利益的同时，保证社会实质性正义。

具有丰富生态功能的湿地资源，呈现出这样的分布态势：就全国分布而言，主要集中在西部地区；就一个省内的区域性分布而言，主要集中在农村和山区。西部地区的农村和山区是丰富生态功能湿地资源的集中分布地域。这些地区经济相对落后，大部分属于相对贫困地区。这些地区往往处于生态敏感地区、生态功能区和生态脆弱区，意味着环境保护责任重大。但不能因此过于限制这些区域的经济发展，否则就会对其生存权利和发展权造成不合理限制。如果环境保护以牺牲少数群体的基本生存和发展利益为代价，不仅是非正义的，也是非人性的。环境保护不能以降低生活质量为代价，在湿地资源开发利用的限制过程中，权利人能够获得的利益补偿应当与环境保护牺牲的实际利益相当。从环境的整体性上看，加重敏感区域的环保责任具有合理性，但不能因此否定这些地区的经济发展。环境恶化会抵消经济发展成果，加剧生态环境系统恶化，并产生大量生态难民。经济恶化会带来制度和事实上的不公平，加剧这些地区的相对贫困，从而抵消环境保护所取得的成果。

进而言之，湿地资源开发利用限制的合理性，具有更深的理论根源，即湿地资源开发利用限制是限制自由权利、而不是生存权利。① 生存和自由，历来是人类社会追求的东西。生存和自由问题，也是社会变迁中的永恒主题，其本质与国家、阶级和社会意识形态无关，但是其具体的内容，却与之密切相关。

生存权利和自由权利，与国家公共权力的基本关系是"自由权主要是要求国家不干预，即要求国家消极地不作为，对国家权力划定其不能介入的范

---

① 赵俊. 环境公共权力论［M］. 北京：法律出版社，2009：156.

围；而生存权则要求国家权力的积极地干预，为国家权力划定其应该的范围"。① 而生存权是一项基本权利，属于基本人权。政府应积极帮助公众实现生存权，但是也必须遵守必要的界限，这个界限以不侵犯私权个体性权利为判断依据。政府为公众提供经济帮助和辅助，是对私权的维护。但这种帮助和辅助不能成为公共权力侵犯其他私权的借口。在福利国家，政府在公共福利方面的较重责任给了公共权力拓展的空间，同时，也为公共权力不合理扩张带来了便利。环境保护是现代政府的一项重要使命，政府在提供环境保护这项公共产品时，必须注意必要的边界。从生存权的角度讲，法律规制不能危及公众生存权。当法律规制与公民生存权发生冲突时，利益衡量显得尤为重要。总而言之，从生存权理论出发，地方性和区域性的发展权具有合理性，尤其是西部相对贫困地区的生存权和发展权。法律规制的利益选择和衡平应当首先考虑这些因素。如果选择环境保护优先，必须对这些相对落后地区的生存和发展利益进行合理补偿。当然，合理补偿还是消极意义上的公平性弥补，积极意义上，我们还需要引导地方性和区域性的经济和社会发展。

区域性公平发展权的实现，是一个复杂的问题。我们必须要承认在地方经济和社会发展进程中地方对自然资源依赖和开发利用的合理性，但并非简单理解为仅仅依靠增加自然资源的开发机会、简单的生态补偿就可以实现地方公平发展。一些研究表明：一个地方的自然禀赋即使丰富，且允许进行开放性的开发和利用，也不等于其就可以真正实现公平的发展权利。一个地方虽拥有丰裕的自然资源存量，并不必然带来了经济的高速增长。丰裕的自然资源并不会带来一个地区经济的快速增长。许多自然资源富集的国家和地区的经济增长反而落后于自然资源相对稀缺的国家和地区。丰裕的自然资源不但没有对经济增长产生促进作用，反而起到了抑制作用。如果没有技术进步和制度创新，自然资源丰裕度与经济增长将是一种负相关关系，即自然资源对一个国家和地区的经济增长非但没有起到促进作用，反而会抑制一个国家和地区的经济增长，出现"资源诅咒"效应。② 也就是说，西部地区的经济

---

① ［日］大须贺明. 生存权论［M］. 林浩译. 北京：法律出版社，2001：16.

② 朱允卫. 东部地区产业向中西部转移的理论与实证研究［D］. 浙江大学，2013：35.

能否有效发展，有时候不是自然资源禀赋本身的问题，资源富集的地区是否会产生"资源诅咒"现象在很大程度上依赖于是否具有合理和公平的法律制度安排。有效的制度安排可以合理分配自然资源开发利用的利益关系、权利和义务关系，进而影响政府和社会不同主体市场行为的选择，对西部地区的经济增长具有直接或者间接的影响。

第三章　域外湿地保护法律规制
实践的经验和启示

湿地保护事业备受世界各国关注。但由于各国国情的差异，采取的保护行动和政策也相应有所区别。从湿地保护历史发展来看，发达国家的湿地保护起步早，立法相对完备。发达国家社会经济发展程度高，公民的环境保护意识相对较强，国家在环境和生态保护方面投入稳定，其湿地保护立法也相对成熟。不论是湿地管理方面，还是湿地立法方面，发达国家都积累了丰富的经验。虽然，每个国家社会发展不平衡，湿地保护的目标、任务、侧重点等也不尽相同，但是，社会结构、社会制度之间具有共性。本章主要介绍一些发达国家在保护湿地方面的成熟的制度、经验，以期为我国西部湿地保护立法工作提供启示。

第一节　域外湿地保护立法考察

西部地区的美，很大程度上得益于她的"肾"——湿地。例如，2002年广西山口红树林自然保护区被《湿地公约》列为国际重要湿地。2012年国家林业局新增的14处国家湿地公园试点单位中，广西桂林会仙喀斯特国家湿地公园位列其中。对湿地保护而言，顶层制度设计十分关键。一项政策的出台，如果缺少相应的制度作为保障，也没有支持、协调的制度安排，那么相应的决策很有可能是没有效果的。因为制定决策的目的就是为了良好地实施，而实施的过程是最重要的一个环节。只有实施好，有了良好的效果，该项政策或制度才能真正地发挥其价值。出于这一考虑，总结美国、英国、日本、韩国、荷兰等国家在湿地保护中的经验教训，并借鉴其有策略的湿地立法，对我国西部湿地立法有一定的启示作用。

一、美国湿地保护立法考察

从全球范围看，美国是率先开展湿地保护的国家，也是"湿地"一词的诞生地。美国的湿地到目前为止，几乎有一半以上都受到了破坏，而且其数量平均每年仍然以一定的速度在减少。湿地不仅是美国沿岸野生动物主要的食物来源地，也是大部分鱼类的产卵地，甚至无数的植物也依赖着湿地生存。鉴于此，20 世纪 50 年代，美国野生动物管理部门第一次以"表面暂时或永久的有浅层积水，以挺水植物为特征，包括各种类型的河口湿地、草甸沼泽、季节湖泊，但不包括河流、水库和深水湖等"的表达，对湿地作出描述。此后，《清洁水法》执行机构——美国陆军工程团提出，以"水生植被、潮湿的土壤和沼泽水文地理"，即"三参数试验法"划定湿地的范围。① 在这种方法的指导下，湿地的含义被界定为：周期性或永久性被地表水或地下水淹没或浸没的地区，符合典型的湿生植物的生存条件。此定义覆盖了常见的湿地类型，如草本沼泽、盐碱滩、人工水面等。这一概念得到湿地法律《美国联邦法典》的立法认可。

美国在长期的湿地保护实践中，逐步形成了以美国宪法为基础，联邦、州及地方政府协同配合的湿地保护法律体系。作为湿地保护最早的倡导者，从 20 世纪 60 年代开始起，美国各级地方政府积极开展相关立法活动，以保护湿地资源。由于美国是典型的判例法国家，在成文法之外，还有一些湿地判例法。

在湿地行政管辖的确认方面，美国联邦最高法院通过判例，援引《河流和港口法》（*River and Harbor Act*，1899）关于"可航水体"以及填埋、排水许可的规定，将其职能赋予了联邦陆军工程兵团。② 美国判例法与成文法相辅相成，二者互为补充，一般说来，判例法解决程序性问题较多，而成文法则较多的关注实体问题。1986 年颁行的《食物安全法》（*Food Safety Law*），其中规定了"湿地破坏者"条款（也被称为"大沼泽条款"），旨在平衡湿

---

① 邵琛霞. 美国湿地补偿制度及其对我国湿地立法的借鉴［D］. 上海交通大学，2011：56.

② 其中的著名案例有斯旺森诉美国案（United States v. Ciampitti，615F. Supp. 116）、美国诉河滨湾景家园有限公司（United States v. Riverside Bayview Home Inc，469U. S. 1206）。

地的开发利益与保护利益，以此引导各利益主体，在充分权衡产业优惠政策和对湿地破坏性获益的基础上，作出行为选择。为扭转湿地下降的总趋势，在 20 世纪 80 年代末举行的全美湿地政策论坛上，美国总统布什要求各有关联邦机构、州和地方政府，认真贯彻湿地"零净损失"政策目标。在此基础上，在 21 世纪初，小布什总统又提出了超越"零净损失"的新政策目标——实现总体增长，即实现湿地数量增加和湿地质量的改善。从"湿地破坏者"条款到"零净损失"，再到超越"零净损失"，这三组是美国湿地保护政策与治理的代名词，由此折射出美国联邦政府在湿地保护政策的发展、演变脉络。湿地的保护和管理逐渐受到人们的重视。对此，美国召开过很多次的国内会议和国际会议，如美国环境保护署在 1972—1985 年对关于湿地的研究方面上报国会"国家河口湿地计划"，次年又对另外两个河口进行研究。

在立法体制方面，美国宪法及其修正案中，规定了湿地的管辖权、湿地不受政府侵犯、公私湿地所有权界限等重要内容，作为美国联邦、州、地方政府湿地保护、治理的法律基础。联邦政府层面出台的湿地保护法律，是湿地保护的主要法律依据，具体包括《国家环境政策法》（*National Environmental Policy Act*，1969）等（参见下文表格）。但在美国联邦立法层面，并未形成规范湿地保护事务的全面性、综合性的法律。

表 3-1　　　　　　　　　　　**美国联邦涉及湿地保护的立法**

法　律　名　称	英　文　名　称	出台时间
《国家环境政策法》	*National Environmental Policy Act*	1969
《河口保护法》	*Estuary Protection Act*	1968
《河流和港口法》	*River and Harbor Act*	1899
《鱼类和野生动物协作法》	*Fish and Wildlife Collaborative Law*	1967
《北美湿地保护法》	*North American Wetlands Conservation Act*	1989
《滨海湿地规划、保护和恢复法》	*Coastal Wetlands Planning, Protection and Recovery Act*	1990

从法律实施来看，由于联邦出台的有关湿地法律并无优先适用效力，在一定范围内，各州可以自主地出台并适用湿地法规。以往，由于有关湿地问

题的决议往往形成在烦琐的计划、审批基础之上，被忽略的那些正不断退化的小面积湿地，为湿地的保护、利用、提前规划，为社会力量参与制定、解决湿地的环境问题，提供了机会。预先的规划内容包括：湿地鉴定、湿地勘测、湿地功能评估等。克林顿政府在1993年，通过颁行政策性文件——《保护美国湿地：公正、灵活、有效的方法》，旨在支持对国内湿地开展恢复和重建，并鼓励地方政府参与。文件也确认了各州、地方政府以及社会公众在保护湿地资源中的作用。值得一提的是，20世纪90年代颁行的《滨海湿地规划、保护和恢复法》，其中有陆军工程兵团与路易斯安那州合作的内容，对滨海湿地保护计划的制定、审查、批准等权限作出了规定，并以此作为分配项目资金的依据。除此之外，该法还设立了一系列的湿地保护项目①，该法致力于通过政府资助、州和地方政府配合及其他组织和个人的广泛参与，实施湿地保护项目，作为恢复、巩固滨海湿地的重要举措。从治理效果来看，成果是显著的。时至今日，路易斯安那滨海湿地项目提供的湿地保护资金，仍然可以达到0.6亿美元/年。全国滨海湿地保护资助项目也已经为25个沿海州累计达1.83亿美元的资金支持，恢复、保护了总面积达25万亩沿海湿地生态系统，生态效益显著。当然，目前北美对湿地生态环境的研究成果也比较显著，涉及的范围也比较广泛，如不同区域湿地生态环境的特点、湿地遭受损坏的原因以及对湿地植被的分析等方面，当然这些研究大多数都是以滨海湿地为依托。

二、英国湿地保护立法考察

英国对湿地的定义是：一个地面受水浸润的地区，具有流动的水面，一般是四季存水，但可能在特定时间内没有积水。② 地形、气候和地质，这三要素是自然湿地的组成要素；而人工湿地还有其他的影响因素。英国官方对湿地的保护尤为重视，积极完善法律法规对湿地的保护体系，多层次的开展湿地保护法律体制。欧盟指令（*European Union Directive*）和国际条约、中央

---

① 具体包括，路易斯安那滨海湿地项目（Louisiana Coastal Wetlands Program）、全国滨海湿地保护资助项目（National Coastal Wetland Conservation Grant）、北美湿地保护项目（North American Wetland Conservation）。

② 邓虹：中国湿地保护立法问题考察研究 [C]. 生态文明与环境资源法——2009年全国环境资源法学研讨会（年会）论文集，2009：305.

政府立法以及各地方立法，各部分相互协调配合，共同组成了现行的英国的湿地法律体系。英国的中央政府负责起草全国性的、专门的湿地立法，其职能部门可以对诉请裁决，确认或反对上述机构发布的命令等。此外，英国政府其他部门以及地方政府在其职责范围内也有保护湿地的责任，比如申请保护区湿地的合理利用问题等。由此可见，英国的湿地管理体制具有专门机构统一管理、其他各部门相互配合的特点，并且其职能部门在其职责范围内有义务保护好湿地。

从 2005 年英国选举产生的地方政府情况来看，第一层为郡、大都市、大伦敦地区政府；第二层为郡属区、城市区政府；第三层教区和城镇议会。英国的市镇政府为公民提供日常所需的大部分服务，拥有数量众多的职能机关，其职能部门的职责不容忽视，有权必有责，因此其在保护湿地方面也发挥着不可替代的作用。在英国，湿地保护更多与传统文化乡村维护联系在一起。对城市湿地的管理方面，英国将湿地分为国际性湿地事务和国内性湿地事务。国际性湿地事务是由联合工作委员会统一负责管理的事务，是国际性层面的关于湿地保护的工作。而国内湿地事务是由国家自然保护委员会承担。这也可以说明英国对湿地的管理体制的特点是：由专门机构统一管理负责湿地事务，制定有效的、具有针对性的管理机制，协调好湿地合理利用与保护的冲突。

20 世纪七八十年代以来英国的地方政府刮起了改革风潮。这场变革的核心内容及理念是：在调整环境保护的体系结构方面，赋予地方政府更多职权，由原来的单一要素向多方位管理转变，使政府、民间组织和社团都积极参与进来，更深入地改变传统意义上的政府与市场、公域与私域的关系。在英国，虽然政府对保护区内的湿地采取严格的管理措施，但是在私人领域内，仍然极少的采取强制措施予以管理，往往是通过合同这种意思自治的方式对湿地采取管理和保护。备受关注的一个事件：英国湿地保护区内，尚处在规划阶段的水电站项目的许可程序，引发了各相关主体对生态保护的热议。①

三、日本湿地保护立法考察

在日本，湿地一般被称为"干潟"。② 在《广辞苑日语词典》中，其被定

---

① 参见 http://news.sina.com.cn/w/2009-03-26/113717487572.shtml。

② 朱建国，王曦. 中国湿地保护立法研究 [M]. 北京：法律出版社，2004：94.

义为"潮浸区，在浅海滩，退潮时路出海面的地方"。而日本环境省则通常将其界定为："潮浸幅度在 100 米以上，潮浸面积在 1 万平方米以上的砂、碎石、沙、泥炭等区域，称之为干潟"。由于日本岛屿众多，所以日文文献中干潟指的是滨海湿地。

在 20 世纪 70 年代，对湿地的保护并没有得到过多的重视，也因此导致出现了"水俣病"等恶性的环境事件。到了 80 年代中期，日本才开始重视湿地的保护，也相应地跟进了湿地的管理。日本现行《宪法》，从公民权利、财产权限制、立法授权等方面对自然资源保护、利用作出规定，由此奠定了湿地管理、保护的法律基础。但与美国相似，日本也并未出台一部针对湿地保护的专门性立法。但以加入《拉姆萨尔公约》为起点，日本相继出台了一系列涉及干潟和浅海域的法律法规。有关湿地保护的法律规范，分散体现在《鸟兽保护及狩猎法》《濒危野生动植物保护法》《河川法》等这些单向湿地生态自然资源及特定区域保护的立法中。此外，还有一些相关法律对影响湿地保护的生产经营活动作出限制，这些内容主要体现在于《水污染控制法》《湖泊水质保护特别措施法》《渔业法》等法律中。《自然环境保护法》是日本生态环境领域的基本法，该法授予环境厅长官较大的决定权，其可根据某自然环境保护区的保护规划，划定该区内的某些地区为特殊地域；并可以在特殊地域内从事一些开发活动，包括：放空地表水、拓干湿地，修造排放污水的设施等行为。① 近几年，日本国考虑出台一部专门的湿地保护法——湿地保全法。日本围绕制定"湿地保全法"的讨论可谓如火如荼。在 21 世纪初，曾有在野党议员向议员提出"干潟海域保全等相关法律案"，但该法案并未引起相应的重视。有日本学者提出，即使不出台统一的湿地保护法，也应该依据《拉姆萨尔公约》，制定地域保护条例。认为该条例的制定，应由地方主导，使地方在拉姆萨尔条约理念指引下，实现地方湿地的保护与管理体制整合。这一观点极具创新性，从某种意义上讲，与"地方自治体要有自己独立的产业政策"的提法有异曲同工之处，同是拓展地方自治范围内的权力。在日本湿地保护事业中，社会组织的作用显著。全国范围的 NGO（Non-Governmental Organizations，非政府组织），地方 NGO，农业生产者代表、居民代表、科研工作者等共同构成该湿地保护委员会，以使各方利益主体都能充

---

① 参见日本《自然环境保护法》第二十五条第一款、第四款、第八款规定。

分表达利益诉求，这样更加契合《拉姆萨尔公约》的理念。

日本湿地保护的立法及实际管理中，不仅依靠了中央政府的力量，更多地还要依靠地方政府和当地居民的共同参与。① 日本现行的地方自治模式下，地方自治体，有一都（东京都）、一道（北海道）、二府（大阪府、京都府）、43 个县。根据 1999 年 7 月制定的《关于推动地方分权相关法律建设的法律》，日本对中央政府和地方自治体各自的权限作了明确规定。钏路湿地，地处日本北海道东部钏路川的下游，其面积达到 245km²，是日本湿地中面积最大的，于 1980 年被纳入国际湿地条约，1987 年被确立为日本国立公园。但在钏路湿地的管理过程中也遇到诸多问题，比如，由于树木的增加、水分蒸发和旅游业的迅猛发展，给钏路的湿地也会造成损害。2002 年，环境省钏路自然环境事务所从当地自治体购买了 148km² 町有林，用于维护该湿地生态系统，但是要恢复到森林的原生状态则需要很长时间。日本中央政府通过与北海道地方政府、旅游部门的沟通合作，培养当地居民开发多项生态旅游的能力，使钏路民众共同分享生态旅游所带来的经济效益和生态效益，这种做法不仅保护了钏路湿地，也实现钏路湿地的可持续发展。

在日本，条例是地方公共团体制定的法律规范形式的名称，制定一项湿地保护措施前，先由从事环保、农业、渔业等不同的利益主体分别制定出湿地保护方案，经过磋商，最终达成一致意见。经此程序划分产生的湿地保护区、渔业区、畜牧区等区域，之后将成为地方政府决策的重要依据。在此过程中，政府的功能体现在：对政策的传达，协调、平衡利益主体诉求，组织各方共同参与，实行联席会议制度进行分工的机制。例如为保护滋贺县内日本第一大湖泊琵琶湖，除国家层面制定的法律外，滋贺县在地方立法权限内还制定了大量针对琵琶湖保护的地方性法规，其中包括《县公园条例》《县公害防止条例》《防止琵琶湖富营养化条例》《保护和培育家乡滋贺风景的条例》《芦苇群落保护条例》《垃圾散乱防止条例》《生活排水对策推进条例》《排水标准追加条例》和《琵琶湖休闲利用合理化条例》等。此外，滋贺县对琵琶湖生态功能的保护也采取了很多重要措施，如实施芦苇群落保护工程，在保护自然生长的芦苇群的同时，县政府还花大量的财力人工种植芦苇，以

---

① 马涛，邵欢瑜. 国外滨海湿地管理的理论进展和实践经验 [J]. 湿地科学与管理，2017（1）：61-64.

提高湖水的自净能力。为保护和培育琵琶湖的生态功能，滋贺县政府还实施了湿地再生工程——将人类填湖后形成的陆地重新恢复为湖面，恢复湖泊的自然面貌，为动植物提供等广阔的生存空间。另外，滋贺县政府还十分重视防止外来物种的入侵。琵琶湖拥有400万年的历史，已经形成了独特的生态系统，但是，近年来发生过多起外来物种的入侵事件，对此，滋贺县政府采取多种措施，以维护琵琶湖的生态安全。例如：《琵琶湖休闲利用合理化条例》规定，将在琵琶湖钓到的蓝腮鱼、黑鲈送到滋贺县内的13个外来鱼交换所的，可以每500克外来鱼换取一张相当于100日元的地区货币"不回放外来鱼感谢券"；为了减少人类行为对湖中生物生存的影响，《琵琶湖休闲利用合理化条例》还对琵琶湖中的休闲摩托艇的排气量作了限制性规定，以减少摩托艇噪声，避免干扰湖中生物生存繁衍。

四、韩国湿地保护立法考察

（一）韩国湿地保护现状

湿地在韩国过去相当长的时间内被认为是荒地，随着湿地功能和价值的发现而被逐渐识别。特别在现代，海岸区域内有高价值的自然资源，如海湾、泻湖、滩涂、海潮岸、沙洲、海滨和浅水水面等，这些可以被开发为旅游资源。依照法律规定，韩国如今有六类自然保护区域：生态系统保护区、国家公园、原始森林、野生生物保护区、自然保护区和湿地保护区。韩国的内陆湿地虽少，但在全国各地分布较为广泛，湿地保护区面积达到了107.1km^2。到2010年6月为止，滨海湿地保护区增加到11处，面积有218.15km^2，占滨海湿地面积的8.6%。

（二）韩国滨海湿地专门立法发展

随着湿地功能和价值被识别，韩国政府不得不承认湿地这一生态环境，韩国的湿地保护也逐步与全球接轨。纵观韩国湿地政策演变，大概可以划分为三个阶段：湿地开发阶段（1990年以前）、湿地政策转变阶段（1990—2005年）、湿地保护阶段（2005年至今）。

韩国于1962年出台的《水循环法》，目的在于调控湿地改造行为，同年韩国制定的《公共水域循环法》，是为在公共水域的活动引入许可制度，但只有鼓励围垦的有关内容，对湿地的生态环境保护并没有引起真正的重视。此内容在1962—1966年制定的《第一次经济发展规划》中也有体现。20世纪70年代，随着韩国内需的增加，一些大型围垦工程出现，一度为韩国经济迅速增长提供了动力。过去40年，在有限的环境承载能力中韩国民众的生活水平迅速提高。但与此同时，不计后果的围垦行为，直接导致湿地的严重减少，大量的围垦工程带来生态危机。截至2005年，消失的湿地总面积达到了810.5km²，包括始华湖围垦工程（180 km²）和萨曼昆围垦工程（208 km²湿地），这两大工程占总量的48%，消失的面积中，包含生态功能显著的海洋湿地。这使得韩国政府开始反思，转变政策，积极引入发达国家湿地新政策。

在20世纪90年代初，韩国通过制定《环境政策基本法》和《国家环境保护法》，保护重要的自然生态系统。尽管，法律有保护或指定具有生态重要性的滨海湿地为海洋保护区的内容，但由于对湿地生态重要性缺乏共识，再加上滩涂信息的不透明，故没有明确保护和管理如何推进。1996年，韩国建立了海事与渔业部，致力于实现海洋综合管理，优化海洋行政管理体制，并提升行政执行力。从1999年开始，海岸带管理已经被纳入《海岸带管理法案》之中，同时，也加大了湿地分类系统的研究。韩国于1997年7月正式加入《拉姆萨尔公约》，成为该公约第101个缔约国。为顺应国际湿地保护的大趋势，1999年韩国制定了专项的《湿地保护法》，以专门法的形式保护湿地，这成为韩国湿地法律保护的重要转折点。韩国1999年《湿地保护法》的制定，对生物多样性、稀有或濒危物种的栖息地和自然美的保护区的湿地保护而言，具有重要意义。该条例明文规定，相应的区域内，各种诸如掩埋垃圾、开挖砂石、营造新建筑、捕获动植物等开发行为都被禁止。①

（三）韩国的湿地管理体制

1. 开发规则

政府出于工业目的对滨海湿地的使用，设定严苛的许可制度，对滨海湿地利用，要严格依据《海岸带管理法案》和《公共水域循环利用法案》内容，这些内容现已经为《公共水域管理和循环利用法案》所覆盖。韩国现施

① 田信桥等.湿地保护政策比较：韩国经验与中国智慧［J］.生态经济，2011（8）：164.

行的湿地保护的第二个十年计划，较之前的政策，在围垦和垃圾填埋方面的规制更为严格。因此，许多开发项目申请，被来自大学、工业和政府机关组成的联合评价委员会否决。

2. 保护规则

2008 年新修订的韩国《湿地保护法》，其中第三条对湿地的保护作出安排。第三款指出，环境部部长依照关内陆湿地的规定，细化履行湿地核心区、管理区、改善区的地域划定及保护的职能；国土交通海洋事务部长官依据法律的授权，负责细化实施湿地保护区等的划定及保护。与此相对应，滨海湿地有关的权限大多授权给国土交通海洋事务部实施，具体内容横跨了湿地规划、湿地执法、湿地开发等多个方面，具体包括：湿地调查、规划编制、湿地公约的履行、湿地设施维护、禁令、失能湿地管理、湿地使用费、行政奖励、损害补偿、法律责任等。

3. 利益平衡

湿地保护、管理事务涉及众多部门的利益，因此湿地管理需要进行利益平衡，韩国《湿地保护法》对此做出了相应的规定，强化了国土交通海洋事务部在协调机构和相应体制中的作用。该法的第五条第二款，规定设置"国家湿地审议委员会"，负责协调事务，其具体职能包括：规划制定权，负责制定和修改湿地基本管理计划；政策执行权，执行湿地公约所确定的决议和上级长官部门涉及湿地保护政策的事项；人事权，委员会的主席由环境部次长担任，副主席由环境部、海洋水产部中的高级官员担任，委员由海洋水产部长官推荐的官员担任。在韩国国家湿地协调管理机构中，国土交通海洋事务部处于中心地位。这一制度安排，为其在管理滨海湿地过程中协调环境部、国防部、文化体育观光部等职能部门，提供了条件。

通过上文提到的湿地立法进程，公众对湿地生态保护意识也随之大幅度提高，政府也努力通过完善相关的法律体系，以保护有价值的湿地区域。

（四）韩国对滨海湿地的特别立法保护

与日本相似，韩国海岸线长，达到了 12682 千米，其中 78% 是天然海岸线，滨海湿地资源十分丰富。韩国滨海湿地的总面积是 2550 平方千米，占国家领土总面积的 2.5%。109.7 平方千米的滨海湿地位于西海岸。尤其在现代，海岸区域内有高价值的自然资源，如海湾、潟湖、滩涂、海潮岸、沙洲、海滨和浅水、水面等，这些可以被开发为生态旅游资源。因此，韩国政府更多的关注并谨慎和明智地管理滨海湿地。2007 年，韩国制定《海洋生态管理法》，保护滨海湿地。韩国政府还成立了海事渔业部门，对滨海湿地进行综合管理，并将《海岸带管理法》引入海岸带的管理之中。2008 年，千余名政府和非政府组织代表参加了《拉姆萨公约》第十届缔约方大会，这些代表来自全球百余个国家和地区以及几十个国际自然资源保护组织。大会的主题是"健康的湿地，健康的人类"。该大会是韩国举办的影响深远的国际湿地会议。韩国以此次国际环境会议的举办为契机，向国际社会作出本国湿地保护的重大承诺，这也显示了韩国政府此次对保护湿地工作的重视程度。自此，韩国自上而下也对《拉姆萨公约》的价值有了进一步认识。在此之后，韩国环境部拟定一项新计划，即到 2012 年，将列入《拉姆萨尔公约》保护对象的湿地扩展到 16 个，湿地保护区相应增至 30 个；到 2017 年，将 20% 以上的滨海湿地划定为保护区，将被破坏滩涂的 10%（约 81 平方千米）恢复原状。由韩国方面起草，并由专家会议确认的《昌原宣言》，成为那次湿地大会的最大会议成果之一，该宣言不仅提出了具体的湿地实施方案，也向公众阐明了加强湿地保护的重要意义。除此之外，韩国政府也承诺定期组织相关部门监测、评估湿地生态环境保护。

韩国与日本一样，列入国家公园的湿地由环境保护部直接依照法律管理，地方政府则起辅助作用。顺天市虽然是韩国"欠发达"地区，制造业落后，但顺天湾列入国家公园后，经费和人员安排主要由中央环境保护部门负责，顺天市经济建设就必须考虑国家的总体功能区发展战略，不得因经济发展破坏环境。例如，为了使顺天湾的湿地生态环境保持完整，恢复鸟类的活动空间，顺天政府采取铁腕手段，拆除了顺天生态公园内的人为构筑物，并迁移园内的一切经营性场所。

五、荷兰湿地保护立法考察

荷兰位于欧洲西北部，其西部沿海为低地，境内河流纵横，东部是波状平原，中部和东南部为高原。荷兰泥炭沼泽的形成、分布与人类活动极为密切。早在 13 世纪就筑堤坝阻挡海水，再用风动水车抽干围堰内的水，数百年来，荷兰修筑了近 1800 千米长的海洋堤坝，使 60 多万公顷的土地免遭海洋侵蚀。现今的荷兰领土，有将近 20% 是人工填海而成的。大约 300 多年前，荷兰人就采取排干泥炭沼泽水分措施，发展畜牧业，以泥炭作为燃料来源。泥炭的采挖形成了排列的沟渠，甚至形成宽阔的水面，与自然的泥炭沼泽一起，构成众多野生动植物的栖息地，并由此诞生了特色鲜明的湿地生态系统。现在，荷兰的泥炭也以每年 0.5~1 厘米的速度衰减。在部分湿地，采挖泥炭作为燃料的行为逐渐被禁止后，一些泥炭沼泽沉积物越来越多，常年得不到氧化分解，一些草本沼泽向木本沼泽甚至森林演变。

适度人为干预实现保护与合理利用，是荷兰湿地保护的最大特点。[1] 要协调好保护与发展的关系，就需要在农业、畜牧业、净水、保护、旅游等多种活动中寻找一个平衡点。在这种积极干预思路的指导下，荷兰为协调农业生产和生物多样性保护的矛盾，大力推行"多用途土地利用技术"。荷兰没有因单纯的保护而停止发展农业和畜牧业，而是协调开展湿地恢复，发展湿地净水、生态旅游等多种产业。在有些地区，通过发展湿地生态旅游，单位面积上湿地的收入要高过农业生产的收入。

在湿地保护实践方面，韦里本维登国家公园的实践值得借鉴。荷兰韦里本维登国家公园位于荷兰上艾瑟尔省的斯滕韦克兰，总面积 1 万公顷，公园管理重视当地社区参与以及当地居民的利益的维护，实现了宣教与保护的结合。为保护湿地，政府与居民采用协商的基础上，采用补偿和土地置换的方式，在其他地区为居民提供了土地。当地社区居民部分搬迁出了国家公园，部分留下的居民参与公园管理，经营餐馆服务、游船、露营等。公园对饭店、旅店等经营者和服务员进行培训，让他们也成为科普宣教员。当地居民在保护、科普、经营几个角色间实现了良好的转换。同时，公园鼓励志愿者参与管理，公园保洁、游客中心等都有志愿者参加。游客中心的经营费用由政府负责，但是也需要游客中心以部分营业收入作为补充。游客中心在负责宣传教育的同时，也开发了很多兼具实用性和趣味性的旅游纪念品，畅销全球。

在公园的管理体制方面，公园有健全的管理体系和质量监督体系。该公园遵守欧盟制定的公园质量管理标准。通过由欧盟组织的，对公园每 5 年一次的专家评估，如果发现质量下降抑或未达到标准，那就须详细说明情况，质量管理的好坏，将是公园管理机构向欧盟或者荷兰政府申请资金的重要参考依据；公园采取有力措施遏制湿地植被由芦苇向森林替换。由于湿地植物

---

① 孙永侠. 我国湿地生态补偿机制的构建 [D]. 浙江农林大学，2013：18.

的沉积逐年增加，部分区域地势逐渐升高，原本适合芦苇生长的生境，演变成树木生境。为了抑制这种演变进程，公园管理部门出台了相应的管理计划，并申请专项资金，在保护好水鸟栖息地的基础上，每年收割约 1000 公顷的芦苇和林木，进行湿地恢复；此外，公园制定有完整的监测计划，以便随时掌握公园现状，评估管理活动引发的后果。

荷兰在国家公园的建设管理上，实行完备的管理与质量监督体系，精细的管理计划、完整的监测计划。这些措施十分值得我们学习。

六、德国湿地保护立法考察

德国现有瓦登海等 34 块国际重要湿地，总面积约 86.82 万公顷。湿地保护体系十分完备。在德国，联邦宪法规定，联邦州负责自然保护。德国的自然保护体系包括：自然保护区、自然公园、人与自然生物圈、欧洲自然 2000 项目地等。德国现有国家公园 15 个，人与生物圈保护区 16 个（其中 15 个获联合国教科文组织认可），104 个自然公园。这些保护地统称为国家自然景观（即大型自然保护区）。梅前州有 3 个国家公园，3 个人与自然生物圈保护区，7 个自然公园。梅前州的 3 个国家公园，每年旅游人数超过 84 万人，约占全州旅游人数的三分之一。国家公园非常注意和农民的合作，农民可以在公园内经营餐馆、交通等服务业，也可以按照要求进行放牧，而且，还可以授权使用公园的标识。[①]

2008 年，德国联邦政府制定了《国家公园质量管理标准》、人与生物圈自然保护区评估标准等。国家公园评估组包括联邦国家公园管理部门、州的公园管理部门、非政府组织、协会，评估组定期对公园进行评估，评估结果是公园申请经费的重要依据之一。[②]

被誉为欧洲联合保护湿地典范的瓦登海，是欧洲最大的海洋湿地，主要由大规模的海滩、盐沼、沙丘及岛屿组成，生态系统构成复杂，分布有最具影响的潮汐系统，更是欧洲遭受风暴潮侵袭最严重的地区。这里拥有丰富的生物多样性资源，每年有 1000~1200 万只候鸟迁徙停歇在此。为保护瓦登海湿地，1974 年，丹麦、德国、荷兰牵头，发起成立了一个联合保护瓦登海的

---

①　赵岳平. 湿地保护看欧洲 [J]. 浙江林业，2014（11）：38.

②　王国良. 湿地保护管理的欧洲经验借鉴——以实地考察德国、西班牙为例 [J]. 江南论坛，2017（4）：41.

协定,1982年正式签署《荷兰、丹麦、德国联合宣言》,协同保护瓦登海国家公园。1987年,荷兰、德国和丹麦政府环境保护部门联合成立了"瓦登海秘书处"。1997年,《瓦登海多边保护计划》得到批准。瓦登海秘书处负责协调三边合作,保护的目标是维持瓦登海湿地的自然演变进程和生物多样性,同时协调发展沿岸的运输、农业相关产业。

为保护瓦登海湿地生态系统,采取打破国界的联合行动,对我们正在探索建立国家公园自然保护体系有很大的启迪作用。

国际重要湿地——德国下萨克森州国家公园。下萨克森州国家公园有将近43%面积是浅海,50%面积是潮间带,4%是盐沼。该公园每天2次潮涨落,生物多样性极为丰富,据监测,每平方米的泥炭上,有10万只以上的虾,10万只螺,2万只贝,其生物量要超过热带雨林。公园内有世界上唯一一处可以随着海水涨落而漂浮移动的泥炭地。这部分泥炭下面是淡水层,而淡水层下面是海水,随着海水涨潮,泥炭随之漂浮移动。同时,该区域也是重要的生产生活区域,这里有超过百万人居住,分布发达的养殖产业,还有300万人次规模的旅游观光业。在公园外部,有德国重要的不来梅、威廉港、风力发电厂、输电线路,等等。

公园实行分区管理,划分为3个区,即严格限制区、过渡区及休闲区。在严格限制区禁止人为活动,在过渡区可以行船捕鱼。公园在管理中最大的特色是人工改造鸟类栖息地,这是为保护一种珍稀的鹬类鸟。这种鸟类依赖于人类的活动,栖息在草场,喜欢开阔的浅水环境。但是近50年来,欧洲自然景观发生极大改变,农业集约程度大幅提高,鸟类活动区域大幅减少。大约25年前,鸟的种群数量急剧减少,幼鸟的数量也急剧减少。公园利用原有的排水渠道,巧妙地设计出一款可以按需要控制湿地水位的水闸。同时根据监测结果,对鸟类天敌的数量进行控制,以此减少对鸟类的干扰。公园制定了明确的工作计划,与当地居民签订合同,社区居民参与公园管理。公园根据需要,确定植被需要收割的范围、方式,社区居民依据管理指令,收割牧草,获取相应的收益。这种利益分享方式,既减少了公园的支出,又为当地社区居民带来经济利益,社区居民参与湿地保护积极性也随之增强。①

---

① 俞肖剑,叶维贤.学习国外先进理念经验-促进我国湿地保护管理 [J].浙江林业,2011(8):35.

德国的碳汇研究也值得我们研究。德国联邦政府用经济学方法，对湿地生态系统进行了研究，通过开展监测等工作，测算出了自然保护区的碳汇，并推广碳交易活动。例如泥炭沼泽被开垦利用后，由碳汇变成了碳源。如果对这样的湿地进行恢复，那么便会由碳源再变成碳汇。这部分碳汇是可以交易的。通过监测，梅前州最大的碳源是被开发的泥炭湿地，每年大约排放600万吨二氧化碳，差不多是交通运输业释放量的2倍，也就是说，在梅前州开展湿地恢复措施，进行碳交易的空间是巨大的。为推进泥炭湿地碳交易的开展，梅前州在联邦自然保护区管理局的支持下，开展了"碳汇的未来"项目。经计算，每吨碳汇产品的售价为35欧元。泥炭地不仅具有固碳功能，在保护物种多样性、保持水土、调节小气候等方面，也具有独特的价值，这些价值也是可以量化的。经过计算，通过加强湿地恢复与湿地管理，开展碳交易的收益大概是支出成本的4倍。

第二节　域外湿地保护法律规制实践启示

域外国家对湿地保护立法工作是有一定的社会背景的。首先，其在宪法上对各个主题的权利和义务规定得非常明确，在政府和人之间遇到管理权冲突的时候，国家是不能采取强制手段解决和限制私人的权益的，特别是政府与私人之间的纠纷，一般要通过采取听证会的方式来解决，让公众获悉详情。其次，域外国家在市场经济方面相对成熟，其有强大的经济基础，对湿地保护工作的预算经费充足，这也间接地促进了湿地保护工作的进行，特别是在公共利益与私人利益产生冲突的时候，有实力去补偿相对人所受到的经济损失。最后，政府在自治权方面有一定的自由，地方政府在与中央政府的工作协调方面，地方政府有着充分的自治权，中央政府在下达一定政策的时候要与地方政府协商好。当然，西方社会福利也很丰厚，所以产生了很多自发组织环境的社团，这类社团活动性较强，公益意识高，很乐意参加对湿地保护的工作。对于域外国家的一些积极、宝贵的经验，我们应该充分借鉴，再结合我国的国情予以完善湿地保护立法体制。

一、持续完善西部湿地立法的必要性

英美法系国家虽然以判例法、习惯法为基础，但防止环境破坏方面的法

律多为成文法，因此环境保护多为政府行为和职权职责规定，依法行政尤为重要。我国西部开发不能像美国开发加利福尼亚州那样，先污染后开发，美国为此付出的代价是惨重的。20世纪90年代，埃克森号溢油事故的发生，推动美国出台了《石油污染法》，这部法律的出台对全球的石油污染以及所有环境问题的治理产生了持久的影响。2010年发生的墨西哥湾漏油事故又进一步让世人反思湿地立法的重要性。同时，我国不同于美英这样的联邦制国家，地方开发应服从国家全局。由于缺少生态补偿机制和国家层面的湿地保护法，湿地保护目前对于广西这样的西部地方的经济发展，确实有一些制约作用。可是西部生态保护得好不好，直接关系到社会可持续发展问题。因此，通过地方立法建立湿地生态补偿等制度，有利于将广西湿地资源转化为经济、社会和生态效益。美国《食物安全法》中的"湿地破坏者"条款，是经济发展利益和生态利益博弈的重要体现，因为湿地保护必然触动到周边农民的一些利益，为此林业部门常被农民告上法庭。这也提醒了我们在保护生态环境的问题上，应该尽量避免或者减少对公众的经济利益的损失，最好能兼顾生态环境保护工作与群众利益，这才是在湿地保护工作中最有效益的措施。因此，在国家层面还没有立法的情况下，为避免湿地快速消失的现象，西部地区有必要加强立法，制定地方性法规。

湿地保护立法实践证明，湿地保护立法只有进行时。广西的湿地立法需要在《广西壮族自治区湿地保护条例》等现有法律文件的基础上，在细化湿地保护措施、理顺管理体制、化解保护与发展之间的矛盾方面持续完善湿地立法，在吸收英美先进的立法经验的同时，要以史为鉴，避免走英美国家"先污染后治理"的老路，在制度上作出安排。首先，探索河流流域湿地立法。对于重点生态功能的河流湿地，桂林漓江、柳州柳江、梧州西江等流域重点湿地进行流域立法，提高湿地保护水平的系统性。其次，推进湿地保护自然单元立法。美国的湿地地方立法，对有重要功能的湿地进行单独立法，例如佛罗里达州出台的《哈德逊湿地保护法》，对于这一重要的河口湿地进行保护。西部地区有许多重要生态功能的湿地，其中很多已经被纳入国际重要湿地名录，是当地的生态屏障。对于生态功能的重要湿地，西部地区的湿地立法可以借鉴英美国家做法，进行湿地保护单元立法，对其给予特殊保护。

二、建立地方政府湿地保护的绩效评估制度

湿地作为一个要素综合的生态系统，横跨了诸多主管部门。从美国的湿

地管理经验来说，至少有 36 个联邦机构在不同程度上，参与湿地的管理、恢复、改善、绘图、目录编制、划界、研究等相关工作。有时，为了应对复杂的湿地问题，美国会在总统领导下成立暂时性的协调机构，如机构间湿地工作组（Administration′s Interagency Working Group on Wetland），以此协调联邦和州之间以及州与州之间的湿地保护、管理事务。21 世纪初，为推进《清洁水法》和《濒危物种法》的落实问题，美国联邦环境保护局、鱼类与野生生物服务署、国家海洋与大气管理局等机构，通过签订备忘录形式，推进各部门在协调机构行动，推广全国统一的水环境标准，统一管制和保护程序，并适当监督法律在各州及地方政府间执行。

　　在英国，承担湿地保护管理工作的主要是环保、水务或者国家自然保护委员会，而其他职能部门负责协同管理。① 在这点上，我们可以很好的借鉴，可以设立一个专门管理湿地保护的部门，负责湿地生态环境的综合管理与保护工作，但是这个部门不能形同虚设，应该真正发挥其部门的职责。因为现实中有很多部门存在这样的问题，如果部门的职责不能充分地发挥，也是对人员编制的一种浪费。因此，为了避免部门成本资源的浪费，也应该建立一个有效的监督机制，对湿地保护管理人员形成良好的监督。因为现实中这种问题，往往公众投诉无门，而建立监督机制，设立群众热线电话，可以起到内外监督相结合的效果。回顾这些国家的湿地保护政策与法制变迁，湿地保护不限于水生态的保护，还包括森林等生态系统。因此，法律一般在赋权专门机构行使专项的湿地管理职能的同时，还设定必要规则强化地方政府和民众的参与，建立一种多中心治理的法律机制。虽然我国加入了湿地公约，形成了湿地保护管理中心，但是实际上却并没有形成一种统一性、专门性的管理，我国湿地主管部门林业部门权力有限，可是按照《中国湿地保护行动计划》《全国湿地保护工程规划》等要求，全国性的湿地保护规划由林业局牵头来制定，这就使得林业局难以应对，例如城市人工湿地，由林业局来规划就勉为其难。同理，在立法方面，林业局起草湿地保护也面临着与其他部门协调的问题。

　　因此，为了确保湿地保护规划的落实，也有必要通过地方立法建立一个

①　1996 年成立的英国环境署，将过去分属河流管理局、英国污染署、废物管制局的管理权集中起来，是英国环境管理的重大变革。

政府间湿地管理的协调机构，发挥在湿地管理方面的综合主管地位。在湿地管理行政中，需要建立健全绩效评估机制，以便为湿地保护提供量化指标，促进湿地管理。首先，因地制宜地制定湿地保护绩效评估指标。在我国各个市、县，湿地保护情况各异，环境污染、生态破坏程度，也是因城市而异的。因此地方政府需要从本地区的具体情况出发，出台符合当地的环境绩效指标权重和指标体系。其次，设定齐备的生态环境绩效评估指标，从实际需要出发，赋予指标相应的权重。制定完善的指标体系，需要将湿地保护管理的每个要素都纳入绩效评估指标中，尤其是对于土壤、水、生物等湿地的要素，应该赋予较高的绩效评估权重。此外，湿地保护绩效需要选择合适的评估指标主体，并给予相应权重。从重要程度出发，判断绩效评估主体在保护环境绩效评估中的作用，以此为依据，设定适当的结果权重，使得绩效评估结果更科学。

三、湿地保护立法是生态系统管理思想的体现

对湿地保护立法必须遵守一定的原则，既把握好地方立法的基本原则又不失湿地这一特色。从我国湿地保护的立法基础上来看，我国的湿地保护立法应该严格按照《中华人民共和国自然保护区条例》等法律、法规的规定，下位法不能与上位法相抵触，否则无效。因此，针对我国的湿地资源现状来说，应该考虑优先生态资源的保护。在外国立法体例的分析中，各种湿地管理立法的形式虽然各不相同，但系统立法，必然是环境要素立法最终的发展方向。

湿地生态系统，是密切相关的诸多要素相互联系，而形成的一个生态集合体。要素齐全的系统才能体现出其真正价值。要达到对湿地生态系统的整体保护，通过制定单行法进行的单一的要素式保护是不奏效的。环境法也已经由原来的单一要素的立法体系，变为现在的多维角度的立法体系，这一变化也是生态环境保护在立法结构上的体现。①

湿地生态系统管理思想的体现，需要构建如下的制度体系：

---

① 林小梅. 论我国湿地综合生态系统管理法律制度的完善［D］. 福州大学，2015：11.

（一）湿地调查、监测制度

湿地调查是了解湿地概况，制定湿地规划的重要依据，其内容主要包括确定湿地数量、管理湿地档案、跟踪湿地动态变化情况等。湿地监测制度的构建，需要围绕湿地的组成要素展开，包括土壤、气象、水文、动植物种群等内容，能够为湿地的价值效益评估提供重要参考。

（二）湿地生态风险评估制度

湿地生态风险，是对诸多外界因素导致湿地生态环境产生不利影响的过程。依据《湿地公约》的第七次缔约方大会形成的《湿地风险评估框架协议》①，把湿地风险评估制度划分为"预警指标""预警指标属性""预警指标的范例"以及"预警指标反应机制"四种类型。湿地风险评估制度的构建，可以对湿地生态系统及其组成要素提供一种实时保护，对威胁湿地的诸多因素加以控制，从而形成有效的湿地保护的措施，推动湿地保护进程。

（三）湿地资源开发利用评价制度

湿地资源开发利用评价制度，是对湿地资源的开发利用行为所产生的社会价值、生态价值加以衡量，以便决策者形成有利于可持续利的决议。具体而言，对湿地资源开发利用行为产生的直接影响、间接影响、潜在影响进行量化考核，以此作为湿地资源开发利用效果的评级依据，进而为湿地的科学开发利用提供依据。评价考核内容包括：湿地分布、开发现状调查及问题、湿地开发经验与教训、湿地开发效益展望等。

（四）湿地分级保护管理制度

（1）湿地自然保护区制度。湿地自然保护区是对典型性、脆弱性、生物多样性的以及其他具有特殊意义的湿地，依法划出一定面积予以特殊保护和管理的区域。湿地保护区制度是最具效果、措施最完善的湿地提供全面保护的制度，在湿地自然保护区区域内实行一体化管理，即对范围内的湿地进行全功能、全功能的综合管理。

---

①　1999 年 5 月，《湿地公约》第七次缔约方大会在哥斯达黎加举行。

（2）湿地公园制度。湿地公园，不同于传统意义的公园概念，也与自然保护区有所区别。湿地公园的规模与范围比湿地自然保护区小，其除了拥有显著的湿地景观外，往往还承载着美学、生态和文化等多重价值。在实现湿地生态功能的同时，又可以对公众进行生态教育，对于实现运用公众力量保护生态系统的目标，并以此实现湿地共建、共享具有重要意义。

（3）湿地保护小区制度。除了湿地自然保护区和湿地公园形式之外，对于那些暂时不具备设立条件的地区，但分布广泛的湿地进行保护的一种形式。湿地保护小区以变通的方式扩大湿地保护范围，可以制止对湿地的破坏开发利用。同时也可为自然保护区的设立做出尝试。①

日本对琵琶湖专项立法，其主要原因在于分散立法的形式很难满足琵琶湖这一特殊领域的管理要求，这也是生态系统管理思想的体现。针对我国的湿地立法的具体现状，由于尚不存在国家层面的湿地保护法律，在立法时应该深入贯彻可持续发展理念，紧紧围绕"全面保护、生态优先、突出重点、合理利用、持续发展"的原则，既可以实现当代人对生态环境的需求，又不影响到后辈人对生态资源的需要，对湿地的立法从整体上进行规划，充分考虑我国湿地生态资源的特殊性，全方位、全方面、系统地完整规划湿地保护、开发工作，充分挖掘湿地本身蕴含的多重价值，充分协调、兼顾整体利益和部分利益、长远利益和当前利益，对相关的湿地立法达到足够的重视。

四、根据国情移植国外先进的湿地保护法律制度

生态湿地要想持续发挥着"绿肺"功能，离不开我们对湿地资源的持续保护。相关专家也认为，在湿地生态环境的保护方面，国外的成熟经验及典型的湿地保护案例是值得我们借鉴的，当然在借鉴的同时，应该充分地和我国的国情相适应。作为大陆法系国家的日本和韩国与作为英美法系国家的英美不同，中央政府对湿地保护干预更强。从理论上讲，我国现有的湿地管理体制与日韩更接近，因此，日韩的湿地立法更容易与我国国情相适应。因为在英美法系国家，如果没有成文法，还可以通过判例来产生先例。因此，我国有必要制定全国性的湿地管理基本法。在国家没有湿地基本法的情况下，也应该像日本、韩国一样由地方先行立法。在现实操作过程中，我国中央政

---

① 傅馨. 我国湿地保护法制主要问题研究［D］. 中国海洋大学，2014：17.

府也多将湿地管理委托给地方政府执行，可现在的问题是，由于没有法律规定，地方政府对湿地的保护常不尽如人意。如何根据我国国情，形成具有中国特色的湿地管理体制，是一个急待解决的重要问题。广西的湿地立法，可以借鉴日、韩这些国家关于湿地管理的分类管理办法，通过法律正当程序建立国家湿地公园和各种湿地保护区域，完善湿地保护立法。有鉴于此，我国西部湿地保护制度安排可以围绕湿地的界定、湿地的分类，法律如何分类管理，如何做到程序正当、公众参与等系列问题展开，使湿地立法具有操作性。

比如，在公众参与这个环节上，可以考虑通过发放宣传页，或者借助其他传媒工具宣传对湿地生态环境的保护工作举措，积极听取公众或利益相关人的意见，充分发挥公众的知情权、参与权，让公众详细地了解湿地生态环境并切实地参与湿地环境的保护，这不仅使得政府在充分考虑生态利益的同时，可以听取下公众对生态资源的阐述，还可以提高公众对湿地的深入认识，以此提高公众的环境保护法律意识。学习英美国家在公众参与方面的经验，落实公众参与条款，增强其可操作性，并完善相应的监督机制，如设立湿地保护监督专员，构建举报和立案制度，以此打击保护区域内的破坏生态行为，并以此为抓手拓宽公众参与监督的渠道，提高湿地周边企业落实环保责任的自主程度，使自然保护地管理更具效率。

在政府方面，英美国家兼顾个人利益与公共利益[1]的做法，同样值得借鉴。湿地的开发和利用，短时间内有益于个人，但如果个人进行无限度开发，对于公共利益来说，则又是有害的。湿地开发、利用的目的不同，着重点也就相应有所区别，对于开发利用的观点也就会出现冲突，只满足某些个人的利益需求，可能会给社会的公共利益带来危害。但是为了公共利益，过度压制私人的开发需求，对湿地本身价值的全面实现产生负面影响。因此，私益与公益之间的矛盾难以消除，在一定时间、范围出现冲突在所难免。从立法层面来看，湿地保护工作的有效开展，有赖于个人和公共利益之间关系的协调妥当，把对湿地开发限制在一定程度内，并补偿相应的损失。从国外的立法实践来看，通过构建相应的制度，以求在开发利益和生态利益之间达到平

---

[1]　兼顾个人利益与公共利益在美国立法中的体现尤为明显，比如美国《清洁水法》第四百零四条规定，对于彻底的湿地转化行为，政府相关部门会仔细考察申请项目的社会成本和私人收益，对二者进行权衡评估以决定许可证的颁发。

衡，从而达到的生态效果与社会效果。

五、加强特殊区域湿地保护应成为西部湿地立法的特色内容

我国西部地区具有丰富的滨海湿地，也是西部地区特有的湿地类型。广西滨海沿岸有浅海水域、珊瑚礁、基石性海岸、潮间淤泥海滩、红树林沼泽、潟湖、河口水域等多种类型的湿地，其中红树林是滨海湿地的重要类型，山口红树林湿地已经被列入国际重要湿地。滨海生态系统是位于湿地生态系统中海洋和陆地的交界区域，在陆地和海洋之间起着十分重要的缓冲作用。科学研究表明，沿海红树林湿地不仅在抗击台风冲击、减轻海浪侵蚀方面作用显著，而且在维护生物多样性、科研、生产方面也具有独特的价值。从构筑成本方面来看，和营建水泥堤坝相比，构筑红树林海岸防护工程具有成本低、综合效益好等优点，成本仅相当于水泥堤坝的 1/20。据专家测算，鉴于滨海湿地具有的天然防风浪、护堤坝等多重功能，每千米有红树林的海岸线可产生 8 万元的防护效应。其具有独特的生态价值、经济价值、科学研究价值，立法应予以高度关注。为了保护滨海湿地，日本和韩国也都有滨海湿地的专门法规。

从全国来看，滨海湿地并非普遍存在，总量也远小于其他湿地类型，国家层面对滨海湿地保护有限，而要求国家对滨海湿地作出特别回应也不现实。因此，滨海湿地的保护，依靠地方法律进行更加有效。①

因此，西部地区应立足我国国情，结合本地资源特色，由林业主管部门、海洋主管部门等部门配合，完善和创新滨海湿地保护政策，使我区湿地得到全面有效保护。红树林的法律保护需要加强科学研究，作为开发利用的基础。应通过财政的方式确保稳定的科研投入，将科研工作以法律的形式确定下来。广西拥有全国最早的也是唯一的红树林保护研究机构②，成立以来，在红树林生态系统以及红树林开发利用研究方面取得了丰硕成果。但是现行的湿地立法，没有将科学成果体现在法规中。广西湿地保护相关立法，可以突出保护红树林等滨海湿地的保护政策和法规体系，例如，可以专门规定广西红树

---

① 郭雨昕. 广西北部湾红树林生态经济价值评价［J］. 黑龙江科学，2018（12）：42-45，49.

② 广西红树林研究中心成立于 1991 年，位于北海市，隶属于广西科学院。

林保护和发展规划、红树林湿地的科学研究以及国际合作与交流，等等。①

六、探索跨行政区域的湿地立法保护

湿地保护区域立法区别于地方立法之处，其以湿地保护为中心，从湿地本身所具有的公共性、流动性和整体性自然特性出发，在立法模式、实施细则等制度安排方面都打破行政区域与部门利益壁垒，进而实现湿地保护立法的协同。湿地作为一个完整的生态系统，对其进行的保护也需要突出完整性。在缺乏湿地保护上位法的前提下，仅仅以省为范围的湿地保护立法，对处于行政区域边界的湿地难以形成有效保护，因此有必要探索跨行政区域的湿地立法保护。②

被誉为欧洲联合保护湿地典范的瓦登海海洋湿地保护，就充分地体现了跨区域湿地立法合作的成效。为保护瓦登海湿地，丹麦、德国、荷兰发起了一个联合保护瓦登海的协定，由联合成立的瓦登海秘书处协调三方合作，保护的目标是维持瓦登海湿地的自然演变进程和生物多样性，同时协调发展沿岸的港口、运输、农业、渔业等产业，取得了较好的生态保护效果。

探索我国湿地保护立法的跨区域合作，将产生示范意义。首先，在法治建设的促进方面，湿地保护立法的跨区域合作，将在立法经验、立法技术、立法信息交流、条文措辞等诸多方面产生积极影响。各立法主体从湿地保护的特殊需要出发，按照与其他地区相互协调的原则进行立法，统一立法精神和原则。达到立法的和谐，为湿地保护中面临的难以协调的共同问题解决提供平台，为行政机关提供科学一致、无冲突的执法标准，实现执法规范化、管理统一化，减少地方行政矛盾。其次，区域湿地保护合作的社会功能是在各地方由于地理环境、人文环境和发展状况存有差异的大背景下，通过立法合作，依据相同的管理标准，对湿地的诸多组成要素确定同样的权利义务，从而达到区域内湿地生态系统保护、人与自然和谐发展的理想状态。此外，区域的湿地保护立法合作的经济作用也十分明显，即在维护国家法制统一的前提下，为了实现保护湿地生态系统的目标，构建出一个无体制性障碍的法

---

① 梅宏 . 滨海湿地保护——韩国的立法及启示［J］. 湿地科学与管理，2011（4）：52-55.

② 张若芸 . 地方法治视野下的区域立法合作［J］. 法制博览，2017（4）：190-191.

治前提，使得区域内的人力、财力等湿地保护资源，在统一的立法下得到优化配置，避免了资源严重浪费。① 对区域内的湿地保护制度开展法治整理，打破地方保护主义的壁垒，消除种种体制政策性障碍，实现湿地保护在区域内部协调化和一体化，从而促进湿地生态系统的保护。

在我国西部地区，探索跨行政区域湿地立法，也需要适当借鉴西欧跨区域立法的成功经验。在形式方面，以政府间协议的形式推进。通过政府间协议的形式，以政府行政权内容的多样性，可以有效地避免法律位阶的问题。在内容方面，应当涵盖保护、利用、科研等相关领域。鼓励相关地域在保护湿地方面，开展全方位、多层次的立法合作，共同推进本区域湿地立法保护水平提高。

七、重视当地人利益的保护

从西欧的湿地立法实践来看，立法往往给予当地人利益以特殊保护。首先，在从产权制度的构建方面，普遍采取了对湿地所有权行使加以限制、公共购买、征用等方式，力求在公共利益与个人利益之间寻求平衡基于社会公共利益。其次，在财产权益保护方面，通过保护其财产性权益，使当地居民获益。德国梅前州在建设国家公园保护湿地时，通过保护其财产性权利，如特许经营权、补偿权、知识产权等，保护当地人权益。当地人可以通过与湿地保护当局开展旅游合作，获得旅游发展收益，也可以在公园内经营餐馆、交通等服务业，也可以按照法律规定进行放牧，还可以授权使用公园的标识，获得财产性收益。

我国现行的有关自然保护地的立法，重自然资源保护与利用，轻当地居民的权利保护。但居民的权利保护是不可或缺的，权利保护的缺位将导致区域内居民权利受到损害，反过来也会危害自然保护地的保护。因此，在制度的设计中，需要平衡保护地公益与居民权利私益。在保护湿地的前提下，采取力所能及的措施，考虑保护地居民的自身利益，以达到良好的法律实施效果。

在湿地保护的实施中，难免地触及当地人利益。必须从制度上作出安排，在公共利益与个人利益之间寻求平衡。湿地立法需要从保障当地人程序权利

---

① 陈光. 我国区域立法协调机制研究 [D]. 山东大学，2011：269.

与实体权利方面入手。首先，在程序方面，可以充分借鉴西欧国家的公共参与制度，建立顺畅的当地人参与机制、沟通机制以及利益分享机制等，保证湿地保护地的参与权。在实体权利方面，通过类似德国的做法，保证当地人分享在湿地开发中的收益权，以此更好地平衡公共利益与个人利益，以充分调动公众积极参与湿地保护。

湿地是人类的共同财富，是全球的生态财富，我们应该予以合理的管理这笔财富。在此基础上，我们应该立足于自己的实际情况，同时打开门窗，放眼于世界，将国外有益的湿地保护的宝贵经验为我所用。我们不仅要善于总结自己的经验，也要善于总结他人的经验，及时了解国外湿地保护的立法动态，研究自己的国情，只有这样才能在逐渐建立起具有中国特色的湿地立法体系，然后根据我区的实际情况，积极稳妥地推进湿地的立法工作。

八、推进湿地资金来源多元化

湿地保护作为一项兼具专业性与系统性的事业，需要持续的资金支持。因此需要拓宽资金来源渠道，为湿地保护提供资金支持。上文提到的德国通过碳汇产品交易，将泥炭地的生态价值转化为经济价值，通过可量化的转化，取得了较好的效果。西欧的湿地保护实践，注重湿地保护资金的来源多元化的做法启示我们，要确保湿地保护资金投入，必须多渠道筹措湿地保护资金。

当前，我国西部地区的湿地保护的资金来源主要依赖政府的投入，来源渠道单一且资金总额不足。湿地自然保护区的管理不论是在湿地硬件采购，还是人员投入方面，都缺少社会力量、社会资本参与。这种财政状况不仅使政府部门不堪重负，而且还不利于充分调动社会力量参与湿地保护中。我国西部地区在推进湿地保护立法时，需从以下几个方面，推进湿地保护资金来源多元化：

首先，需要保证将湿地保护专项资金列入政府的财政预算，并及时到位。对此，应该在相关的湿地地方立法中有所回应。只有以充裕的财政资金为后盾，才可以引进专业型、技术型人才，升级维护湿地保护管理设施。在保证上级涉湿地自然保护区的财政投入，也需要适当加大基层湿地保护配套资金的投入，这样湿地的保护、利用工作的深入开展才有保证。

其次，合理划定资金分配比重。在资金有限的前提下，更充分考虑资金投入结构的合理性，杜绝将绝大部分资金投入重点区域的生态保护和修复等基础性工作上，还留出适当的比例，给湿地科学研究、湿地资源调查、湿地监测评估等方面，为湿地保护提供科学支持。

此外，还应拓展渠道，增加资金来源方式。资金投放多元化主要包括两方面内容：

一方面是资金来源渠道多元，湿地保护的资金不仅仅来源政府财政预算，还应吸纳社会力量、社会资本参与，包括环保企业、社会团体、公民个人等。在有限的政府财政投入仍捉襟见肘的情况下，需要全方位筹措湿地保护资金，比如可以由鼓励社会、企业、个人捐赠、探索湿地碳汇交易等诸多方式，从而建立、健全体系性强、要素多样、层次分明的资金投入机制。

另一方面是湿地保护投入形式多样化。改变目前由政府划定的、整齐划一的自然保护区组织管理形式，提倡企事业单位、社会团体甚至个人，通过多种形式参与湿地保护。例如，可以探索通过市场方式，将自然保护地的土地承包或租赁给其他团体或个人，获得湿地的使用权。该做法可以在地方立法中有所体现，在维持湿地原有用途的和确保不造成湿地破坏的前提下，开展自我管理，取得一定的收益。

第四章　我国西部地区湿地保护
法律规制路径选择

西部地区的地方立法作为我国立法体系的重要组成部分，直接面向的是特定地域、特定事项的法律规制需求，要么填补国家在立法缺失下社会行为的规则安排，要么体现在对上位法有关规定的进一步的细化中，在规则设计上更多地反映地方经济建设、社会发展和生态环境保护等方面的特点和具体要求。从这个意义上来看，这是国家法律所无法取代的。因此，西部地方立法具有极为重要的地位和功能。从社会运行和制度运行绩效角度看，地方性立法既要保障法制统一，严格遵从上位法的立法旨意和精神，又要切合地方实际需要，能有效解决地方社会治理出现的各种问题，充分体现地方立法的必要性和可行性。在湿地立法上，地方立法机关必须对立法各事项持有谨慎态度，把握地方立法定位和走向、制度目标和价值取向的基本原则，进而具体把握立法的路径选择。

第一节　西部地区湿地保护法律规制目标与定位

地方湿地保护法律规制，要遵循"实现资源的可持续发展"这一重要的环境法治目标取向，从社会有效运行的内在要求出发，兼顾地方社会资本对法律规制目标定位的塑造。地方立法规范的目标定位实质上是在地方立法时所普遍认同并努力追求的原则和目标，是由地方立法规范的特殊性本质决定的。

一、直接目标定位：立足现状解决区域湿地保护主要问题

西部地区湿地保护法律规制的立足点在于必须要解决当地湿地保护现存的实际问题，要求其立法不仅对现有西部地区湿地保护法律体系予以完善，

更能从法律上解决湿地保护的现存问题。我国《立法法》第六条指出，"立法应当从实际出发，科学合理地规定公民、法人和其他组织的权利与义务、国家机关的权力与责任"。"从实际出发""科学合理"的立法准则，不仅仅是对国家层面立法的指引，也是对西部地方立法的明确要求。

西部湿地的现状和问题，是湿地保护立法最基本的出发点。在立法规制中，对西部地区湿地质量、价值、功能的评估是其湿地保护必须考虑的重要因素。目前，全国湿地资源保护所面临的主要的、关键性的问题，在西部地区的湿地资源保护中也是普遍存在的，例如项目建设过于占用湿地、湿地资源的过度开发和利用、湿地环境污染破坏导致的如湿地面积不断减少、湿地资源多样性受到严重破坏、湿地质量和生态功能日益下降等问题。但是，由于是地方性资源，西部地区呈现的资源分布规律、分布状态、资源结构等具有自身的特点。在法律规制的过程中，要把地方湿地的实际状况作为优先考虑要素，更多地考虑到本地区湿地的特性，遵循湿地资源的客观规律，坚持地方湿地保护法律规制内外部的和谐统一性，提高立法质量，实现科学规制。以广西为例，广西湿地资源大多分布在沿海、沿江和沿边地区。广西沿海、沿江居民达3000多万，仅西江流域居民就达2000多万，其中还包括大量的少数民族居民。在湿地资源的生态价值上，通过对广西湿地资源的概况和特点分析可知，广西的湿地资源生态价值极高，且形态特殊；在社会价值上，当地居民对湿地资源的依存度很高，湿地资源是他们生活资料的重要来源之一，甚至是基本生存的重要依赖，尤其是对少数民族聚集区来说，由于经济相对落后，其对自然资源的开发利用期待值较高，由此可见，广西湿地资源的社会价值之高。广西湿地特殊的社会和生态价值决定了广西湿地保护地方立法目标选择的差异性。

二、基础目标定位：实现西部地区湿地资源可持续发展

实现可持续发展是我国环境法治的根本目标定位。传统发展观的目标追求是单向的、有限的、单一的，而可持续发展观的目标追求是全面的、整体的，它包含了生态、社会、人、经济等各个方面全面发展和整体和谐发展。可持续发展的基本理念是在经济社会发展的基础上，注重人的全面关怀，它不仅着眼于当代人的生存价值，而且放眼于今后人的生存价值；不仅要关心本国的发展问题，而且要关注其他国家的发展问题。不仅关心生存，而且关

注发展；不仅关心人的物质需要，而且关心人的精神需要和社会需要。这是因为人的全面发展既包括了对物质生活的需求，又包括对生活质量的追求。

自然资源的可持续开发和利用，是可持续发展理念的重要内容。自然资源的可持续发展包含两层含义：一是自然资源作为生产要素，如何进行可持续的利用；二是自然资源作为生态要素，如何才能可持续发挥其生态功能。湿地资源是自然资源的重要类型和特殊形态，是世界上最重要生态资源之一，综合效益巨大。从可持续发展理念出发，西部地区在湿地资源的开发和利用过程中，不仅要注重其经济效益的利用，还要考虑湿地资源的生态效益的实现，妥善处理湿地资源留存、社会经济、民生发展三者之间的关系，不能顾此失彼。强调湿地资源是自然资源的特殊形态，在于大部分的湿地和湿地环境要素是不可再生资源，湿地的生态效益相比经济效益更为突出。当前，西部地区各地的湿地面积普遍减少，湿地环境恶化的现象需要特别加以关注，加强湿地资源法律规制以实现科学有效保护是内在必然选择。

三、根本目标定位：强化区域环境法治和生态文明建设

环境法治要求有一个系统的制度体系，自然资源的管护需要形成系统化的制度体系。强化湿地保护法律规制的目的在于健全和完善西部地区自然资源保护法律规范体系。湿地资源虽然是区分度明显的自然资源，但不是独立存在的自然资源。湿地资源关联水资源、土地资源、林业资源、矿产资源等自然资源，因此，湿地资源的保护是自然资源保护的重要方面。基于自然资源的整体性存在，自然资源的立法需要整体化、系统化和体系化。从法律规制形式追求来讲，西部湿地保护的法律规制目的是建立和完善适合西部社会要求的湿地保护法律体系，丰富和完善地方性自然资源保护的法律规制体系。以广西地方法律规制规范依据为例，除了《广西湿地保护条例》之外，与湿地保护相关现行的法规规章有《广西河道管理规定》《广西水功能区管理办法》《广西环境保护条例》《生态广西建设规划纲要（2006—2025 年）》《广西壮族自治区海洋环境保护规划》《广西水文条例》等，这些法规规章部分包含了湿地资源的合理开发、利用和保护，湿地资源的权属关系及破坏湿地资源行为的法律责任等内容，尤其是对湿地野生动植物的捕采，对水源和渔业资源的开采与保护等方面有具体的规定，形成相对完整的湿地保护法律规制的规范体系。

实现人与人之间、人与自然之间的和谐是生态环境法治的最高目标定位。该目标定位统率着环境法治的其他目标定位。环境法治基本目标定位都是为实现这一价值追求而服务的。实现人与人、人与自然的和谐具有丰富的内涵。它建立在人与自然共生共荣共发展、人与自然双赢的理念上，强调"以人为本，以自然为根"和"以人为主导，以自然为基础"的思想。① 西部地区湿地保护法律规制的强化，是由国际和国内的大环境决定的，也由西部地区的实际情况决定的，是西部地区深入贯彻习近平生态文明思想、习近平"两山"论、落实可持续发展理念，实现经济与社会协同发展的必然选择，是解决西部地区湿地保护存在问题的客观需要，是西部地区湿地保护法治化的内在要求和必然趋势。当前，西部区域性协调发展总体战略逐步形成。国家深入实施西部大开发战略和推进兴边富民行动，支持发展西南地区经济协作、泛珠三角区域合作以及国内其他区域合作规划，给西部地区加快经济发展带来了新的动力。以广西为例，其区位优势随着"中国—东盟自由贸易区"、作为国家发展战略的北部湾经济区建设和发展进一步突出。北部湾经济区处于西南经济圈、华南经济圈和东盟经济圈的活跃部位，是我国西南部大开发地区唯一的沿海发展区域，更是我国和东盟国家陆地相邻的区域及海上通道，有突出的地理地缘优势，经济发展步调加快。但是，为了达成广西经济的繁荣而牺牲生态环境的道路固然行不通，而应坚持发展经济的同时兼顾生态环境保护。整体上，西部地区地理位置特殊、湿地资源丰富，广西湿地保护不仅关系到湿地本身，还关系着广西的经济发展和社会民生，还有国家对广西南方生态屏障的国家生态安全战略实施。西部地区的湿地资源是西部地区生态环境必不可少的部分，因此要增强西部地区发展的协调性，创设西部区域生态文明，在西部区域建立节约能源资源和保护生态环境的发展模式、产业结构、增长方式和消费模式，实现西部地区经济内涵式发展。

第二节 西部地区湿地保护法律规制基本理念

西部地区湿地保护立法，需要秉持整体性、可持续发展的要求，以科学的、最新的理念作为依据，贯彻"绿水青山就是金山银山"两山论的生态理

---

① 项春晖. 当代中国环境立法价值取向研究［D］. 中国林业科技大学，2010：29.

念内蕴，统摄科学发展观和可持续发展理念、环境治理的多元化机制理念和区域性、地方性治理理念以体系化法律规制理念，并确立湿地保护在西部地区生态建设、生态安全和生态文明中的基础地位。

一、统摄"两山"论和可持续发展理念

可持续发展理念是世界各国国家和社会发展必须遵循的战略思想，也是环境、自然资源保护的基本理念，是社会的基本共识。但是，可持续发展理念在不同的国家、不同民族和不同地区，会有不同的侧重性理解。党的十七大以来，党和国家的一系列文件要求全党、全社会全面把握生态文明建设、科学发展观等的科学内涵和精神实质，增强贯彻落实生态文明、科学发展观的自觉性和坚定性，着力转变不适应、不符合绿色发展的思想观念，坚决处理好影响和制约经济和社会内涵式发展的重点问题。要求增强发展协调性，努力实现经济又好又快发展。要求着力建设生态文明，总体确立节约能源资源和保护生态环境的产业结构、增长方式、消费模式。强调生态文明建设的战略地位，鲜明地指出建立生态文明是有关于人民福祉、关乎民族未来的长远大计。面临资源约束愈紧、环境污染加重、生态系统退化的紧迫现状，一定要确立尊重自然、顺应自然、保护自然的生态文明理念，把创建生态文明放在首要地位，与经济建设、政治建设、文化建设、社会建设各方面和全过程相融合，大力建立美丽中国，以达到中华民族永续发展。贯彻节约资源和保护环境的基本国策，坚持节约优先、保护优先、自然恢复为主的方针，大力推动绿色发展、循环发展、低碳发展，实现节约资源和保护环境的空间格局、产业结构、生产方式、生活方式。

在西部湿地保护法律规制中，要充分体现习近平生态文明思想、习近平"两山"论思想、科学发展观和绿色发展理念。这些理念，是可持续发展理念的中国化解读，也是自然资源保护制度路径的指引。例如，"两山论"思想是具体明确的，对于湿地立法具有直接指导引领作用。习近平"两山"之间关系的理解经历了三个时期：第一个时期是把绿水青山换成金山银山。不掂量或者很少研究环境的承载能力，不断索取资源。第二个时期是不但要金山银山，也要保护绿水青山。在此阶段，经济发展和资源匮乏、环境恶化之间的矛盾开始显现出来，人们认识到环境是我们生存发展的基础，感受到要留得青山在，才能有柴烧。第三个时期是意识到绿水青山能够源源不断地带给我

们金山银山，绿水青山自身便是金山银山，我们栽的常青树即是摇钱树，生态优势转化成经济优势，造就了浑然一体、和谐统一的关系，这一时期是一种更高的境界。这有利于更科学解决湿地经济利用和生态系统保护两者之间的冲突与协调问题，建立更为科学合理的法律规制规范体系。

以广西为例，广西是最大的沿海、沿江、沿边省份和区域民族自治区，而沿海、沿江、沿边大多是湿地，沿海、沿江、沿边居民达 3000 多万，仅西江流域居民就达 2000 多万。少数民族也大多居住在沿海、沿江、沿边，居住在深山的少数民族也与湿地紧密相连。广西湿地保护不仅仅关系到区域经济、社会的可持续发展，还直接关系到广西民生。广西湿地资源丰富，是广西生态环境的重要部分，加强广西发展的协调性，主动开展广西生态文明的创建，应该注重建立和发展资源和能源节约、人与生态环境相协调的产业结构、经济增长方式、大众消费模式，着力在广西发展循环经济。有效控制污染物排放，明显改善生态环境质量，在确保广西湿地面积不再减少，实现湿地资源的"净零损失"基础上，尽可能恢复和扩大湿地面积，减少和防止湿地污染，保护湿地资源多样性，保护湿地生态环境，并运用"两山"论探索湿地资源实现经济发展可行的法治路径。

二、多元化调整机制综合运用的理念

在环境问题治理上，我国长期以政府行政规制为主，在调整机制上多以刚性的行政手段为主。在一般理解上，环境问题关联公共利益而对应政府的公共行政、行政规制运用来解决。作为公共利益代表的政府被认为是环境治理主体的最合理主体。但是，各种研究表明政府治理在实践中产生了缺位、越位、错位等诸多问题。由于有些问题并不是简单通过规范政府公共权力就可以实现的，因此要提高政府治理绩效，就要实现政府治理能力现代化转向。这涉及政府自身的内生性缺陷和带来的治理问题。生态文明观、青山绿水观是系统观和整体观，对生态环境治理模式提出了新要求。生态环境治理必须对整体性的、系统化的生态环境治理模式作出回应。过去，生态环境治理多以行政规制为主，而目前，多元化的环境治理机制成为社会共识，这是治理社会化的演进过程。

为此，需要梳理和运用多元化机制理念指导湿地保护法律规制。一方面，探索发展政府治理机制，优化湿地保护的监督管理体制，构建湿地保护政府责任体系，探索湿地生态保护的市场调节和政府干预的综合性利益调整机制，完善湿地保护执法问题，以破解西部地区技术相对落后、执法水平相对较低等瓶颈约束，提升执法成效。在此基础上，构建湿地保护和治理的社会合作和公共协商机制，将湿地保护问题治理社会化，以破解治理方法和路径单一、政府治理缺乏合力等问题。有效整合社会资源，使得企业、公众逐步参与进来，有效平衡行政机制、市场激励和社会公众参与，形成政府主导、社会有效参与的湿地保护问题治理多元格局，使得政府、企业、公众三者之间形成互动与补充。例如，在湿地保护的激励机制上，运用单纯的行政强制法律手段强制企业、组织和居民按照规定从事有关活动，可以在一定时期内产生相应的影响和效果。但是作为市场主体下的经济利益实体企业，没有实际利益的驱动，其对湿地保护的积极性是很难被调动起来的。为此，在不断改进行政强制法律措施的基础上，可以尽量减少采用行政机关单方意志性较强的行政调控措施，尽可能多采用一些灵活性较高的行政指导措施，行政指导法律措施重视表达相对人的意志，使行政关系双方地位更趋于平等，在相对平等的氛围中实现湿地保护的目标。在湿地保护的过程中，经济刺激法律的手段起到很大的激励作用，它使市场主体能够根据自身经济利益的大小，自主灵活地选择适合的湿地保护方式，从而实现多元利益有效协调。

三、协调化、体系化法律规制的理念

在湿地保护法律制度安排上，基于湿地保护的整体性要求，要坚持统筹安排各种利益关系，注意法律体系内部上下纵横统一协调。在法律内部与外部关系上，注重协调地方性立法规制和国家、地方政府湿地保护政策之间的关系；在地方性立法规制上，注重协调地方性法规和规章、其他规范性文件之间的关系；在具体制度内容上，要注重协调权力和职责、权利和义务、义务和法律责任分配之间的关系，保持权利义务分配的一致性。例如，湿地生态系统涉及多元的环境要素，按照目前的管理体制，不同的环境要素归属于不同的政府部门分别管理。《中华人民共和国湿地保护法》虽然明确了湿地管理体制，但是湿地保护涉及多个自然资源管理部门如水利部门、土地部门、渔业部门、农业部门、林业部门等各行政管理部门。另外，科技、旅游、建设、交通等多个行政部门也直接或者间接地涉及湿地资源的管理。这种"要素式"的管理，表面上看职责分明、责任相对明确，但是从制度运行效果来看，无法适应湿地保护的整体性要求，在制度实施过程中，出现了执法缺乏依据、责任追究困难、互相推诿、管理错位等问题。这种"要素式"的管理模式缺乏整体的规范依据，忽略了湿地的系统的统一性、湿地生态系统的脆弱性以及湿地的可持续发展等问题。为此，在西部地区湿地保护法律规制上，要注重规范政府和有关部门的权力，理顺职权内容和管理权限，着重确立部门之间的法律协调机制。

从法律规范的协同性来看，协调化、体系化法律规制的理念也表明，法律规制是一个整体性、体系化的过程，试图通过一部湿地保护立法文件，处理所有的湿地管理和保护中存在的问题是不现实且不切实际的。在立法规制中，应该注重相关性规范性文件，配置相应配套措施，如湿地保护和管理的施行细则、湿地调查方法、湿地确定的科学标准、湿地资源评估方法、整治收费办法、湿地保护补偿方法、湿地区域环境质量标准、湿地资源利用收费办法和湿地保护的纠纷处理办法等，这些配套措施是西部地区湿地保护法律规制的重要内容，也是制度效能能否充分释放的关键所在。

四、区域化、地方化特殊保护的理念

处于资源优势不同的各地在经济和社会发展方面形成了不均衡的现状，其所制约的社会各方面也表现出了较大的非同构性，在国家法律普遍适用的状况下，地方立法规制多元化开始变成特定需求。地方立法是根据一般法律原则或上位法确定的制度框架，由地方有权立法部门进行制度设计的创新，以适应各地发展非均衡性和非同构性的制度需求。

发挥西部地区的湿地保护地方立法特点，是在西部区域的湿地保护立法中有针对性地推进当地发展中碰到的现实问题。立法的针对性，即地方法规中制度创新、制度效率的根本，重申地方立法对解决地方实践问题的清晰方向，精确掌握地方立法所要调整的"矛盾的焦点"，探索湿地保护法律制度设计的改进，这种改进并不是形式上单一地面向法律制度设计的领先性和领异标新，而是根据制度运行效率要求，重在寻求解决本地的具体问题的最优化的法律制度。

第三节　西部地区湿地保护法律规制基本原则

在西部地区湿地保护法律规制中，理当全面考虑湿地生态系统的特征，联系环境保护和资源保护的特点，明确湿地保护的特殊原则。《中华人民共和国湿地保护法》第三条规定，湿地保护应当坚持保护优先、严格管理、系统治理、科学修复、合理利用的原则。该条确立了湿地保护基本原则。其追求的目标和价值是"发挥湿地涵养水源、调节气候、改善环境、维护生物多样性等多种生态功能"。但是这些原则相对抽象，结合西部地区的实际情况，我们认为，西部地区湿地法律规制中应确立的基本原则在国家立法基础上可以细化为保护优先、科学开发、合理利用原则，风险预防原则，多元利益整体协调原则，生态补偿原则和社会参与原则以及湿地管制许可原则，这些基本原则是构建湿地保护法律制度的基础和依据。

一、保护优先、科学开发、合理利用原则

在西部地区的地方立法中，需要正确对待和处理湿地保护和湿地开发利用的张力，坚持保护优先、科学开发、合理使用。一般情形下，湿地保护过程中，法律应该确保抢救性保护与合理开发利用示范相结合，将生态文明建设和当地经济发展相结合，促进整体利益和局部利益、长远利益和当前利益的协调统一，将湿地经济、社会、生态利益相结合，以保证湿地永久可持续利用。湿地是一个多资源、多因素相互作用、彼此影响、相互制衡的有机整体，湿地要素和湿地系统都有其特有的生态功能，保护湿地一定要体现对其整体保护。要以整体结构和功能为出发点，追求最佳发展状态，达到湿地的最佳保护效果。将"保护优先"视为西部湿地保护首要基本原则，表明在西部地区湿地立法规制和执法活动中，需要重视湿地资源保持生态平衡的重大生态价值，以此为基础，才能够厘清西部地区地方经济增长与湿地资源保护之间的关系，并作出合理的制度安排。保护优先，还意味着在一般情况下，当湿地保护和湿地开发利用发生冲突之时，要对湿地进行保护而非开发利用，在湿地遭受破坏或毁损的情况下，在法律责任设计和追究上，要以湿地修复为主，能修复恢复的，尽量进行修复恢复，不能以金钱赔偿代替湿地修复。

合理利用是指应该充分了解自然生态环境的发展规律，做到布局合理，促进湿地资源的利用和再生，为社会可持续发展预留空间。《湿地公约》的核心价值理念是合理使用，即在人类开发利用和生态环境保护中寻求一个可持续的使用办法。有限的自然资源是社会可持续发展的物质基础。固然湿地保护以体现生态价值为主，但实际上其具有巨大的综合效益，利用湿地不仅指

利用其物质价值，还包括其精神文化价值。不仅指利用其作为土地要素的价值，还应包括其生态价值、经济价值、旅游价值、人的精神承载价值等。开发利用特定的湿地资源，必须全面规划，合理布局，为资源再生和经济的持续发展最大可能的预留空间。所以，在西部地区的湿地保护法律规制上，应全面探究湿地的多元价值，建立科学合理的评价体系，使人类对湿地资源的利用保持在合理的限度内，以协调、平衡各种价值的矛盾和冲突。

湿地面积的骤减很大部分是湿地不合理开发利用所致。以广西滨海湿地为例。近年来，广西经济发展势头迅猛，沿海建设用地不断增加，因建设项目而明显滥用湿地状况明显，对许多湿地的利用缺乏科学依据，布局不合理，给海洋环境与滨海湿地资源带来了负面影响，导致滨海湿地的面积急剧减少。湖泊湿地也概莫能外，大量河流、湖泊、湿地不断消失在城市的扩建与改造中。因此，湿地面积的填补和增量是湿地保护的重要内容，全区湿地恢复和扩大客观上需要激励机制，规制上应采用鼓励性的政策，采取灵活的划分方式，充分考虑各地方不同的自然和生态特征，选择合理的和行之有效的恢复方法。新一轮经济发展和西部大开发对土地增量的诉求剧增，湿地被侵害的风险增加，应当正确认识和处理湿地保护和湿地开发利用之间的冲突和协调。

二、风险预防原则

风险预防原则是指在生态环境保护工作中采取各类措施，防止湿地保护进程中出现环境污染问题的恶化，使环境污染和破坏限度保持在能够维持生态平衡、对已形成的环境污染和破坏全面治理，保障社会可持续发展。风险预防原则是环境保护与自然资源保护法治的基本原则，必然成为湿地保护法律规制的指导性原则。在湿地保护中，要将污染和破坏湿地系统带来的环境风险预防纳入考虑范围，通过法律规制规范社会主体行为保障湿地资源的科学合理性使用。

预防和治理具有统一性，预防之中包含了应有的环境治理。在生态环境法治中，首要要做的是预防，要提防任何的环境污染和生态破坏。不但需要体现对尚未发生的环境损害的规避，还需要在当前正在发生的环境问题治理中体现预防理念和方法。环境治理之中，需要融合预防理念、采取预防措施。

湿地资源环境是一种包含水体、植物、动物、微生物等多种生命体在内的特殊的复杂多元的生命系统。风险预防原则具体体现在湿地保护中，要坚持预防和防治相结合，做到综合治理，实现对湿地环境污染全方位、系统的、全过程的防治。例如明确湿地可利用的方式和禁止使用的方式，保障湿地资源得到合理利用、永续利用。

三、多元利益整体协调原则

利益整体协调原则指的是在湿地保护过程中，要实现环境、社会、经济三位一体健康发展，注重经济利益、环境利益和社会利益统筹兼顾，注重公共利益和私人利益的协调，达成社会主体多元利益的协调平衡。

多元利益协调来自环境和环境要素之上利益诉求的多元化。湿地保护是一个多资源、多因素相互作用、彼此影响、相互制衡的有机整体，涉及经济利益、环境利益、社会利益的多个层面。在湿地保护法律规制上，应从湿地资源整体的结构及功能出发，从整体上寻求最佳的利益分配机制，而不是片面考虑某一社会主体的利益诉求，更不能不合理地以某一部分社会主体利益的牺牲为代价换取其他部分的发展。利益整体协调原则要求必须正确理解和处理环境保护和经济、社会发展的关系。发展是社会的主题和方向，但是环境保护同样是其中不可回避的问题。没有环境保护的发展，不是真正意义的发展。以环境破坏为代价的发展是形式意义上的发展，是社会退化的现象。因此，保证湿地的完整性和系统性，在当前湿地退化不可避免的情况下采用行之有效措施，最大限度地保留和扩充湿地面积，发挥其环境效能，是社会发展的内在要求。

整体协调原则有利于我们重新审视和构建更为合理的法律机制。例如在管理体制上，长期以来我国多是将湿地资源按要素进行管理，多个行政管理部门都有一定的管理权限。这种"要素式"管理模式具有历史合理性，它集中利用了行政机关的专业性管理，发挥了各个部门的优势和专业化的湿地管理功能。但这种"要素式"管理模式没有考虑到湿地系统的整体性，已在社会实践中暴露出越来越多的弊端。在《在中华人民共和国湿地保护法》立法过程中，立法机关充分考虑了相关问题，将之前很多归为其他部门的管理权限，通过立法明确赋权给林业管理部门，在一定程度上解决了湿地保护管理体制要素分割的弊端。但是，基于我国体制惯性，同级部门之间的沟通和协调具有一定难度，需要建立有效运行的协调机制。例如在地方经济和社会发展过程中，产业发展不可能不影响区域内的湿地保护问题，需要运用多元利益方法，例如采用产业准入、产业优化、产业升级方式，尽量避免对重要湿地系统的负面需求影响地方经济和湿地保护之间的利益均衡点。

四、受益者补偿原则

受益者补偿原则是指社会主体通过湿地环境和环境要素获取利益，导致湿地污染或者破坏，造成生态损耗，必须承担相应的法律责任，并给予受损的社会主体适当赔偿或补偿。

传统理论认为，在湿地保护中应该贯彻"谁污染谁负责原则"。谁污染谁负责原则就是污染者付费原则，排污者应当担负环境污染造成的耗费和治理环境污染的花费，不可以把环境污染的代价转移给国家和社会。谁污染谁负责原则是立法中环境公平精神的体现，对于减少自然资源滥用，实现社会公平和环境的保护有重要意义。但是，污染者付费是不全面的，通过污染者付费来控制污染行为，这种做法是有缺陷的。从经营角度而言，企业完全可以将排污费列入生产成本之中并通过销售将之转嫁给消费者承担。环境侵权发生后，也可能会对国家造成不可估量的经济和社会损失，这部分损失最终由政府和社会买单。合法企业排污行为是社会合理性要求，具有道德不可谴责性和社会正当性。国家、社会组织和个体，都是在与企业互动性交易中获得相应利益。换言之，各方社会主体都是企业排污行为的潜在驱动者。在某种意义上，企业生产一定的污染和生态破坏是社会发展的代价。因此从公平角度而言，谁从环境损害中获得利益，谁就有责任和义务填补环境损害，污染者负担的环境公平原则转化为受益者负担原则。

从补偿角度而言，应该采纳受益者补偿原则和利益平衡原则的二元责任结构。针对湿地资源开发、利用的实践中，依据对湿地资源的开发、利用强度，综合考虑开发利用对湿地造成环境污染和生态破坏的性质、损害程度、开发规模和社会影响，来确定开发利用社会主体的法律义务。另外，还要按照生态环境系统遭受破坏程度，经过科学评估确定责任主体的修复义务。要综合考虑社会多元主体从湿地资源中获取利益的类型和方式，以及承担法律责任的实际能力，公平合理地确定法律利益和责任的配置，做到责任和利益相对应，对于因湿地保护作出牺牲或者承担责任的，要进行合理补偿。

五、湿地管制许可原则

湿地管制许可原则要求湿地的开发和利用必须经过严格的审批或者批准，

并且按照特定的法定程序进行。

　　湿地是特殊的自然资源，在价值选择上，基于对湿地资源重大生态功能和价值的科学认知，人类社会当前对于湿地倾向于留存而不是开发、保护而不是利用，整体上限制在湿地上开展各种社会行为，包含湿地土地开发利用行为、利用湿地进行排污行为、湿地生物资源开发利用行为等，这些行为与湿地留存和保护价值选择有一定冲突。当然，湿地的留存和保存价值选择，并不全然排斥湿地和湿地资源在一定程度上的开发和利用。其平衡的方法，就是在行为之上设置必要的筛选机制，如果行为与湿地保护诉求严重冲突，行为可能会被禁止；如果开发利用行为与湿地保护存在共融之处，可以通过许可规制方法，审查其行为内容、要素、方式、损害程度等，针对行为作出充分判断，视其情况决定是否准许。

　　长期以来，在我国土地管理立法中，是把湿地作为一般的土地同等管理，而不是将之视为特殊土地形态。我国在土地管理上制定了较为严格的土地用途管制制度，并随之建立了土地登记制度、土地用途审批制度、基本农田保护制度等一系列土地保护制度。但是，这些用途管制制度是针对农用地和非农用地设立的。在土地类型划分上，并没有将湿地列为农用地进行保护，土地管理视角的湿地保护制度没有得到确立，导致在社会发展中，利用湿地、改变湿地用途进行城镇开发的现象大量发生。确立湿地开发利用许可管制，规定开发利用湿地制度，可以对之进行有效规制。《中华人民共和国湿地保护法》通过规定湿地规划制度、严格禁止占用湿地制度等，从根本上解决了这一问题。但是，湿地作为土地资源特殊形态，如何将湿地保护规制与现有土地资源保护制度一致，形成从源头上控制住湿地过度开发利用的合力，还需要进一步探究。

六、社会参与原则

　　社会参与原则指囿于行政机关作用的局限性，积极发挥社会公众在湿地保护方面作用，让社会公众广泛参与湿地保护决策、养护、利用等各领域，并对管理机构、组织和个人与湿地保护有关的行为进行监督。

　　社会参与是环境保护的重要途径。广泛的社会参与，可以对管理部门的公共行为进行有效监督，增强公共决策的科学性，可以弥补政府环境保护过程中的资金、资源和方法等各方面的不足，提升环境保护规制的有效性。湿地保护是生态环境保护的重要场域，需要贯彻社会参与原则。湿地作为特殊的环境要素，对社会参与有更为强烈的诉求。例如湿地资源禁止性和限制性的规范更多，需要对社会主体进行更为有效的社会监督；湿地具有很高的生态价值，在项目决策中，涉及湿地开发利用需要更为科学的技术理性和更谨慎的政府公共决策。在社会参与方面，西部地区社会民众存在湿地保护知识缺乏、参与意识不够、参与渠道不畅通、参与方式单一等种种问题，需要通过相关立法将社会主体的湿地保护参与权利具体化、制度化和操作化。

第四节　西部地区湿地保护法律规制的路径选择

湿地保护法律规制要解决的根本问题，是如何协调和平衡经济利益和生态利益，遏制开发利用过程中对环境系统破坏的不利因素，最大可能实现湿地整体价值，实现社会和经济的可持续发展。因此，要坚持以风险预防为根本，生态优先为主导，禁止和限制社会主体湿地开发利用行为是基础，最终实现环境和环境资源利用过程中的公平问题。在"权利"语境的时代背景下，建议以利用与保护平衡作为法律治理的切入点，构建二元协调的规制路径和方法。

一、湿地权利确认和保护作为规制路径基本考量

湿地保护涉及的问题是如何控制湿地利用过程中产生的外部性问题，如何平衡同一物之上的经济诉求和生态诉求问题，实际上是要尊重权利人的自然资源物权。我国物权制度已经从物权的取得和所有权限制的角度对环境利益的诉求也进行了回应，将其纳入制度设计之中，对物权的取得和利用构成必要的限制和平衡。这种限制和平衡体现在①：一是对所有权的保护和限制。确定了物权的所有权的不同形态，并针对不同所有权设定必要的限制措施。二是对于用益物权的保护和限制。如对于自然资源物权的取得和开发生态保护义务限制。但是，在我国目前的自然资源体系下，湿地是一种法律确认的自然资源形态。对于这种新的自然资源形态，根据我国目前相关的法律法规

---

① 黄中显. 环境法视野下的物权法社会化进程 [J]. 学术论坛, 2015 (6): 111-115.

规定，湿地产权的基本情况是：湿地景观范围的土地（林地、草地、滩涂、荒地等）除法律另有明确规定属于集体所有的以外，均属于国家所有；湿地景观范围的水资源均属于国家所有，农村集体经济组织对其修建和管理的水塘、水库中的水，只享有使用权；湿地景观范围的野生动物资源属于国家所有。我国对湿地保护和管理的法律调整采取两种方式：在资源保护和生态破坏预防方面，承认湿地是一种自然资源类型，并且对湿地的保护和管理尝试着综合管理的突破；而在开发利用方面，湿地的管理被纳入土地管理体制，作为土地利用的一种形式予以调整，湿地的生态整体性保护被忽视。这两种调整方式导致了目前我国湿地的开发利用与保护管理的不协调和对立性。① 由此可见，目前的法律规范文件体系中，并无湿地产权的整体性归属认定。湿地生态系统被拆分为土地、水和其他动植物自然资源形态进行确权，或者说湿地的产权并无独立的形态。从利益诉求来说，整体性的湿地利益诉求，被拆分为多种利益的诉求，与湿地生态系统的整体性保护诉求不吻合。为此，专门对湿地进行物权确认是非常有必要的。至少，在目前的体制下要严格区分国家和集体的不同产权，确认湿地产权的基本归属。有的学者从私权角度出发，建议应该创建湿地保护的地役权制度。由于现存的湿地资源保护法律制度是自上而下的义务本位型规范模式，该规范模式的内容主要包括湿地权利人的禁止性义务以及国家主导的湿地生态补偿制度等。这种通过向湿地权利人增加强制义务来实现湿地资源保护的路径片面地强调了公共利益的优先性，未能实现公共利益与私人利益的平衡。在实际的湿地保护过程中，这种模式存在诸如违背了公平原则、制性义务不能激发湿地资源权利人的保护主动性、政府主导型保护机制导致湿地资源保护资金紧缺和资金来源途径单一等种种困境。② 设立地役权问题，在现有自然资源国家所有制度逻辑上，其可行性有待考证。

从冲突论角度看，湿地保护法律规制的基本思想和方法，需要根据各种合理性的利益诉求，设定湿地资源的权益、环境责任和义务。但是不同的是，湿地利用不同于传统的自然资源利用，湿地形态和类型的确定，需要政府的

① 杜群，车东晟. 论我国湿地产权法律制度的构建与完善 [J]. 南京工业大学学报（社会科学版），2017，16（3）：42-43.

② 唐孝辉. 湿地资源保护的物权法进路 [J]. 理论月刊，2015（6）：94-95.

干预或者设定。换言之，政府有构造湿地利用形态的责任，在此基础上，环境保护需要设定社会性义务和责任。一般而言，湿地资源自然存在形态包含的经济利益是固有的，要在尊重这种利益诉求的基础上，对开发利用进行限制。这种固有经济利益确定的过程，也可以认为是湿地权属确认进程；而在湿地资源利用上，湿地资源要素的经济利益不是固有的，需要政府的干预和划定。这使得湿地保护法律规制具有二元性：一是通过权利确权，确认其经济利益内容，并通过湿地利用形态进行确认；二是对湿地利用进行规制，以实现其中的生态利益。

二、湿地公共利益作为法律规制切入点

在环境保护理论依据上，公共信托主张环境、自然资源属于公共财产。其代表美国萨克斯教授认为，环境属于全民所有，人应当拥有环境权利而且这一权利理当是实际的和可执行的。以此而言，空气、水等环境资源不可以再被认为"自由财产"而作为所有权的客体，而应该是全体国民的"共享资源"和"共有财产"，任何人不可肆意占有、使用、收益和处分。基于对环境资源的合理利用和保护，需要将其委托给国家实行管理。即使在此基础上创设自然资源的国家所有权，也是一种信托式让与的相对所有权。国家自然资源所有权功能在不断变化。目前，国家所有权不能简单被理解为一种经济性支配权利，还包含需要实现的环境公共利益。例如，国家通过对一些非经济性坏境要素进行国有权创设，利用所有权权能规制实现环境要素的公共性诉求问题。

通过国家所有权权能规制，是避免公共地悲剧有效路径之一。哈丁针对解决公共地悲剧问题，提到两种约束获取和使用牧场的进路：一条进路是私有化，把自由取得的牧场变成私人（但未必是个人）所有权。第二条进路是管制，具体有外部管制（政府管制）和内部管制（使用者的自我管制）。在这种机制下，通过给所有的放牧者确立（或者自我确立）某些限制，过度放牧的经济利益激励就会减少或者消除。在我国自然资源国家所有的制度背景下，哈丁提出的避免公共地悲剧的第二种路径似乎较为合理。因此，湿地保护法律规制基本切入点是湿地作为公有产权基础上，根据在不同的情形下，针对不同湿地环境要素价值和功能，采用设定禁止和限制公共性义务的公共规制方法，来达到湿地有效保护和合理开发利用。

三、湿地保护法律规制"二元结构"路径选择

（一）湿地保护法律规制以区分湿地资源类型为前提和基础

整体上，环境和环境要素都承载了人类社会经济、生态和社会价值的需要，但是每一种具体的资源形态，其经济价值、生态价值和价值的利益诉求结构不同：有的环境要素以经济利用为主，有的以生态利用为主，而有的以社会价值利用为主。每一种环境要素的自然形态和特征不同，从法律规制科学化角度，欲对湿地进行有效规制，要建立在对其自然形态、特征和性质的科学认知基础上。具体而言，要注重湿地以下几种基本划分方式：

（1）区分湿地环境功能和湿地环境要素。湿地环境要素和湿地环境功能不同，湿地环境要素体现为各种个体的、相对独立、形态可见和可相对分割的物理存在，在物权意义上，其边界界定、总量计算、形体特征相对较为容易。而湿地环境功能，是湿地环境要素通过一定关联性形成特定结构体现出来某种能力，例如湿地环境承载力、湿地环境自净能力等，其边界界定、总量、形态等相对而言难以把握。从效用角度看，人类利用湿地环境功能的主要目的是利用湿地环境系统自净能力；而人类利用环境要素的主要目的是将其作为生产要素加以利用，利用形态是消耗和消灭。

（2）区分湿地环境要素和湿地自然资源。湿地环境要素是比自然资源外延更为广泛的概念。他们在逻辑上是包容关系，即湿地环境要素包含了自然资源。湿地环境要素能否作为自然资源，进入人类社会生产系统，取决于自然科学技术、湿地环境要素自身可利用的价值、社会制度乃至文化和社会价值观，其中最重要的是技术和经济价值。其中，湿地环境要素主要是利用其作为环境构成所呈现出来的生态功能，而湿地自然资源主要是实现人类社会对经济价值的利用。这决定了在其上设定的权利和义务是不同的。即使一种湿地环境要素被列为自然资源，也并不当然意味着人类社会对其利用绝对是经济性的利用，而只是表明在技术上具有经济利用的可控性。因为湿地自然资源本身为湿地环境要素，其上具有经济利益和生态利益的需要。一种自然资源是否要进行经济开发和利用，还取决于社会对其生态利益和经济利益进行比较后的选择和决策。湿地是自然资源的重要形态，但客观来讲，只要是湿地，一定要开发利用。所以还需要对自然资源进行进一步的划分，其中最

有意义的、也是最重要的划分，是将自然资源划分为公共性自然资源和经营性自然资源。公共性自然资源重在实现环境公共利益，经营性自然资源重在实现经济利益。

（3）区分生存性湿地环境要素和发展性湿地环境要素。人是自然的组成部分，自然相对于人类，本身无明确的边界，因为人本身就在自然之中。这决定了人对自然具有依赖性。人作为生存性动物，利用湿地环境和湿地环境要素是一种自然的存在。人对自然的利用，首先是生存性利用，然后才是发展性利用。因此，需要区分哪些是人的生存性利用现象，哪些是发展性利用因素。这个区分的重要意义在于物权规制主要针对人的发展性利用的湿地环境要素，而不是生存性湿地环境要素。生存性资源社会分配的整体原则将是资源平均分配原则。对于非生活资源的分配，调节方式更倾向于有偿分配。对于并非稀缺到不平均分配就无法使所有的人生存下去的生活必需资源，以及那些非生活必需资源，要依靠市场调节方式行分配，这些资源代内分配主要采取有偿分配。①

（二）湿地利用的自由取得和行政许可并用

湿地利用与传统物权在人的利益实现上，最大的区别在于湿地利用行使，涉及人的生存问题（尤其是湿地周边居民），与人作为自然意义上的个体生命存在密切相关性。人的生命存在和维持，无不与环境和环境要素的利用有关。坏境权是一项基本人权，核心是生存权。② 从这个意义上，湿地利用与环境权中的基本权利等同。正是在这个意义上，环境权被视为基本人权，是自然法意义上不可剥夺的基本权利。于此而言，在此情形下，社会个体对湿地环境和湿地环境要素的利用，被视为理所当然，具有合法性。如果是生存性环境要素，那么自然人有自由获取和利用的权利；如果是发展性环境要素，则需要经过法律授权。当然这并非意味着只要是生存性环境要素，自然人就有无限获取的自由。例如水对自然人的生存具有重要价值，任何人都可以自由

---

① 厉以宁教授在文中是将资源分为生活需的资源与非生活必需的资源两类，类似于本书所做的生存性环境要素和发展性环境要素分类形式。参见厉以宁. 经济学的伦理问题 [M]. 上海：上海三联书店，1995：205-209.

② 吕忠梅. 沟通与协调之途——论公民环境权的民法保护 [M]. 北京：中国人民大学出版社，2005：37.

获取基本的用水。但是，自由获取并不意味着某个个体可以独占水资源。

对于非生存性地利用环境或者环境要素，超越了个体生存意义的，应该受到某种规制。这种规制形式，目前法律上主要采取行政许可方式。为了对社会主体的行为进行有效控制，从事某种行为或者活动之前，设定一定的条件对活动进行准入控制是规制常用方法，通常采用行政许可形式。①

许可在社会管理中具有重要的功能。这种控制手段被用于维持最低程度的质量标准，它们是在规制活动发生以前颁发的，其目的明显是为了规避发生与社会利益不符的行为；通过评价全部进行该活动的人行为的潜在质量，来判断其有没有达到要求的标准。可是，这种方法的运用鉴于公益原因，其获取的收益必得足够大，可以证明支出的大量成本是值得的。行为结果可能是灾难性的，也可能在形成执行标准的两种情形中带来巨大的收益。② 环境和环境要素的利用具有极大的外部性，其许可利用具有很强的公益性。环境要素的使用者从环境要素上获得的利益或非金钱效用，可能给环境系统、其他环境要素利用人或者社会带来负效用。

具体而言，在湿地保护法律规制上采用许可形式具有两个重要的制度功能：一是便于有效控制环境风险。控制环境风险是环境行政许可最主要、最基本的功能。生态环境只要被污染或破坏，通常需要付出高昂的代价才可以复原，甚至不能弥补和复原。这一客观事实，要求处理环境问题的方式以事前预防为主，这是许可证制度在环境法上获得普遍运用的根本原因。立法机关能够使用设定环境行政许可项目，将一些环境危险性行为归入许可证管理的领域，因而防止了这种行为的任意性；行政机关还能够利用实施环境行政许可，让相对人在环境法上的权利、义务和责任具体化，进而使环境风险处于可控限度内。二是配置环境资源。行政许可便于国家从有意向的资源使用者中选择较佳的使用者，并确定环境和环境资源的分配形式。对于作为环境要素的自然资源分配，一般采用有偿分配方式；对于作为环境功能的环境容量，往往以无偿分配为主，同时从总量指标中抽取一些指标，采取拍卖等有偿方式实行分配。

---

① 关于行政许可，我国《行政许可法》第二条规定，"本法所称行政许可，是指行政机关根据公民、法人或者其他组织的申请，经依法审查，准予其从事特定活动的行为"。

② ［英］奥格斯. 规制：法律形式与经济学理论 ［M］. 骆梅英译. 北京：中国人民大学出版社，2008：218.

（三）规制工具的刚性与柔性规制并重

国家对于湿地保护法律规制的正当性，并不等同于规制的有效性。以公法规制为例，国家公共权力规制具有内在的局限性，即公共权力的有限理性和公共权力异化。另外，国家采用何种形式和方法进行规制，效果也不同。例如，我国的自然资源单行立法，基本都是在改革开放初期计划经济体制的背景下制定的，带有计划经济特征，以刚性干预为主，即采用禁止性、规范性、计划性的义务设定为主，忽视了柔性的、非刚性的方式，忽视了市场机制在自然资源利用上的应用。在湿地保护中，要注重市场机制与政府干预相互配合，坚持市场在资源配置方面的基础作用，明确政府角色定位，重视政府其克服市场失灵的功能，注重规制工具选用的逻辑和效用。

湿地利用公共规制还需要注重国家和社会之间的合作。社会合作可以有效改善市场失灵和政府失灵问题。这是纯粹的政府单一主体治理到社会多中心治理的转变。社会的治理是一种多中心治理、网络结构治理的模式。这一模式不仅经过国家与市民社会的配合来破除社会中心论，而且排除国家中心论，成为一个拥有多中心的网络体系。① 无论是在公共物品提供还是在社会事务治理上，都要改变其原有的单向度、"唱独角戏"、强制性的运行模式，而代之以多维度、合作共赢、软性的和社会高度协同的模式。法律规制本质上是一种公共产品的提供过程。在公共物品的供给机制上，要区分公共物品的提供和生产，采用不同的供给机制。②

湿地保护法律规制要求改变过去过于刚性、单一的政府治理工具和机制，而提倡根据不同事物类型、考虑社会民众多元诉求以及社会公共利益需要来选择公共治理工具。公共利益是政府存在的合法性基础，也是公共权力运行的逻辑起点和终点。因此，要从公共利益出发，综合考虑效率和公平标准来选择和评估不同的治理工具；同时，由于公共问题的复杂性，使得单一的政府规制工具并不足以完全解决某一公共问题，还应考虑综合选择不同的治理

---

① 郁建兴，吕明再. 治理：国家与市民社会关系理论的再出发 [J]. 求是学刊，2003（3）：34-39.

② 孙柏瑛. 当代政府治理变革中的制度设计与选择 [J]. 中国行政管理，2002（2）：19-22.

工具。①

（四）宏观规制和微观义务设定并行

在湿地保护法律规制，是权利配置和义务设定的过程。从公法规制角度出发，基于环境系统的整体性和环境要素的具体化，在义务设定上应注重整体性义务和个体性义务方法的运用。整体性义务配置用于解决湿地保护利用基本和整体考量问题，而个体性义务设定解决针对不同环境要素利用而设定的具体作为和不作为义务问题。

（1）湿地保护义务宏观设定。环境的整体性和关联性，前者决定了需要从整体上考虑湿地权利设定和利用的效果；后者决定了需要充分评估湿地利用对其他环境要素的影响程度。宏观层面的整体性设定体现在保护规划、生态红线控制、总量控制、特殊资源专门保护、生态功能区划分等方面。以总量控制方法为例②，不管是在功能性还是要素性湿地利用，总量控制是前提

---

① 张成福．论政府治理工具及其选择 [J]．公共行政（人大复印报刊资料），2003（4）．文中指出，依据政府使用权威的程度，政府介入提供公共产品和公共服务的程度，政府介入社会事务管理的程度，可以把政府治理工具和机制划分为如下主要类型：一、以市场为核心的治理工具和机制，就是政府利用市场机制的运作，来解决公共问题，实现政策目标。凡公共事务能够以公开、公平、自由竞争的方式，达成较大效益者，便适合市场的机制。市场机制治理工具的基本指导思想是利用市场机制达到资源的最佳配置，向公民提供更好的服务。二、财政性工具与诱因机制，就是通过改变产品和服务相对价格的补贴以及课税，提供诱因，促使政策的目标群体能够改变其行为，以符合政府治理的目标和要求。诱因性工具的核心是利用人们趋利的特性，达成政府治理的目的。三、管制性工具与权威机制，就是政府利用公共权力和权威，利用法律和法规来规范社会组织和公民的行为。管制性工具的主要目的在于维护社会秩序和公共利益，维护交易公平。四、政府直接生产或者提供公共产品与非市场机制，就是为解决公共问题，满足社会公众的需要，直接运用政府的公共权力，为社会提供公共产品和公共服务。

② 总量控制方法作为一种整体性控制方法，是为了克服浓度控制方法的局限性发展起来的。浓度控制，是指以控制污染源排放口排出污染物的浓度为核心的环境管理方法体系。其核心内容为国家环境污染物浓度排放标准。长期以来，浓度控制方法一直是我国主流和主要的环境污染控制方法。以大气污染浓度控制方法为例。它是根据大气使用功能要求及自净能力，对污染源排放的污染物总量实行控制的管理方法，基本出发点是保证大气使用功能的空气质量限制要求。为实施大气污染防治的总量控制，首先应通过制订区域性的空气质量规划，拟订排入大气各主要污染源及各企业的污染物允许排污总量，还应与各企业的污染物排放总量控制规划提出的排污总量相互协调统一。污染物总量控制可使大气环境质量目标转变为流失总量控制指标。它是环保部门发放排放许可证的根据。

和依据。对于功能性湿地利用，其总量控制体现在对环境容量总量分配和交易控制；对于要素性湿地利用，其总量控制体现在自然资源开发利用过程中，对资源总量占有、开发和利用的控制。这也是控制自然系统平衡，避免其超出控制限值而导致系统崩溃的基本要求。

（2）湿地保护义务微观设定。湿地保护义务的微观设定旨在解决具体义务的设定。其基本方法是要在湿地开发利用过程中进行全程控制，即设定湿地利用动态保护义务。从环境法治发展看，环境法作为"生存法"，其权利本位思想越来越得到认同。但是，环境义务的设定仍然是环境权利保护的传统方法和重要方法。湿地利用的过程，是以环境功能和环境要素为载体的，尤是以物理形态的消耗、损害或者消灭为形态，对生态环境质量影响很大：一方面是对环境系统的损害；另一方面，各种生产要素投入也会产生噪音、粉尘、浓烟等环境污染。因此，需要在湿地利用的获取、开发和利用过程中，注重其动态性、全程性环境义务设定。从湿地资源物权获得开始，就应该设定附随性的法律义务，作为物权人获得某种物权的前提条件。

设定动态性义务，应该考虑到不同环境要素的主要功能和性质。针对湿地、沼泽、国家公园等生态价值突出的环境要素，应该主要设定禁止性和限制性的义务，以及设立规制责任；对于生态性价值较大，但是也具有一定经济功能的环境要素或者环境系统，除了设定禁止性和限制性义务之外，还应该对经济功能价值的开发利用类型、形式和方法等进行限制性规定，防止不利于生态系统保护的经济利用模式。对于经济性利用价值较大的环境要素，即可以作为自然资源进行经济开发和利用的，主要是设定在开发和利用过程中构成外部性问题的行为义务，即将经济开发和利用控制在环境无害的要求之内。

第五章　西部地区湿地保护管理体制优化

第一节　我国湿地保护立法建构中的管理体制问题

管理体制问题是湿地保护管理体制立法建构中的重要制度性问题，而管理体制之争恰恰是阻碍我国的湿地保护立法发展进程的瓶颈之一，也是导致湿地保护管理工作存在种种问题的根源。

一、湿地保护管理体制：基于规范的考察

（一）湿地保护管理体制的一般结构

体制，是指人类组织机构各部分的构成方法和方式；机制则是指人类组织机构、机构内部各部分进行活动的方式方法，机构内部各部分之间的相互关系，以及机构组织与外部单位的作用方式；体制和机制合称为制度。体制是确定一个组织机构基本骨架的关键要素，机制则是在一定体制下决定该体制工作流程的基本要素，从两者的相互关系来看，体制的构建必然伴随着机制的形成，机制的形成必须要建立在体制构建的基础之上，简言之，一定的体制决定一定的机制，机制的性质反映体制的性质，在一定程度上可以说，机制依附于体制。因此，在研究体制时，不能回避对机制的研究，甚至可以说，体制研究在很多情况下等同于制度研究。湿地管理是一项重要的、有组织的人类活动，与其他有组织的人类活动一样，湿地管理活动的实施必然会形成一定的体制、机制以及制度。我国湿地管理体制的形成，反映了我国湿地管理工作的发展历史、所处环境以及指导原则。

湿地保护管理体制是在一定的社会制度下，国家、地方、部门、企业及其内部各层次所形成的湿地保护的管理体系、管理机制、管理方法和管理制

度的总称。它涉及的范围很广，包括湿地保护和管理的组织形式、机构设置、权限划分、制度设定、决策方式、利益分配等问题。其中，湿地保护管理机制、管理机构和管理制度是构成湿地保护管理体制的基本要素，包括相互联系的两个基本方面：一是湿地保护管理机构的设置及其管理权限的划分；二是确定管理的形式，这两方面内容有密切关系。一般情况下，学术界对组织体制的理论研究通常划分为纵向研究和横向研究两个方面。在以层级结构构件的组织机构中，该组织机构会呈现不同的层级分布其下属的各个单位，体制的纵向研究就是指对这类层级分布的组织机构及其下属的各个单位关系的研究；多数情况下，人类活动是由多个层级相同组织机构共同完成，而体制的横向研究就是研究这些组织机构之间的关系。然而，在组织体制的实务研究中，纵向研究和横向研究不可分割，因为几乎所有人类组织机构都可以在其内部划分出多个下属单位，而对这些下属各单位本身的研究就是横向研究；同时，某个由多个下级单位组成的组织机构与其他层级相近或相同的组织机构的关系，也是体制研究的一个方面，而这也是体制的横向研究。因此，在大多数情况下，体制的纵向研究和横向研究是分不开的，也正是如此，体制研究就呈现出一定的复杂性。

从各国立法的情况和文本规范看，每个国家关于管理体制的立法不尽相同，不同国家的管理体制立法，受政治、社会、文化等各种因素影响，不同湿地保护的目标，也会导致不同的湿地保护管理体制。从总体上，湿地保护管理体制可以划分为专门部门管理、多个部门协同管理两大类型。前者主要是国家成立专门的湿地保护管理部门对湿地进行统一管理，后者主要是湿地保护管理部门具有多个。后者根据多个管理部门分工不同，又可分为两种：一是先成立一个主要的管理部门，然后成立非专门的湿地管理部门作为其他部门，其他部门主要是配合作用；二是两个或两个以上湿地保护管理部门具有同等的作用和地位，各个管理部门之间分工合作、各司其职。事实上，后者的两种由于在实际操作中存在较大差异，在一定程度上可以看成两种截然不同的体制。

从管理学的角度来看，第一大类型的体制可称为集中式体制，第二大类型的体制可称为分散式体制，而第二大类型的第一种类可称为"集中式领导、分布式实施"体制，第二种类则是彻底的分散式体制。三种体制各有优缺点。

人类要想有效实施有组织的社会活动，必须使实施该活动的主体组织机构具有一致的指导思想原则、统一的领导指挥中枢、流畅的指令传输系统、专业的实施能力、坚韧的环境适应力这五大主要要素。这五大要素均体现在组织机构及其实施活动的构成体制的效力中，或者说，考察某一体制的效力，实际上就是考察五大要素能否在体制中发挥最大作用。当然，在活动实践中，五大要素并不能同时发挥最大作用，甚至在很多时候会出现此消彼长的情况，而这种情况也客观地反映了各种类型体制的性质。

集中式体制能够充分发挥湿地管理组织机构的前四大要素的效力，因为该体制能够保证领导指挥单位在统一的指导思想下，顺畅地对各组织部分发布指令，而且也能尽可能地确保组织机构形成专精的实施力量。但是在实际工作中，这种集中式体制却遇到了很大阻力，原因有两种。第一种原因，以该类型体制构建的湿地管理机构虽然能够做到思想统一、领导统一、指令顺畅、业务专精，但是这四项要素效力的达成，是以牺牲组织力量延展性为代价，使组织形成一个闭环控制流程行为体才达到的。简单地说，集中式体制组织机构以其自身的独立力量实施湿地管理，确保了领导行动和业务的统一性、专业性。但是由于湿地管理是一项涉及多方主体的复杂工程，这就导致单一的独立机构根本无法承担管理工作中的所有环节，也无法调动应该调动的力量来进行管理，导致这一独立的专业管理机构不能充分发挥足够的管理作用。第二种原因，是第一种原因的递进，即当人们认识到第一种原因的症结之后，就不断扩大这一独立专门机构的权力，使之具备了能够调动尽可能多的资源来进行湿地管理的能力，但是这就又造成了新的问题：这个权力不断扩大的机构，是否会因为资源的膨胀偏离其最初的任务目标？是否会造成国家整体战略规划的失衡？基于上述两个原因，能够看到，集中式体制并非湿地管理体制构思的最优选择。

"集中式领导，分布式实施"体制是一种常见的管理体制，我国的很多专项工作均采用此种体制，如反恐斗争就是先成立国家反恐工作领导小组暨办公室这一主要管理部门，再由该小组协调领导全国各部门的反恐工作。这种体制是目前最成熟的管理模式，这种体制比较容易在五大要素中找到平衡点，其突出弱点则是在于协调其他不同部门时存在较大困难，如何解决主要管理部门对其他各部门的协调灵活性问题，是当今世界各国管理学专家和实践者一直在探索的难题。这种"集中式领导，分布式实施"体制又被称为"委员会"体制，即相关工作的参与部门共同派出代表组成专项工作委员会，由该委员会协调领导各部门实施该工作。"委员会"体制实际上是一个松散的部门"联盟"制，所以难以实施灵活高效的协调是其固有弊病。解决这种弊病的基本思想就在于将这个松散的联盟升级为一个组织严密的单一机构。如美国的反恐事务，本来是由分散在各个联邦政府行政部门的安全情报机构各自承担，最后则将这些机构抽离出来组成美国第二大联邦行政部门——国土安全部来统一领导指挥，从而较为有效地解决了在"9·11"事件之前美国各反恐情报机构各自为政、互不沟通的现象。具体到湿地管理来说，过去我国是以林业部门主导，其他部门配合实施，2018 年我国政府机构根据"大部门制"原则改革后成立了自然资源部，该部门集合了国土资源部、国家海洋局、国家测绘地理信息局、国家林业局力量和职能，还集合了住房和城乡建设部、水利部、农业部的部分职责，比之过去更加强化了对湿地管理的统一领导力度和保护实施力度。

至于彻底的分散式体制，则完全放弃了集中式体制的特征，采用一种以突出体制五大要素中的"专业的实施能力"要素为特征组织体制。从实践来看，这种体制由于过于强调"专业的实施能力"要素，从而导致其他几个要素过于被忽视，使得采用该体制的组织处于极不平衡的状态。应该看到，虽然这种体制存在的问题较为突出，但是其存在却如实反映了社会组织机构在面对某些社会活动发展的初级阶段，不得不采取相应体制的现实情况。就我国的湿地管理发展情况而言，虽然早在 20 世纪 90 年代就提出了湿地保护的相关概念，出台了相关规定，但是从具体操作来看，至今仍没有在全国范围内，对"湿地""湿地保护"的定义、界定范围、类型划分形成一个权威而统一的确认，所以虽然我国政府一直部署林业部门作为湿地管理的主要部门，但在实施过程中，却不得不采取分散体制，委托其他湿地保护相关部门予以实施。尽管在分散体制中，诸如水利、国土资源管理、各级地方政府等相关部门未能形成有效合力协调一致地对湿地进行管理，但不可否认的是，各部门确实能够在各自的专业领域将工作做好做全，突出了专业实施能力。

从体制结构演变与社会活动发展的关系来看，人类组织机构在面对新事物时，往往都是对上述三种体制轮流采用，以期适应社会发展形势。初期，由于对新事物的认识不足，为应对新事物而采用的组织机构体制往往都是集中式体制，然而这一阶段的集中式体制，却不能充分反映人类对新事物的科学应对，因为这一阶段的所谓集中式体制是将对新事物的应对义务和权力放置于某个现存组织机构当中，但是该组织机构实际上却缺乏对新事物的认识，也缺乏真正能够应对新事物的有效手段，所以并不能真正有效应对新事物。随着人类对新事物认识的加深，往往会发现应对新事物需要调动多个专业部门才能解决问题，于是组织机构体制就会相应地转换为分散式体制；同时，为了解决分散式体制固有的缺乏领导统一性和行动协调性的问题，进而会很快发展成"集中式领导，分散式实施"体制。这一阶段，人类对新事物的应对体制已经比较成熟，而在某些情况下，"集中部署，分散实施"体制又会再进一步发展成集中式体制，这一阶段的集中式体制与早期的集中式体制已不可同日而语，因为人类对新事物已经达到了一定的认识程度，因此这一阶段的集中式体制更具科学性。

（二）我国国家层次层面的湿地保护管理体制

我国的湿地保护立法的发展历程是我国湿地管理体制演变的映射。从全国范围来看，很多省已经制定了地方性的湿地保护法规，但在国家层面直到2013年才出台了第一部全国性、专门性、完善的"湿地保护"法规——由国家原林业局发布的《湿地保护管理规定》（该规定于2017年修改，管理体制未变）。与以往的规范性文件不同，这是首次以部门规章这一法的表现形式对湿地整体作出规定，改变了之前依靠《水法》《农业法》《海洋法》等法律调整单一湿地要素的做法。值得注意的是，林业部门作为颁布机关，受自身行政职权的影响，未能明确提出"综合协调，分部门实施"这样具有高度指向性的规定，只是确立了自身的综合协调地位。无论是否明确提出林业部门的综合协调地位，这与之前相比都是一种进步，集中表现为中央层面的"综合协调、分部门实施"的管理体制突破了政策，有了自身的法律依据。林业部门（现国家林业和草原局）承担湿地修复、拟订保护规划和相关国家标准、监督管理湿地的开发利用和有关国际公约的履约工作。内部设有湿地管理司，由其负责湿地工作。其他部门在自身职能范围内负责湿地保护的相关工作，例如水利部门指导湿地水资源保护、湿地水文工作等。

另一方面，国家及湿地保护管理的相关部门已颁布了《中华人民共和国水法》《中华人民共和国水土保持法》《中华人民共和国自然保护区条例》《水生动植物自然保护区管理办法》《中华人民共和国水生野生动物保护实施条例》《国务院办公厅关于加强湿地保护管理的通知》《国务院办公厅关于印发〈湿地保护修复制度方案〉的通知》《国家林业局关于加强鸟类管理的紧急通知》《国家林业局关于加强自然保护区建设管理有关问题的通知》等相关法律法规规章。

　　基于对这些 2021 年 12 月 24 日之前已有规范的考察，在 2022 年 6 月 1 日《湿地保护法》实施之前，我国的湿地保护的管理体制接近属于"集中式领导，分散式实施"。具体而言，就是政府的林业行政主管部门作为综合协调部门，其他各个行政主管部门在各自的职责范围之内，进行湿地保护管理工作。其模式大致上可以表述为"分部门管理、林业部门综合协调"。机构改革之后，国家林业局、国土资源部、国家海洋局、国家测绘地理信息局等部门组成了自然资源部，虽然原先国家林业局的湿地保护管理工作仍然由新改组的林业和草原局负责，但是自然资源部能够调动部属其他部门的资源对该局予以支持，湿地保护工作较之以前取得了很大进步。

　　自然资源部作为湿地保护管理的主要部门，其下属的国家林业和草原局履行最主要的湿地管理职责，其他部门根据业务范围履行湿地管理相关的其他职责（见图 5-1）。从自然资源部的组织构成来看，该部是我国"大部门制"改革的典范。将原来职能相近或相关的各个部门放在自然资源部这一个"大部门"的行政框架内，由自然资源部对其进行统一的资源调配，可以有效地解决过去"九龙治水"力量分散的局面。这样的机构安排可以对照美国国土安全部的机构设置。美国国土安全部是美国在经历了"9·11"事件后，为应对国内反恐需求成立的部门，该部门把美国特勤局、交通安全局、海关、移民局、海岸警卫队，以及联邦调查局、农业部、卫生部、禁毒署的部分职能机构融合在一起，结束了过去美国边境安全、交通安全、卫生安全、海岸安全各部门各自为政的局面，较好地解决了"9·11"事件发生前，美国本土反恐信息沟通不畅、业务协调不足的问题，尤其是解决情报工作方面数据缺乏共享的问题。值得一提的是，虽然在美国国土安全部中专司反恐的单位仍然只有情报分析办公室这一个单位，但是由于国土安全部部长能够直接调配下属其他单位的资源来支援该办公室，所以该部门的反恐能力与过去不可同日而语。同样，虽然我国的自然资源部中专司湿地保护的单位仍旧是由原国家林业局改组而成林业和草原局，但是该局却能得到自然资源部其他部门的直接支援，对湿地的保护力度远强于过去。

　　从自然资源部对湿地管理职能的内部分工来看，可以看到自然资源部下

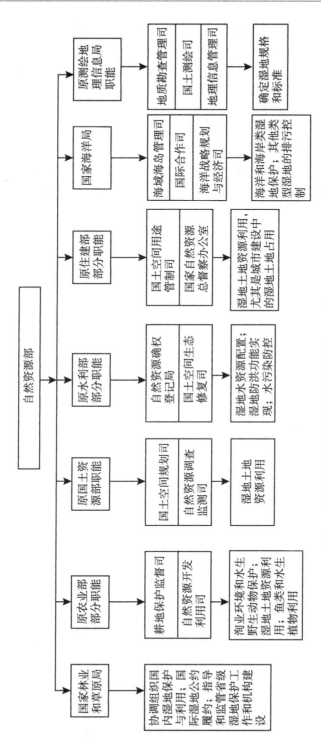

图5-1 《湿地保护法》实施之前自然资源部湿地管理机构设置及主要职能

属部门的湿地管理业务体制依然是分散式体制。国家林业和草原局是负责湿地管理保护的主体部门，但是它与其他各局各司在行政上是平行关系，这就说明林业和草原局在湿地管理保护工作中只能采取与各局各司协调的方式，而不是命令的方式实施管理和保护工作。拓展开来说，其他各局各司在开展其本职工作时，也必须与包括林业和草原局在内的其他部门协调才得以开展。所以说，这种体制远非集中式体制，也并非"集中式领导，分布式实施"体制，因为林业和草原局并没有与其他各部门形成领导与被领导关系。但是由于自然资源部把原先分散在其他部级单位的湿地保护职能集中了起来，而且具有对各地方政府及其下属自然资源管理部门进行领导指挥的权力，所以笔者认为，从整个国家层面来说，我国的湿地管理体制为"集中式领导，分布式实施"体制。

（三）　我国地方性湿地保护管理体制

在 2022 年 6 月 1 日《湿地保护法》实施之前，地方性的湿地保护管理体制与国家层面较为相似，两者具有的共性特征为：一是都规定了湿地保护管理体制实行"分部门管理、林业部门综合协调"，即管理学原理中的"集中式领导，分布式实施"的模式，国土、农业、环保、水利等部门在各自的职责范围内负责好湿地保护工作；二是都规定了林业行政主管部门做好湿地的综合协调、监督和指导工作。具体体现在：

（1）分部门管理。在分部门管理方面，地方性法规一般规定林业部门作为主管机构、其他部门作为协同机构。如《黑龙江省湿地保护条例》（2003 年）第五条、第六条的规定，《新疆维吾尔自治区湿地保护条例》（2012 年）第六条的规定。

（2）综合协调机构。在确定各个部门分工管理湿地工作的同时，大部分的地方立法都规定了林业行政主管部门作为综合协调的负责结构，即采取"部门协调"模式。当然，也有例外的情形，有的省份既规定了"政府协调"模式，又规定了"部门协调"模式。例如，《浙江省湿地保护条例》（2012 年）第六条规定了省人民政府成立湿地保护委员会作为统一的协调机构，该委员会由相关的行政主管部门组成，而委员会的日常工作又由省林业主管部门承担，并通过第七条明确了林业部门与其他部门之间的关系。从浙江省的管理体制立法来看，其立法理念是在湿地保护过程中区分不同问题的性质，来适用不同的管理协调机制：如果是湿地保护中的重大问题，采用政府同意协调机制；如果是湿地保护中的一般问题，则采用由林业部门进行统一协调的机制。这种模式有利于解决重大的湿地保护问题，因为针对重大问题，其中牵涉利益纠纷较为复杂，如果仅仅依靠林业部门进行协调，必然会影响问题处理的效率与最终结果，而由更高级别的政府机构进行处理，则能够从社会管理的全局性和整体性出发，较好地解决问题。

二、湿地保护管理体制现状考察

如前所述，我国现行的湿地保护管理实行的是"分部门管理，综合协调"的体制，即林业部门作为综合协调部门，与湿地保护管理相关的国土、森林、农业、水利、环保、海洋等部门，在各自法定的职责范围内进行湿地管理。然而在事实层面，这一管理体制的运行与规范设定的理想状态存在很大距离。

（一）分部门管理模式的困境

由于湿地保护涉及多个行政管理部门且它们都具有管理湿地的权限，如湿地上的土地管理归为国土资源管理部门，涉及污水排放污染湿地的归为环境保护主管部门进行管理。划分这些部门职权的标准大体上是依据不同的环境要素，整体上职责是清楚的，但是有些职责的界限划分不清。这导致在湿地管理过程中，存在职权重复交叉、管辖范围交叉的现象，直接导致部门之间的权力冲突。而且，这种冲突带有一定的普遍性。加以我国在资源管理过程中，利益部门化、利益地方化的现象较为严重，不同行政主管部门在管理上以自我利益实现为中心，存在有利则争取、无利则推诿的情况。换言之，分部门管理模式极易使湿地管理保护工作在部门间相互争利或者是相互推诿两个极端现象之间来回摇摆，而且在地方层面的管理中，由于地方政府的参与，使得情况更为复杂，而国家层面则由于自然资源部成立后问题初步得到了解决。

1. 中央层面

1998 年，国务院在制定中央部委的"三定"方案中明确了国家林业局作为湿地行政主管部门的行政归属，并对该部门的职权进行了明确的规定。对于湿地相关部委的职权，在整体上也作了较为明确的界定，具体为：国家林业局负责组织、指导陆生野生动植物资源的保护和合理开发利用，组织、协调全国湿地保护和有关国际公约的履约；国家环保总局负责监督检查生物多样性保护、野生动植物保护、湿地环境保护；农业部负责指导渔业水域、宜农滩涂、宜农湿地的开发利用，承办渔业水域、宜农滩涂、宜农湿地保护和管理的协调监督。虽然方案在整体上确定了不同部门的管理职权，但是并没有对各个部门湿地管理的具体权限范围。这也造成了在涉及"湿地"相关概念时，我国的《环境保护法》《渔业法》和《水法》等法律均以湿地资源的要素或功能属性来界定湿地，而将湿地生态系统整体割裂对待，在一定程度上反映了湿地生态保护还未引起相关部门的重视。与此相应，在湿地资源的管理上，现有的《土地管理法》《水法》和《渔业法》等法律法规，更侧重于湿地水生物及其他资源的经济利用，而轻视湿地生态功能的发挥，缺乏规范湿地资源开发及生态保护和恢复的具体措施。2018年自然资源部和生态环境部成立后，过去各部门间相互倾轧和重复建设的问题得到了初步解决，但是新的工作机制还在进一步探索中。

2. 地方层面

与中央层面相比，地方行政管理部门自身的部门利益诉求或利益驱动更强，一旦发生职权交叉或者冲突的情况，在自身管理目标或者自身利益的驱动下，各部门往往各行其是、难以兼容。根据国家相关政策性文件规定，各部门在湿地管理方面的职权尽管各有不同，但实际上，不同的行政主管部门可能在同一湿地资源范围内实施共同管理行为。以湖泊水域湿地资源为例，其上的管理机构可能有林业、农业、水利、航运等多个部门进行不同形式的管理：林业部门进行野生动物保护管理，并可能通过建立湿地自然保护区的形式开展工作；渔业部门对渔业捕捞作业进行管理；航运部门对船主的水上运输作业进行管理；农业部门对农民在周边湖岸的农田从事农耕活动进行管理；水利部门对蓄滞洪区和建设防洪工程进行规划和管理。在同一湖面之上，同时存在着具有不同的管理职能的部门，而这些部门之间又具有平行关系，呈现出"多龙治水"的管理格局，湖泊湿地资源作为一个资源整体系统所要求的统一性与多部门管理体制之间的矛盾，随着市场经济利益的驱动日益暴露出来，主要表现在各自为政、掠夺性地开发利用湖泊水域资源，而对保护问题则相互推诿。混乱的湿地管理体制致使湿地资源处于管理混乱的状态之中，既容易出现管理交叉的局面，又难免造成管理上的真空，对湿地资源的保护极其不利。

另外，我国的湿地管理工作与其他多数面向社会的工作一样，其管理模式是"条块结合，以块为主"的模式，地方上的管理工作"块"的作用尤为突出，即地方政府对管理工作的态度、做法是不得不考虑的重要因素。即使是林业局等部直属部门也必须考虑地方政府的立场，而且从实践工作来看，湿地保护工作没有人大立法性法律予以强制性的规范，专业湿地管理主体就很难在与地方政府意见相左的情况下推行自己的管理保护措施。

以客观的态度分析，分散式的立法体制确实不利于对湿地保护的主体义务、权利、实施过程、湿地的界定、惩罚要素等进行确定和划分，也不利于对湿地管理保护主体在对抗相关利益群体时予以有力支持。但是从国家的整个立法环境以及法治成本的角度看，将湿地保护的法规条款分散于各个法律条文中，能够起到减轻我国整个法律体系结构变动幅度的作用，而且在遇到必须修改法律的情况时，也更利于修改这些分布于各个法律条文中的条款。诚然，制定一部能够统领各个法律中湿地保护相关条款的最高位法势在必行，而这就需要立法工作者必须更加注意相关法律之间的联系和整个法律体系构建的科学性。

（二）林业部门综合协调模式的困境

由上述分析可知，在湿地保护管理体制中，最大的问题是各个部门各自为政，缺乏统一的协调、监督机制。具体而言，体现如下：

一是在协调机制上，林业行政主管部门有其名而无其实。由于相关配套机制的缺乏，文件上虽然规定林业主管部门具有协调的能力，但是，真正的协调职能难以实现。表面上，国家林业局负责组织、协调湿地的保护与合理利用，但是，除森林资源之外，对于湿地保护范围之中的其他各种动植物资源，其管理权限缺失。因此，如果没有其他行政主管部门的配合，国家林业局的组织、协调职能也难以实现。这需要有一个具体有效的协调机制。但是，当前相应的协调机制没有建立起来，林业行政主管部门协调性的工作难以展开。有两个问题与林业行政主管部门协调职能相关：首先是机制协作不健全。湿地保护的行政管理，涉及多个部门，也关系到多方利益，但是，不同部门之间的协调机制并没有真正形成。当前湿地保护管理工作的低效率正与此相关。在湿地保护与利用管理方面，这些不同部门之间的管理目标不同、行动不协调。二是监督机制不健全。在湿地保护管理监督方面，也存在不少的问题，例如监督部门体系不完善、职能划分混乱、监督技术不足等。行政系统内部监督不力的同时，社会监督也缺乏效率。由于社会公众的湿地保护意识不强，加之有效的社会监督渠道不畅通、监督机制尚未确立，社会监督职能难以履行。林业行政部门的乏力，本质上在于义务和资源的不对称，即林业行政主管部门负有湿地管理的义务，但是却没有相应的管理资源。当然，2018年成立生态环境部之后，林业行政主管部门对湿地保护工作的很大一部分监督责任转移给该部，这在一定程度上避免了林业行政主管部门既当运动员又当裁判员的局面，但是目前自然资源部和生态环境部之间的沟通机制仍然在摸索之中，如何充分发挥自然资源部及其所属的林业部门对湿地管理的作用并发挥生态环境部的监督作用，还需要进一步的观察、实践、总结，与之相对应的立法工作，也必须在实践和磨合中不断地探索。

二是在湿地自然保护区，专门管理机构权力不够集中，为了更好进行湿地保护和管理，我国建立了湿地自然保护区制度，即符合自然保护区设立条件的可以依据《自然保护区条例》的规定建立湿地自然保护区。建立湿地自然保护区后，再建立专门的湿地保护机构进行统一管理，可以避免上述职权不分导致相互推诿责任的局面。目前，在我国不同的省（自治区、直辖市），已经建立了300多个湿地类型自然保护区。但是在实践中，湿地保护区的管理机构对保护区内的事务管理权限尚不够集中。湿地自然保护区作为自然保护区的一种形态，除了具有与普通自然保护区类似的自然特征之外，还有与一般自然保护区的不同之处，湿地自然保护区的独特之处主要体现在：首先，湿地是一个复合、复杂的生态系统，其构成要素具有多元性，包括土地、水、生物、植物等多种生态因子。并且，湿地保护区这些多种生态因子关系与当地的人类生产和生活息息相关。其次，湿地具有多维度和高水平的功能。湿地自然保护区的功能非常丰富，为野生动植物提供栖息之地、净化大气或水污染物、调节江河洪水储量、提供优美自然景观、提供多种水产品和农产品等，都是湿地自然保护区典型的功能。再次，湿地保护区具有丰富的生物多样性。千姿百态的鱼类、各种各样的水鸟、形态多样的兽类以及大量的、丰富的陆生和水生植物，构成了紧密联系的自然生态系统，共生在湿地自然保护区之中。最后，湿地保护区的管理涉及环保、林业、农渔业、水利等多个部门。由于湿地保护和管理技术上具有复杂性，单一的行政部门难以胜任独立的管理工作，都需要其他部门管理技术和自然技术上的支持。

三是湿地自然保护区和自然公园相混淆。目前各地方政府对本地的湿地多采取以建立自然公园的方式予以"保护",而且相对于"保护",各地政府往往把对湿地的"开发利用"放在优先位置。这种以自然资源支撑旅游产业,旅游产业带动地方经济的模式是旅游业发展的常规模式,但是我们应该看到,湿地是结构复杂的生态系统,构成其生态系统的物种平衡性十分脆弱,某一环节被破坏都有可能导致整个湿地生态系统的崩溃,所以自然公园的保护形式并不适合于湿地保护区。同时,由于自然公园往往是以承包给私人资本的形式予以开发,私人资本为了利益通常会对湿地保护法律法规"打擦边球",从而对湿地造成破坏。

上述种种问题,使得湿地自然保护区难以得到切实有效的保护。以鸟类为例,我国湿地保护区管理机构享有管理权的对象,是保护区境内飞行的鸟类,而对于珍稀鸟类栖息的沼泽、湖泊等水面部分,并无管理权限。但是纯粹将鸟作为对象保护,不符合生态学的基本原理。鸟类的保护,不仅仅是保护鸟本身,还需要保护鸟赖以生存的环境。从种群的意义上讲,甚至于后者更为重要。因此,对于湿地保护区中的珍稀鸟类保护,水面部分对其的生存极具影响。但是就当前的管理体制而言,珍稀鸟类栖息的沼泽、湖泊等水面部分,划分归为农业、渔业、水利等行政部门进行管理。当这些部门不是真正从鸟类的保护需要出发,而是从本部门自身利益出发,对湿地自然保护区内水面资源进行掠夺性的开发。盲目追求实现经济利益的时候,悲剧就会发生。例如,在2000年以前,由于侵蚀滩地、建盖房屋、种植作物等人为侵占,导致云南洱海的天然湿地面积萎缩,削弱了湿地调蓄和缓冲功能,使湿地的生物多样性和生态系统遭到严重破坏,环境恶化,生态退化,湖滨区生态系统的良睦循环湖泊水质下降,野生动植物生存环境恶化,特别是土著珍稀物种的繁殖和生存环境受到威胁,产量下降,有的已濒临灭绝。

第二节 分部门管理与集中管理的博弈分析

一、对湿地进行集中管理的利弊分析

对湿地进行集中管理利弊兼有。"利"体现在系统化、效率高;"弊"体现为湿地管理难以实现专业化。湿地生态系统具有特殊性,涉及的生态自然要素众多且这些要素之间具有密切的内在关联性，这也是调整生态系统的法律包括湿地保护立法的特殊之处。除此之外，湿地资源具有类型多样化、功能多样化的特殊资源。不同的湿地资源系统功能是不同的。其关联的程度，除了与矿产、水、土地、生物等自然资源相关之外，还涉及人类社会系统的诸多要素，例如环境、社会、经济、生态、文化等。复杂的多元关系，涉及多个行政管理部门的公共性介入。在同一片湿地资源之上，从专业化管理分工出发，对于土地资源由土地行政部门进行管理较为合适；对于湿地资源之上涉及环境污染问题由环境保护部门管理较为合适；对于湿地之上的水资源的开发和利用，由水行政部门管理较为合适；对于湿地资源之上的水生动物资源和水产资源，由渔业部门管理较为合适；而对于野生植物，由林业行政主管部门负责进行管理较为合适。如果将这些资源统一归口为一个部门管理，实行集中的管理体制，那么该部门的系统化、专业化管理将面临巨大的挑战与考验。

另外，湿地的集中管理一旦突破临界点，各级管理主体就会自然而然地将其他与湿地管理直接相关、间接相关甚至是微相关的权力和资源集中起来，从而造成其他部门资源和权力的削弱。这样的削弱对深受我国"条块结合"行政管理机制影响的地方政府会造成极大冲击，有可能破坏地方政府各项政策的平衡点，引发当地社会动荡。

二、对湿地进行分部门管理的利弊分析

对湿地进行分部门管理也存在利和弊两个方面。有利之处是在分部门管理基础上，比较容易建立起完善的湿地保护体系，因为这种湿地保护体系的建立尊重了生态要素管理的现状。另一方面，分部门管理最大的问题在于各部门之间的职责难以协调。基于不同的管理目标、利益诉求、价值选择、管理技术等，不同行政部门之间会在一些问题上发生摩擦和冲突，导致行政机关对湿地难以实现高效率管理。在当前法律状态下，"湿地"一词内涵与外延并不确切，即使在学术上，这个概念也在争论之中。反而推之，由于概念不明确，现行法律法规中的有关规定，实际上起不到利于湿地保护的立法效果。因为实际上这些规定，直接或间接的默许，甚至鼓励一些经济性开发利用行为，而这些行为对于湿地保护是不利的。以《中华人民共和国土地管理法》第四条为例，该条是关于土地类型划分的立法规定，它将土地划分为农用地、

建设用地、未利用地三种类型。在这种分类模式下，那些荒滩、沼泽、滩涂等天然湿地，被理所当然地认为"未利用地"。对于农用地和建设用地，国家管制的途径和规范很多，也很全面，而对于未利用地，国家立法极度匮乏。因此，在整体上，未利用地被设为闲置性土地，国家并没有太多的立法加以规范，也没有对之加以充分的保护措施。这种分类模式，很容易使得社会对湿地的价值产生误解，从而给管理者的管理行为与使用者的开发利用行为产生误导。又比如《中华人民共和国渔业法》中关于渔业资源的保护规定，其过于强调渔业资源的开发和管理，从而忽视了从水禽栖息地保护角度对相关地域进行立法保护。类似的规定也存在地方性立法之中。如《浙江省滩涂围垦管理条例》第三条规定了"鼓励、支持国内外投资者以多种方式进行滩涂围垦"，《福建省沿海滩涂围垦办法》第一条立法宗旨即是"鼓励和促进深海滩涂事业发展"。

尽管在制定《中国湿地保护行动计划》的过程中，国务院授权由林业局牵头，组织协调包括国家环保总局、国家海洋局、国土资源部、建设部、水利部、农业部等在内的部门共同编制了计划。但是在现实中，由于受到现行管理法律制度、管理体制影响，我国目前针对湿地资源的管理，依然是环保部门管理湿地环境质量，土地部门管理土地利用，水利部门管理水资源利用与保护等，部门之间管辖交叉现象和相互争夺管辖权现象较为普遍。同时，受部门利益和职能分工影响，对湿地进行综合管理较为困难。管辖权分散也是我国湿地生态系统各项功能不能有效发挥的重要原因。

分部门管理的弊端，还体现在湿地保护标准的差异上。每个部门从自身的角度出发，制定或者运用本行业的管理标准本无可厚非，但湿地保护的标准不尽相同，也会影响湿地保护的预期管理效果。例如，在湿地公园的保护方面就出现了此种问题。《国家湿地公园管理办法（试行）》第三条规定："国家林业局依照国家有关规定组织实施建立国家湿地公园，并对其进行指导、监督和管理。县级以上地方人民政府林业主管部门负责本辖区内国家湿地公园的指导和监督。"而《国家城市湿地公园管理办法》第四条规定："国家城市湿地公园的申报，由城市人民政府提出，经省、自治区建设厅审查同意后，报建设部。直辖市由市园林局组织进行审查，经市政府同意后，报建设部。"其第九条规定"已批准设立的国家城市湿地公园所在地县级以上人民政府应当设立专门的管理机构，统一负责国家城市湿地公园的保护、利用和管理工作。"湿地公园首先是湿地，然后才是公园。作为湿地，湿地公园拥有多种自然资源要素，而作为公园，其又带有很强的人文社会色彩。因此，在管理体制上就形成了多部门管理的格局，这些部门涉及林业、交通、旅游、卫生、水利、土地等。表面上看，多个部门分工明确，可以相互配合而形成完整的管理网络。但事实却是，部门越多，越容易造成管理混乱。客观上，各个部门都有自己的上级部门，行政隶属关系复杂，对湿地公园的管理权限的分工不明；主观上，不同部门以自身利益、部门利益为重，就不利于对湿地公园形成协调的管理合力，反而容易产生矛盾和冲突。再加上不同部门在管理原则、方针和标准等方面存在差异，使湿地公园资源的开发和利用缺乏有效的监督、管理，直接影响到湿地资源的可持续利用与发展。

另外，分散式管理容易造成保护资源的浪费。相对于草地、森林、海洋、大气等保护项目而言，湿地保护是一个新兴环保概念，同时也是近年来我国比较重点关注的环保工作，中央和各地政府对湿地保护的资源投入与日俱增，对各地各级各部门官员的绩效考评也把湿地保护纳入其中。如此一来，在没有机构进行统一管理的情况下，湿地保护在客观上就变成了各部门获取经济和政治利益的一个途径，出现对湿地保护项目趋之若鹜的局面，进而极易造成盲目调动资源、盲目设立保护项目的现象，从而造成资源浪费。

三、《湿地保护法》确立的湿地保护管理体制

习近平总书记高度重视湿地保护工作，多次对湿地保护作出重要指示批示。党中央把湿地保护和修复纳入生态文明建设的战略部署。党的十八大报告提出"扩大湿地面积，保护生物多样性，增强生态系统稳定性"，十九大报告提出"强化湿地保护和恢复"，二十大报告提出"推行草原森林河流湖泊湿地休养生息"。习近平总书记多次强调指出，要建立湿地保护修复制度，实行湿地面积总量管理，严格湿地用途管制，增强湿地生态功能，维护湿地生物多样性，为湿地保护立法指明了方向，提供了根本遵循。全国人大常委会坚决贯彻习近平总书记重要指示批示精神和党中央决策部署，将湿地保护立法列入第十三届全国人大常委会立法规划和年度立法工作计划，由全国人大环资委牵头研究起草和提请审议。全国人大环资委制定了立法工作方案，成立了湿地保护立法领导小组，组建了国务院有关部门参与的起草小组，抓紧立法调研论证起草工作。遵循科学立法、民主立法、依法立法原则，着眼强化

湿地保护，坚持问题导向，聚焦湿地保护和修复，深入开展调查研究，充分听取国务院有关部门的意见，广泛听取地方以及专家意见，就重点难点问题开展专题论证，着力提高立法质量。2021 年 12 月 24 日，十三届全国人大常委会第三十二次会议表决通过《湿地保护法》，自 2022 年 6 月 1 日起施行。该法共 7 章 65 条，是我国首次针对湿地保护进行的专门立法，也是我国生态文明法治建设的一项重要成果，必将对我国生态文明法治建设作出重要贡献，为全社会强化湿地保护和修复提供法律遵循。

《湿地保护法》第五条明确规定："国务院林业草原主管部门负责湿地资源的监督管理，负责湿地保护规划和相关国家标准拟定、湿地开发利用的监督管理、湿地生态保护修复工作。国务院自然资源、水行政、住房城乡建设、生态环境、农业农村等其他有关部门，按照职责分工承担湿地保护、修复、管理有关工作。"第六规定："县级以上地方人民政府应当加强湿地保护协调工作。县级以上地方人民政府有关部门按照职责分工负责湿地保护、修复、管理有关工作。"

这两条规定一方面充分尊重现有的国家和地方湿地保护相关的行政管理实践，另一方面也为林草部门牵头、其他相关部门按职责分工负责的管理体制提供了明确的法律依据。同时第五条还要求，国务院林业草原主管部门会同国务院自然资源、水行政、住房城乡建设、生态环境、农业农村等主管部门建立湿地保护协作和信息通报机制。这为湿地协同保护提供了法律依据。《湿地保护法》在第二章"湿地资源管理"中规定了调查评价、总量管控、分级分类管理、规划编制、湿地标准、确权登记、占用管理、监测与预警等重要制度，同时还配合关于行政管理体制方面的规定，明确了专家咨询机制。

《湿地保护法》第五条、第六条确立了湿地保护管理体制以后，一些地方也出台了修订的湿地保护条例。如 2022 年 11 月 30 日施行的《广东省湿地保护条例》第四条规定："县级以上人民政府应当建立湿地保护工作协调机制，组织协调、研究解决湿地保护工作中的重大问题。各级人民政府对本行政区域内湿地保护负总责，加强湿地保护工作，将湿地保护纳入国民经济和社会发展规划，保障湿地保护、修复和补偿的资金投入。"第五条规定："湿地保护实行统筹管理与分部门实施相结合的管理体制。县级以上人民政府林业主管部门负责湿地保护的组织协调和监督管理工作，并具体负责国家重要湿地、省级重要湿地，沼泽湿地，以及划入生态公益林规划区和划为红树林湿地、自然保护地的滩涂保护工作；水行政主管部门负责湖泊湿地、河流湿地、水库湿地的保护工作；自然资源主管部门负责滨海湿地的保护工作。农业农村、住房城乡建设、生态环境等主管部门按照各自的职责，做好湿地保护工作。"2023年1月1日施行的《福建省湿地保护条例》第四条规定："县级以上地方人民政府对本行政区域内的湿地保护负责。"第五条规定："县级以上地方人民政府应当建立健全由政府主导，林业、自然资源、水行政、住房城乡建设、海洋与渔业、发展改革、财政、生态环境、农业农村、文化和旅游、交通运输以及其他有关部门参与的湿地保护协调机制，协调解决湿地保护工作中的重大问题，日常工作由同级人民政府林业主管部门负责。"第六条规定："县级以上地方人民政府林业主管部门负责湿地资源的监督管理，以及湿地保护规划和相关标准拟定、湿地开发利用的监督管理、湿地生态保护修复工作。县级以上地方人民政府自然资源、水行政、住房城乡建设、海洋与渔业、生态环境、农业农村等其他有关部门按照职责分工，负责湿地的保护、修复、管理有关工作。乡（镇）人民政府、街道办事处应当做好湿地保护的相关工作，村（居）民委员会予以协助。"2023年6月1日施行的《陕西省湿地保护条例》第四条规定："县级以上人民政府对本行政区域内湿地保护负责，加强组织领导，建立完善协调机制……乡（镇）人民政府、街道办事处应当做好当地湿地保护相关工作。"第五条规定："县级以上林业行政主管部门负责本行政区域内湿地资源及其开发利用的监督管理、湿地生态保护修复等工作。县级以上自然资源行政主管部门负责本行政区域内湿地资源调查监测评价、确权登记等工作。县级以上水行政主管部门负责本行政区域内河流、湖泊范围内湿地的水面、河道、水域岸线的管理、保护和修复工作。县级以上住房城乡建设行政主管部门负责组织开展本行政区域内城市规划区内湿地的保护修复和管理等工作。县级以上生态环境行政主管部门负责组织开展本行政区域内湿地污染防治和生态环境保护等工作。县级以上农业农村行政主管部门负责本行政区域内湿地生态农业保护发展，组织开展湿地及周边种植养殖、湿地农业种质资源以及水生野生动植物保护和管理等工作。县级以上人民政府其他有关部门按照各自职责做好湿地保护相关工作。"

　　综上所述，无论是中央还是各地的立法发展历程，湿地保护管理体制都经历了最初的构想、完善直至成熟运用，这对湿地保护工作的开展产生了积极影响。法律法规以及相关政策所确立的湿地保护管理体制并非一成不变，只有根据法律政策落实的实际效果作出相应的调整才是其生机活力的保证。

第三节　湿地公园管理体制视角下的湿地保护管理体制优化进路

一、自然保护地体系建设与湿地保护管理体制优化进路

以习近平同志为核心的党中央高度重视生态文明制度建设，将建立以国家公园为主体的自然保护地体系列为全面深化改革的一项重点任务。建立国家公园体制，完善自然保护地体系，对于维护国土生态安全，持续不断地提供生态服务功能，推进自然资源科学保护和合理利用，促进人与自然和谐共生，推动美丽中国建设，具有极其重要的意义。习近平总书记明确指出："要着力建设国家公园，保护自然生态系统的原真性和完整性，给子孙后代留下一些自然遗产……把最应该保护的地方保护起来，解决好跨地区、跨部门的体制性问题。"2013 年，党的十八届三中全会提出了建立国家公园体制的改革任务；2015 年 5 月，国务院在 9 个省份启动"国家公园体制试点"推进工作；2017 年，党的十九大进一步确立了建立以国家公园为主体的自然保护地体系的目标，中央全面深化改革领导小组第三十七次会议审议通过的《建立国家公园体制总体方案》（以下简称《总体方案》）提出，要"优化完善自然保护地体系，建立统一事权、分级管理体制，建立统一管理机构"；2018 年，党和国家机构改革方案明确了国家林业和草原局加挂国家公园管理局牌子，统一管理国家公园等自然保护地；2019 年年初，中央深改委又审议通过了《关于建立以国家公园为主体的自然保护地体系指导意见》（以下简称《指导意见》）。

国家通过机构设置和部门分工明确了国家公园的主体性，但还没有清晰勾勒对既有自然保护地体系改造的路线图。故而"构建以国家公园为代表的自然保护地体系"只是给了各种类型的自然保护地一个发展标杆，现在各类保护地包括湿地都需要认真考虑自身的定位。因此，在立法层面完善湿地保护管理体制的一个首要问题，就是需要厘清现有的自然保护地体系与新型的自然保护地体系。从国家管理的角度看，我国现有的自然保护地体系是明显划分了三六九等的；第一等是法定保护地，目前只有自然保护区和风景名胜

区两类；第二等是地质公园和森林公园；第三等是其余的自然保护地，包括一般湿地公园、城市湿地公园、水利风景区等；还有等外的，即还没有真正建成管理体系的，如矿山公园、沙漠公园、水产种质资源保护区等。按照《指导意见》的规划设计，新型的自然保护地将依据各自的生态价值和保护强度高低依次分为三类：第一类是国家公园，第二类是自然保护区，第三类是包括森林公园、地质公园、海洋公园、湿地公园等各类自然公园。下一步，国家还将制定自然保护地分类划定标准，对现有的自然保护区、风景名胜区、地质公园、森林公园、海洋公园、湿地公园、自然保护小区、野生动物重要栖息地等各类自然保护地开展综合评价，按照保护区域的自然属性、生态价值和管理目标进行梳理调整和归类，逐步形成以国家公园为主体、自然保护区为基础、各类自然公园为补充的自然保护地分类系统。不难看出，无论是在现有的自然保护地体系之中，还是在新型的自然保护地体系构建图景中，作为湿地保护的主要方式之一，湿地公园均处于非主体性的地位。有鉴于此，我们更应该凭借"建成中国特色的以国家公园为主体的自然保护地体系，推动各类自然保护地科学设置，建立自然生态系统保护的新体制新机制新模式"的契机，从立法层面对湿地保护问题给予更多的关怀，认真思考如何从做"加法"的角度优化湿地保护管理体制的运行，补强湿地的非主体性地位。

二、湿地公园体制视角下区域性整体保护管理体制

（一）我国湿地公园的立法实践及其硬伤

与国家公园体制建设尚处于试点阶段、推进面临巨大挑战的情形不同，湿地公园（主要是国家湿地公园）的建设已经走过了较长的发展阶段，并逐渐获得从国家到地方各级政府的认可与推动。特别是近年来，各地的湿地公园建设可谓方兴未艾。与湿地公园的快速发展相对应，目前我国国家层面的湿地公园专门立法已进行了更新，地方层面的湿地公园立法也陆续出台。总体来说，原国家林业局、原住房和城乡建设部制定的《国家湿地公园建设规范》《国家湿地公园评估标准》《国家湿地公园总体规划导则》《国家湿地公园管理办法》《城市湿地公园管理办法》等部门规章构建了湿地公园保护的框架，为地方性立法、保护湿地资源、建设与管理湿地公园提供了必要的依据。与国家层面的立法相比，地方性法规的规定更为细致，大多规定了湿地公园

的建设和管理程序、功能分区、禁止行为及法律责任等内容，注重可操作性以解决特定湿地公园实际存在的问题或诉求。当然，这些立法实践及其取得的成果也不是尽善尽美的，针对国家与地方层面涉及湿地保护系列问题包括调整湿地公园的林林总总立法文本，学界关注已久，并从不同角度提出了它们存在的不足。例如，法律层级低且缺乏体系性，相关法律概念模糊，管理主体不明、职责不清等。笔者认为，作为构建新型的自然保护地体系的顶层设计，《指导意见》已经明确了要"建立统一高效规范的管理体制""完善法律法规体系。加快推进自然保护地相关法律法规和制度建设，加大法律法规立改废释工作力度。修改完善自然保护区条例，突出以国家公园保护为主要内容，推动制定出台自然保护地法，研究提出各类自然公园的相关管理规定。"但从现在到将来一段相当长的时期内，要推进新型自然保护地体系构建这一脱胎换骨的系统工程、科学工程，必然交织着新组建部门（如自然资源部、国家林业和草原局、生态环境部等）的职能划分、中央与地方的分工等问题，这更需要在国家立法层面赋予湿地保护管理机构强有力的协调权。否则，湿地保护的很多法律制度难以落到实处，实际中出现的具体问题也难以得到有效预防和解决。尽管国家林业和草原局为加强国家湿地公园建设管理，确保在自然公园管理办法等文件出台前相关管理工作有效衔接，根据《湿地保护法》和工作实际，于 2022 年修订了《国家湿地公园管理办法》。该办法在第三条明确了"县级以上林业和草原主管部门负责国家湿地公园的指导、监督和管理"，但该办法始终是一个部门规章，法律层级偏低。

（二）湿地公园体制中综合协调能力优化进路

省察我国湿地保护的理论与多年实践所积累的丰富经验，湿地公园是一种能够较好处理湿地资源保护与开发利用的管理模式，系统完备、制度健全的湿地公园体制，不仅关乎有效规制湿地的保护及相关活动，而且还是新型自然保护地体系构建图景中的重要组成部分，亦可关照到国家公园体制的探索和立法实践。生态保护立法不同于其他法律制定的最大的特点，就是其在立法中不仅要考虑经济条件等因素，而且还要关注当地的自然环境状况，即湿地保护立法不仅必须遵守一般的立法原则，还必须遵循湿地保护的生态规律，符合湿地的各种自然环境条件。湿地保护是一个地域性很强的问题，我国西部地区自然条件和生态环境存在巨大差距，在具体的法律文本设计中，需要充分考虑不同地区的环境特点，体现对湿地生态环境的适应性、针对性和协调性，以增强法律实施的可操作性，提升立法的实施效果。综观世界各地保护的实践，基于湿地生态系统的特殊性，很多国家都建立了跨部门的协调机制，包括政府会议制度、委员会制度、跨部门的府际委员会制度等，包括行政指令、说服、建议、紧急磋商等。这种协调机制强化了政府部门间的联合、协作与沟通，变要素式管理为协调式管理，变单部门协调为多部门共同参与。为此，在保证设立一个管理主体的前提下，必须赋予湿地公园管理机构综合协调能力，创设"综合协调权"，包括设计综合行政许可、综合行政处罚、资源的信息共享制度等。

1. 综合协调权之一：湿地资源的信息共享制度

尽管机构改革有望从根本上解决我国资源管理体制长期存在的"九龙治水"顽症，但是改革不是一蹴而就的，湿地资源的条块分割、多部门管理状态很有可能还将延续至新组建部门的职能划分、中央与地方之间的分工等问题理顺完毕后。在此过渡期间，只有加强湿地公园管理机构对各相关部门间的统筹协调才能有效解决湿地整体保护中的各种矛盾和冲突。而建立湿地资源的信息平台与开通信息共享渠道，是强化湿地公园管理机构综合协调能力的重要基础，亦为其建设与管理湿地公园、科学管理和评价湿地等提供重要依据。在制度设计层面，一个可行的思路是通过整合利用现有湿地资源信息管理系统，构建集湿地资源的数据收集、传输、服务于一体的共享机制，打破长期形成的各种"数据壁垒"，开展全方位、深层次合作，减少重复投资和不必要的调查工作，提高湿地资源的使用效率，实现信息的最大化利用和增值。特别是要夯实信息共享的基础，即重视信息的标准化和规范化，修订完善信息标准化体系，规范数据格式，使信息和成果资料系统化、标准化和数据化，确保数据的可信度、完整性和权威性。事实上，在目前我国以大数据技术为代表的信息技术飞速发展的情况下，大数据技术和平台已经达到了智能化水平，国内各行各业均引进并使用了智能化平台，提高了行业工作效率，如智慧法院、智慧公安局、智慧社区、智慧城市、智慧企业、智慧农庄等。但是从客观来说，我国大部分行业的制度改革并未跟上信息智能化的步伐，在一定程度上阻碍了智能化技术的推广，进而对行业整体发展水平造成不利影响。同样，湿地保护工作在引进大数据智能化技术的同时，也要积极地推动制度改革，不让制度拖技术的后腿，实现湿地保护工作的技术、制度两条腿走路，推动湿地保护工作全面发展。

2. 综合协调权之二：综合行政许可制度

目前，行政许可是我国自然资源用途管制中一项普遍适用的制度。涉及自然资源开发利用的行政许可种类繁多，主要包括林木采伐许可、捕捞许可、取水许可、采矿许可证、特许捕猎许可、建设用地许可，等等。然而，这些单项的许可分散在不同的行政主管部门手中，相关的立法亦处于杂乱的状态。针对以上问题，为加强对湿地公园整体风险的控制，维持湿地公园特别是那些跨地域、跨流域湿地的生态过程连续性、生态系统结构稳定性和生态系统功能完整性，确定科学合理的湿地资源利用形式和数量，应当在立法中明确赋予湿地公园管理机构可直接适用的行政许可权：由湿地公园管理机构审查并决定是否授予所有在湿地公园范围内的开发利用活动的许可权。需要注意的是，如果缺乏相应的制度监督，行政许可制度极易成为一种新的湿地破坏途径，甚至有可能成为部分官员贪腐的新途径。至于行使该行政许可的级别与程序性规定，理应与《指导意见》的"两级设立"管理体制相匹配，即由中央直接管理和中央、地方共同管理的湿地公园行政许可权归属国家，即国家公园管理局，地方管理的湿地公园行政许可权归属省级政府确定的管理机构。

3. 综合协调权之三：代位行政处罚制度

要实现区域性整体湿地整体保护的目标，除了严守行政许可这一环节，还需要抓好严格查处破坏湿地违法行为这个关口。监管责任的"实现不能"，是制约湿地保护监管实效的主要因素。现实中，一些湿地管理部门由于种种原因，对破坏湿地的行为查处不力屡见不鲜。要破除这些部门不作为甚至部门保护的现象，防止其基于自身利益等原因而消极执法，就应当构建代位行政处罚权制度，授予湿地公园管理机构代位行政处罚权。在立法条文设计上可以表述如下："有关部门对破坏湿地资源的违法行为不积极查处的，湿地公园管理机构可以书面敦促有关部门予以查处；有关部门对湿地公园管理机构的意见有异议的，可以申请同级人民政府裁定。经书面敦促30天后有关部门既不申请人民政府裁定，也不依法查处的，湿地公园管理机构可以直接查处。"需要注意的是，与湿地保护相关行政处罚制度应注重"无后果追究"而不是"事后追究"。由于湿地生态系统的特殊脆弱性，一旦出现被破坏现象，生态环境很难恢复，造成的生态灾难很难用金钱来弥补，所以就需要在破坏发生之前就要进行处罚，尤其是已经出现破坏行为但是却又尚未造成破坏后果的情况。

综上所述，我国湿地管理保护的体制可以分为集中式管理和分散式管理两大类型，其中分散式管理又可以分为"集中式领导，分布式实施"、彻底的分散式管理两个种类，在一定条件下，也可以认为这是管理体制的三种类型。这三种类型会随着人们对事物的认识和社会的发展而相互转换，我国湿地管理保护体制的演变恰恰说明了这一点。三种类型的体制各有利弊，各自都体现了侧重于人类社会组织机构体制"具有一致的指导思想原则、统一的领导指挥中枢、流畅的指令传输系统、专业的实施能力、坚韧的环境适应力"五大主要要素的某一个要素或某几个要素的特征。从总体上来看，"集中式领导，分布式实施"最为适合目前我国的湿地管理形势，而集中式管理的弊端一是面对湿地管理这一复杂工作，不易协调调动其他资源，二是一旦管理部门掌握的资源过多，又容易破坏其他各项工作的整体平衡性；彻底的分散式管理虽然最能够发挥各管理部门的专业特性，但是其固有的部门间缺乏协调性、资源浪费等弊端表明其不适合当前的湿地管理工作。在国内的整个湿地管理体制中，经过 2018 年大部门改革之后，湿地管理保护工作主要集中到自然资源部和生态环境部之中，其中自然资源部及其下辖的国家林业和草原局处于湿地管理保护工作的主导地位。从国家层面来看，我国的湿地管理工作事实上采用了小部门分散、大部门"集中式领导，分布式实施"的体制模式，湿地管理工作取得了很大进步。目前我国湿地管理保护工作存在的主要问题和矛盾在于地方层面，地方层面的管理保护工作，由于部门利益博弈以及"条块结合"行政管理风格影响，出现了部门间争夺利益、地方政府和管理主体争夺利益的情况，严重影响了湿地管理与保护工作的推进。我国湿地管理保护工作出现的一个特殊现象是湿地保护地和湿地公园的混淆，这种混淆现象往往是由地方政府主导，以地方经济利益为首要考虑目标，利用当地湿地资源开发旅游产业。由于湿地的生态环境相对林地、海洋、草原环境更加脆弱，所以这种湿地公园的"保护"模式实际上不太适合湿地环境，但是由于在一定程度上这种模式使湿地和当地经济形成"双赢"局面，目前国家对此模式持一定的支持态度。自 2022 年 6 月 1 日起，《湿地保护法》在诸多方面就林业草原部门与其他部门之间的分工合作作了规定，并特别规定了湿地保护协作和信息通报机制，为湿地协同保护提供了一定依据。但该法并未明确规定由各主管部门参加的湿地保护协调机制，因此在法律实施过程中，需要有关主管部门就湿地保护包括湿地公园等方面的重大政策与规划、重大事项等积极地进行协调和沟通，以确保法律的有效落实，而这也将是今后学者和湿地保护工作者需要持续思考解决的问题。

第六章　西部地区湿地资源开发
利用法律规制义务设置

基于湿地资源重大的生态价值和社会价值，在对其留存保护和开发利用两者的选择中，国家更倾向于前者。能不开发利用的尽量不开发利用；能有替代性资源开发利用的，尽量开发利用替代性资源；确实需要开发利用的，也需要采取更为谨慎的开发利用方法，尽量最大限度进行可持续性开发利用，维护湿地生态系统动态平衡性。在法律规则的设计上，体现为侧重于设置更多的义务性法律规范，这些义务性规范配置既有基于宏观层次的考量，也有具体微观层面的回应。

第一节　西部地区湿地资源开发利用
规制义务设置基本问题

所谓社会性义务，指社会主体基于湿地保护公共利益需要而在湿地资源上承载的应该遵守的作为或者不作为的限制性要求。湿地资源作为社会资源承载着多元化的、综合性的社会性需要，有经济性的、生态性的和社会性的。这些需求之间具有一定的冲突性，典型体现为地方性对湿地资源的旅游开发和利用、生存性和发展性需求与湿地资源保护之间的冲突。但无论如何，即使是合法的湿地资源开发和利用，开发利用主体也具有保护生态环境不可推卸的责任，相关利益主体具有一定的间接性保护义务。不同区域和地区针对地方性的湿地资源设置的社会性义务也许不尽相同，但是，核心都是湿地资源的经济利益、生态利益和社会利益平衡问题。这种平衡并非纯粹以生态利益支配经济利益或者以经济利益支配生态利益，而是追求在经济利益实现的过程中，如何实现湿地资源最低限度的破坏、生态环境损害最小化。

一、社会性义务设置要尊重湿地资源利用权

湿地资源的特性决定了承载于其上的法律规范必然更多地体现为法律义务。在资源性物权上，私法性权利和社会性义务需要科学合理进行平衡设置。在公共事务管理上，一些地方政府部门借由公共利益侵害正当的私法性权利的现象时有发生。一般而言，相对于其他国家部委机构，地方政府对地方事务具有更强大、更直接的和更广泛的干预意图和干预能力。政府是湿地资源保护、开发和利用的直接管理者和规范者，承载了湿地资源规制的内在要求，对湿地资源进行规制是政府的职责所在。此外，从公共产品供给角度，生态环境一个重要社会功能，就是为社会提供环境生态服务，湿地资源的此种功能更为明显。人类社会没有公共物品是无法生存和发展的，因此人类社会必须获得公共物品的供给，这就需要在市场之外，通过政府以规制的方式向受益者收取费用来维持公共物品的充分供给。① 湿地资源的生态服务功能难以通过私人途径进行供给。基于政府公共产品供给责任，湿地资源整体性的生态服务功能需要经过政府规制才能充分实现。

目前我们关注的，不是要不要在湿地保护中运用政府规制手段，而是如何更好地发挥政府的规制功能，政府的规制工具如何选择、如何适用以及如何规范。在此方面，有一个前置性、制约性的条件，就是在湿地资源开发利用规制方面，要确认、认可和尊重权利人的利用开发权利。尤其在我国，这个问题具有更为迫切的和重要的意义。由于《中华人民共和国民法典》主要是对自然资源物权性质作概括性的规定，具体形态资源的开发利用法律规则，主要由特别法进行规定。我国在立法上确立了国家所有为主，集体所有为辅的自然资源所有权制度。湿地资源主要的产权形态是国家所有权。可见，在权利性质上，国家所有权更倾向于公权属性。这种属性使得自然资源开发长期以来被认为是一种为了公共利益而应充分体现国家对自然资源的保护和管理的义务。但事实表明，在一定程度上一些具有重要经济价值、资源丰富程度高、储存规模较大的自然资源都被国有企业和地方政府以国家的名义所垄断进行开发利用，甚至寻租以获取私人利益和部门利益。实际上，资源的所

---

① 曹沛霖. 政府与市场 [M]. 杭州：浙江人民出版社，1998：255-256.

有和资源的开发利用，是可以区分进行不同的权利配置和运用。我国目前自然资源权能利用是采用市场化的自然资源开发利用权利配置方式，大大提高了资源的利用效率。亦因此，湿地资源的开发利用是在国家所有权框架下，设定湿地资源的开发利用权利规则，一般是通过特许经营的模式进行。其开发利用有很多的公法性规制，例如合理的湿地利用规划、严格政府监管与科学合理保护，等等。但是，这些规划、监管和保护，必须以承认、确认和保护湿地资源的私法性利用权利为前提和基础。在利用权利相对清晰的前提下，引入市场经济机制开发利用需要辅之以政府规制，是较为合理、具有效率的湿地资源开发利用制度安排。因此，不能因为强调湿地资源的公法规制，强调湿地保护社会性义务的设置，而忽视湿地资源开发利用的合法性权利。否则，公法规制非但没有达到其追求的效果，相反，因此而加剧了湿地资源的非理性损耗。因为此时湿地资源可能会在社会性主体开发利用权利和公法不当规制之间，作为两者纠纷冲突对象，而被搁置、闲置和限制而得不到有效保护。湿地资源开发利用可能对湿地资源本身及其构成的环境系统造成一定程度的损坏，不当的开发和利用而不加强保护，必然会造成对生态环境不可逆转的破坏。不区分湿地资源形态而对其开发利用的加以严格禁止性规制，也难以实现湿地资源整体价值。西部湿地资源承载着地方经济发展的内在驱动力，可以根据实际情况合理赋权进行开发和利用，毕竟经济利益和环境利益都是人类正当利益的诉求。

二、需要注重从宏观和微观角度进行义务配置

相对于国家层面法律规制而言，地方注重湿地资源开发利用具体明确的、可操作性的法律义务规定，注重禁止性义务和限制性义务内容设定。尤其初始阶段，较为注重禁止性或者限制性义务的确立，开发利用方面缺乏制度供给。随着自然资源物权权益不断丰富和自然资源权利市场化，从权利保护角度出发对湿地资源权利人权利加以确认和保护，权利和义务的合理平衡问题逐渐得到重视。目前，大部分西部地区湿地保护法律规制立法，法律规范设定过于模糊，权利和义务的设置不够明确。2021年《中华人民共和国湿地保护法》出台，西部地区湿地保护立法有了明确的上位法依据，随着新一轮的立法修订，这种情况将会得到改进。从地方立法规制角度，法律义务规定应

尽量具体明确。能做什么、不能做什么，在什么条件下对行为进行禁止或限制、如何进行，要界定明确。这种法律义务配置方式主要从微观视角对社会行为效果进行考量和评价。

微观视角社会性义务配置方式是对一般的个体性社会行为的规范和约束，是法律权利和义务常用的配置方法。但是，缺乏对个体性社会行为整体性、宏观性社会影响考量。微观上，湿地资源是一种可以开发利用的个体性资源，但是湿地资源与其他被规制物权客体不同之处，是它的宏观生态系统功能。从自然系统看，是湿地资源自成系统并融入更大的生态系统之中；从人类社会和自然系统互动视角看，是湿地资源系统在人与自然系统互动模式运行下所产生的社会运行效果。湿地系统这种角色和功能是通过"整体性"所呈现出来生态服务，从湿地资源保护法律规制上要纳入这种整体性保护，这种对于湿地资源整体意义上的法律义务规范配置即为宏观视角法律义务配置。西部地区对湿地资源法律规制的整体性保护尤为不足，具体体现在：

一是不够重视对湿地资源的整体性规划以及如何运用规划方式来保护湿地资源。对湿地资源保护、开发利用整体规划性立法缺失或者规定不够科学。一些西部地区地方立法规定了湿地规划，但是对于规划执行和责任问题缺乏回应。或者与土地总体规划、城乡建设规划、环境规划、自然资源保护规划等规划之间缺乏衔接机制。

二是不够重视对于湿地资源的整体性分类和控制。湿地种类很多，不同湿地系统类型构成要素和环境生态功能是不一样的。其被污染和被破坏的社会风险也不尽相同，保护要求和社会控制也有所不同。如何对不同湿地资源类型进行差异化风险控制、如何针对同一类型湿地资源区分功能区实现分区控制等方面仍然存在问题。

三是不够重视湿地资源的区域性差异问题。西部各省各市在地理地貌上差距很大，湿地分布具有明显的区域差异性。不同湿地资源所需要的保护措施具体上会有差别，而目前的西部地方立法并没有考量其区域性差异问题。

四是不够注重湿地资源作为环境要素在特定环境生态系统中的关联性。环境要素之间不是孤立存在的，自然系统中的物质、能量和信息是动态的、流动的，环境要素之间存在内在关联性，并形成相对稳定的结构关系。这种关联性决定了在湿地资源保护上，需要关注湿地资源关联性，注重对相关资源的协同性保护①，不能纯粹从个体视角来设置湿地资源保护性措施。

西部地区湿地资源法律规制如果缺乏湿地资源宏观义务配置理念，就会导致缺乏从整体上保护湿地资源的措施。目前的地方立法文本上表现为法律规则设置相对零散而整体规定和统筹布局不足。例如，土地、渔业和湿地等资源有其相对独立的开发和利用过程，政府规制无效导致权利人权益难以实现。一些地方政府没有从整体上进行决策，仍以牺牲湿地资源为代价发展地方经济。

三、要注意社会性义务配置边界

对湿地资源这种特殊具有重大生态功能的自然资源，法律规制应以保护和保存为主、开发和利用为辅。即使对之进行开发利用，生态保护要求也会比其他资源要求更高。义务设定的边界性问题尤为重要，它决定了行为边界和法律责任起点。为此，要处理好三个基本问题：一是湿地资源开发利用权利和保护义务之间的关系，体现为环境权利规制必须以尊重湿地资源私法性权利的利用为前提和基础，并塑造有利于湿地资源私法权利权能实现的法律规则。二是政府规制义务和湿地资源开发利用权利人义务之间的关系。政府和相关部门对湿地的管理和规制，既是一种权力，也是责任。要合理配置规制义务，使得政府行为更具有科学性和合理性。三是社会主体（民众）的禁止或限制性义务。这是较为基础和传统的义务配置方式。通过设定社会主体的义务边界，明确社会主体针对湿地资源能做什么、不能做什么，哪些行为是禁止的、哪些行为是限制的，要有明确边界。

在法律制度设计中，针对不同的问题类型和行为情形，法律义务设置和履行具有不同的制度性条件和社会条件。社会问题虽具有社会共性，但是也会因为地方性影响而体现不同形态、规模和特征。在行为发生学意义上，公

---

① 在课题调研中发现，某市在地方立法过程中针对湿地保护区域之外，是否要设置一定的隔离保护地带，存在不同的声音和主张。从系统科学上，实际上这不应该是一个需要争论的问题。湿地区域立法保护固然重要，但是从系统看，湿地不是孤立存在的，湿地系统边界问题很重要，边界的社会活动甚至直接影响湿地保护的成败。因此在湿地区域边界之外，划定一定距离的隔离保护带作为系统的过渡地带，是符合系统科学理论要求的。

民和社会组织的义务配置和履行，一定要考虑这些义务设置和履行所依赖的社会、经济、文化发展水平等诸多因素制约。比如，在湿地资源开发利用过程中，对于湿地资源权利主体设置生态性社会义务，应充分考虑湿地资源环境容量控制、功能区规划、义务履行能力、义务履行方式等综合因素，并将强制性义务置于湿地资源整体性保护考量之中。开发利用过程中义务配置仅仅是湿地资源整体性保护方式之一，义务有效实现不仅依赖于开发利用人的履行行为，还有赖于政府和有关主管部门相关义务的履行。例如，政府和有关部门，有义务协助企业建立统一的湿地资源利用残留物处置、填埋基础设施，有义务提供相关义务履行的技术指导。尤其是政府规制和引导具有不可替代的功能，应该根据本地区、本区域实际情况，科学合理进行规制。换言之，这种规制也是一种社会性义务，是政府提供公共服务和公共产品的过程。

四、根据湿地资源不同形态设置社会性义务

不同区域或者形态的湿地资源所具有的社会价值权重是不同的，有的经济价值更为突出，有的社会价值更为突出，而有的生态价值更为突出。例如，广西红树林湿地是西部地区乃至全国众多湿地类型中较为特殊的。广西北海市、合浦县以及防城港市都具有重要的湿地保护区，这些保护区由于地处城区或附近，交通便利，基本都被开发为旅游景区，经济价值尤为突出，而在近岸海洋区域生态保护上，这些湿地的生态价值也尤为突出。这种价值的差异化源于湿地的种类不同①、构成要素差异、地域性差别等不同的影响因素。针对这些不同湿地形态，其保护的措施和方法有差异，要随之设置不同的社会性义务。甚至针对一些特殊类型的湿地形态，可以进行特殊的、专门的立法规制。②

一些湿地作为自然而存在并无多大经济利用价值。这种湿地以前往往作为"四荒地"存在，国家鼓励对其进行开发和利用。随着这些湿地的生态价值被人们慢慢认知和认同，才有妥善进行保护的利益诉求。此类湿地不宜设

①　参照《湿地公约》的分类，我国的湿地划分为近海与海岸湿地、河流湿地、湖泊湿地、沼泽与沼泽化湿地、库塘等5大类28种类型。

②　例如广西北海红树林保护问题，进入了北海市人大专门立法，但是为了突出对红树林的保护，很有可能进一步上升为自治区级的立法。其他如《福州市闽江河口湿地自然保护区管理办法》《长春市波罗湖湿地保护若干规定》都是专门立法的体现。

定资源开发利用权利，主要通过设置一些激励机制充分保证其生态功能实现。经济价值突出或者经济与生态价值并重的，可以进行一定程度的经济开发和利用。但即使如此，也需要考虑其经济稀缺性程度之不同。由于自然界中像水分、空气、阳光等非稀缺自然资源可以充分获取，人类社会总会持续增大规模进行利用，受"边际效用递减规律"的影响，资源效用价值也会不断低落逐步趋向其耗散价值，其性能价值也会不断降低。对稀缺的自然资源，不管是可再生资源还是不可再生资源，其使用价值通常大于零，其利用规模会受到限制。在经济增长中，再生资源会被耗费掉，由于资源再生数量和资源耗费量之间存在差额，其可被使用总量既有可能增加，也有可能减少。基于资源的有限性，作为整体性安排，资源分配需要考虑有限资源在本代人与后代人之间的分配、有限资源在本代人之间的分配、有限资源代内分配与代际分配的公平与效率。① 正如有的学者指出，水资源、野生动植物资源是可再生资源，设定收益权需要考虑资源的保护和合理利用，自然资源的利用不能超过可再生的限度；矿产资源是不可再生资源，设定收益权以考虑节约为主，使矿产资源的消耗保持在合理内限度。② 因此，需要根据湿地资源恢复能力来设定开发利用的社会性义务，其义务边界必须有利于湿地资源恢复和再生，保持其环境容量、自然资源承载力的增量或者不变。

第二节　西部地区湿地资源开发利用宏观层面社会性义务设置

湿地资源开发利用宏观层面的社会性义务配置，主要体现湿地资源整体性功能保护、修复和调整，这种义务设置模式的视角是整体性、宏观性和全局性的，代表性制度包括湿地资源规划、详细控制性规划、湿地资源生态红线设定、生态功能区划定，等等。

一、湿地资源规划设定

西部地区一些地方出现湿地资源开发利用滥用和失范现象，很大程度上

---

① 厉以宁. 经济学的伦理问题 [M]. 北京：生活·读书·新知三联书店，1995：99-121.

② 黄锡生. 自然资源物权研究 [M]. 北京：科学出版社，2005：56.

与当地地方湿地资源保护缺乏合理规划和多种规划并存相关。前者体现为对于湿地资源缺乏科学合理的规划思路和措施，后者体现为不同类型的规划产生冲突。例如，在城镇化进程中，不少地方土地和湿地资源之间缺乏合理的规划和安排，缺乏土地资源和湿地资源保护之间的相互衔接，导致了土地和湿地资源无序开发和利用。又以滨海湿地保护为例，在我国现行的规划体系下滨海湿地相关的规划众多，呈现"多规"并存现状，涉及滨海湿地相关的规划有国民经济和社会发展规划、主体功能区划、海洋主体功能区划、土地利用总体规划、城乡规划、海洋功能区划、环境保护规划、生态功能区划及近岸海域环境功能区划等，这些规划在层级、主管部门、规划期、主要内容、侧重点及编制依据等各方面都存在差异甚至冲突。①

　　湿地资源规划是对一定区域的湿地资源开发和利用作出总体部署和行动方案的安排。其目的在于对一定时间、一定区域之内，对该区域的湿地资源规定开发利用和保护基本目标、基本任务和制定基本措施，它可以在整体上对湿地资源的开发和利用设定边界和总量。从义务配置角度看，这是对资源利用权利进行的整体性规制。湿地资源开发利用规划方法与环境容量利用方法同理，同样是在总量控制基础上对自然资源的保护、开发和利用进行合理安排。随着湿地资源规划的进一步实施，必然会产生对所有权的干预，自然保护区、自然文物、风景保护区的所有权，会受一定程度的限制，而这种限制，尤其牵涉到对所有物的实际使用。② 西部地区可以通过加强湿地资源规划的制定和实施，实现对社会主体行为宏观层面的约束。具体而言，主要体现在以下几个方面：

　　一是通过对湿地布局和利用的划分确定湿地资源的环境忍耐力。环境忍耐力又称环境承载力，是在某一环境状态下通过相应的方针政策和技术手段，阻遏环境系统效能布局遭受无法挽回的毁坏，该地区环境系统所能承受的人类行径强度的最大值。通过评估环境承载力，确定被规划范围内的环境系统对于各种经济活动的最大支持能力，进而可以确定土地资源和湿地资源的开发规模和开发强度。

---

　　① 温荣伟. 基于生态系统管理的滨海湿地"多规合一"空间分类体系研究［D］. 国家海洋局第三海洋研究所，2017.

　　② ［德］鲍尔、施蒂尔纳. 德国物权法（上册）［M］. 张双根译. 北京：法律出版社，2004：572.

二是通过湿地规划确认或区划生态功能，规划生态保护红线。就一定的区域和地域而言，生态系统生态功能具有差异性。例如，一些区域性生态系统功能对于调节水土、气候或者维持生态系统功能尤其突出，而一些区域相对而言没那么突出。对于这些生态功能突出区域应该加以重点保护，根据生态系统功能大小、区域性生态特征以及区域生态调节敏感度、空间分布规律等要素，划定湿地资源生态功能区，该区域的经济产业发展，都必须符合生态功能区要求。通过生态保护红线对特定区域生态系统和环境要素实施强制性底线保护，这是湿地资源开发利用权利限制性和禁止性义务设定的前提和依据。

三是通过湿地资源规划明确其生态环境的原则、目标和措施。通过湿地资源规划进行环境保护要注重宏观目标制定，以改善区域生态环境质量为出发点，把总体性目标进行分解来制定环境保护指标体系基本原则和保护措施。而这些原则和措施，要契合区域性的湿地资源状态、分布规律，环境污染状态以及区域的社会经济发状况、环境保护水平和能力以及地方环境社会意识。

科学合理设定湿地规划内容，将更多重要的、典型的湿地生态系统纳入保护体系内，注重对于湿地资源的保护采用系统、有效的方法，避免缺乏规划和整体行动的"抢救式保护"理念和方法，科学合理地进行湿地区域布局，提高湿地保护和利用的有效性。从制度运行效率上，要解决多规并存可能引发的问题，有条件的可以实现多规合一，①或者将湿地作为独立的特殊土地类型加以保护。在理顺多规冲突问题基础上，可以把湿地生态保护列入区域发展规划。以广西北部湾经济区发展规划为例，可以把北部湾水生态规划包含生态湿地保护规划列入规划方案中，有条件的设立北部湾开发区湿地保护专项基金，根据受益者补偿原则，由不同的北部湾湿地保护和环境保护受益

---

① 多规合一，就是要将发展规划的目标与空间规划的坐标，结合在一本规划和一张蓝图上。土地利用分类，是从土地利用现状出发，根据土地利用的地域分异规律、土地用途、土地利用方式等，将一个国家或地区的土地利用情况，按照一定的层次等级体系划分为若干不同的土地利用类别。新版土地分类标准充分考虑了满足生态用地保护需求，完善了地类含义，细化了二级类划分，调整了地类名称，增加了湿地归类。这为日后进一步理顺一般土地和湿地之间的规制创造了前提。这实际上是按各规划的功能和定位，重新整理、优化区域空间布局的过程。

者进行资金补偿。

二、湿地资源生态红线设定

生态保护红线划定是湿地资源开发利用宏观义务设定的重要制度形态。生态红线是生态环境安全底线，它规定了在改进生态品质、提升环境性能、推进资源高质量应用等层面从严把控的最小空间范围与最高或最低数量限值。其体系一般包括环境质量安全底线、生态功能保障基线、湿地资源利用上线（简称为环境质量红线、生态功能红线、资源利用红线)[1] 生态科学已经揭示，一定区域的生态系统的服务功能很难被完全复制和替代，因为生态系统的多样性以及空间异质性，不能通过土地流转等方式进行保护区域的空间置换。所以，与耕地红线不同，生态红线不仅是一个数量上的概念，它更是一个蕴含空间、时间、湿地资源、生态服务功能、生物多样性的综合体。生态红线制度对于形成环境和环境要素的整体性保护、保障国家和区域生态安全、促进湿地资源开发利用的空间格局改善具有重大意义。这一制度在我国新修订的《中华人民共和国环境法》中得到立法确认，[2] 如此，生态红线保护由政策导向转为重要的法律制度。通过生态红线设定，实际上等于设定了环境保护宏观义务要求，对任何社会主体的行为进行了规制。[3] 但是法律规定毕竟是宏观性和原则性的，就西部地区湿地资源生态红线制度而言，还需要着

---

① 参见《国家生态保护红线——生态功能红线划定技术指南（试行）》（环发〔2014〕10号）。

② 《环境保护法》第二十九条第一款规定"国家在重点生态功能区、生态环境敏感区和脆弱区等区域划定生态保护红线，实行严格保护。"

③ 参见 http://www.sohu.com/a/239090244_691045，最后访问时间 2019 年 10 月 15 日。根据云南省《云南省生态保护红线的通知》，云南省生态保护红线面积 11.84 万平方千米，占国土面积的 30.90%。旨在充分保护云南的自然保护区和自然遗产。云南省生态保护红线包含生物多样性维护、水源涵养、水土保持三大红线类型，11 个分区。以滇西北高山峡谷生物多样性维护与水源涵养生态保护红线为例，该区域位于云南西北部，涉及保山、大理、丽江、怒江、迪庆 5 个州、市，面积 3.54 万平方千米，占全省生态保护红线面积的 29.90%。重点保护物种有滇金丝猴、白眉长臂猿、云豹、雪豹、金雕、云南红豆杉、珙桐、澜沧黄杉、大果红杉、油麦吊云杉等珍稀动植物。云南白马雪山国家级自然保护区云南高黎贡山国家级自然保护区香格里拉哈巴雪山省级自然保护区三江并流世界自然遗产地。生态红线一旦实施，从国家机关、社会组织到个人，都要受到红线设定的基本义务的规制。

重处理好以下几个问题：

一是湿地资源生态保护红线划定与当前既有相关制度之间的协调。既有的一些自然资源制度中，自然资源单项立法确立了不同的特殊区域划定与保护制度，例如土地法上的基本农田保护区制度、水法上的饮用水源保护区制度、渔业法上的渔业重要养殖水面制度和水产种植资源保护制度、草原法上的基本草原保护制度等，这些制度中也有类似生态红线的义务要求上的禁止和限制义务设定。湿地资源生态保护红线划定与上述制度具有相关性，不同制度之间的义务设定可能具有差异性，甚至存在矛盾和冲突之处，为保持法律规范的协调性，需要进一步理顺其中关系。

二是注重湿地资源生态红线作为宏观层次社会义务的具体化。湿地资源生态红线实际上是自然资源宏观层次社会性义务的确立，更多体现为一种宏观规制视角下湿地资源保护和开发利用整体性要求。为了产生良好的制度效果，还需要将湿地红线这种规制工具具体化、操作化和流程化，加强相关配套立法规制保障，避免红线变"虚线"。制定差异化管控、监测与监察、统一监管、越线责任和公众参与等健全生态红线划定和保护具体实施的法律法规保障体系。①

三是注重湿地生态系统上多元要素生态红线规制的协调。湿地资源生态红线的内容是丰富多元的。不同行政部门根据自身管理职责，对相应的环境要素具有管理权限，划定不同红线，例如国土、林业、海洋、环保部门都有根据职能划定生态保护红线的权限。要构建合理协调机制，避免职责边界不清、各自为政、多头监管等问题。生态保护红线包括质量红线、资源利用红线和生态功能红线三类，它们之间的关系要理顺。从内在逻辑看，三者并非平行并立关系，相对于质量红线和资源利用红线而言，生态功能红线更加宏观，是他们两者设定的基础。

三、生态功能区的划定

对自然资源进行生态功能区的划定越来越作为一种重要的自然资源宏观规制方法。地方上因经济发展而进行的房地产开发、城镇扩张、项目推进等

---

① 王灿发，江钦辉．论生态红线的法律制度保障 [J]．环境保护，2014（Z1）：30-33．

导致湿地资源用地无序利用的区域发展问题。为了解决这些难题，我国正逐步推进主体功能区规划、优化国土空间开发格局的宏观规制方法。2010 年，这一方法在国家发改委颁布的《全国主体功能区规划》中有明确的规定。并在《十三五规划》（2015）中得到确认和重申。① 具体而言，依据《全国主体功能区规划》中的规定，主体功能区是指基于不同区域的资源环境承载能力、现有开发密度和发展潜力等，将特定区域确定为特定主体功能定位类型的一种空间单元。按开发方式的不同，可将主体功能区分为优化开发区域、重点开发区域、限制开发区域和禁止开发区域；按开发内容的不同，可将主体功能区分为城市化地区、农产品主产区和重点生态功能区。② 其中"重点生态功能区"的提出和确立，对自然资源生态保护有重大影响。生态功能区的开发形式、开发实质等对应关系依照功能主体的差异有所不同，详尽表现为：以提供工业产品和服务产品为主体效能，优化开发区域和重点开发区域与城市化地区相对应；农产品主产区以提供农产品为主体效能，重点生态功能区以提供生态产品为主体效能，约束开发区与农产品主产区和重点生态功能区相对应。生态产品是指保障生态循环调节功能、保证生态环境安全、营造良好人居环境的自然要素，其中包括清洁水源、清新空气和宜人气候等。可见，生态功能区制度已经成为我国环境生态保护和自然资源开发利用中的基础性、宏观性法律制度。湿地资源保存、开发和利用的具体权利和义务规则设定，都要建立在这一宏观性、基础性基本制度之上。当前重点生态功能区需要解决的问题是功能区保护激励问题。

　　重点生态功能区输出的产品是具有社会公共性的生态产品。当前，地方性社会公共产品主要通过地方政府组织实施保护。而在我国的生态功能区建设中，地方政府提供公共产品行为存在不同程度的问题：一是政府包揽生态功能区保护工作，对地方政府影响力、组织力和执行力评估不足；二是地方

---

① 2015 年 11 月 3 日发布的《中共中央关于制定国民经济和社会发展第十三个五年规划的建议》明确提出，发挥主体功能区作为国土空间开发保护基础制度的作用，落实主体功能区规划，完善政策，发布全国主体功能区规划图和农产品主产区、重点生态功能区目录，推动各地区依据主体功能定位发展。以主体功能区规划为基础统筹各类空间性规划，推进"多规合一"。

② 《国家发展改革委、环境保护部关于做好国家主体功能区建设试点示范工作的通知》（发改规划〔2014〕538 号）中要求，在开展国家主体功能区建设试点示范工作时"划定城市发展空间、农业生产空间、生态保护空间三类空间开发管制界限"。

政府保护行为手段过于单一、市场机制运用不足，生态功能区环保、道路、教育、医疗等公共产品供给不足，例如，没有严格将竞争性投资项目和公益性投资项目区分，使得生态功能区的基础设施建设、土地出让拍卖等方面存在漏洞；三是地方政府基于短期绩效考评目标实现，协调经济与环境整体发展不够。一些政府官员甚至为获取政绩和连任甚至升迁，迎合公众的近期福利偏好，制定一些从长远看弊大于利的决策；四是政府行为结果地方保护的自利性。① 地方政府这种失范行为导致在生态功能区建立和保护问题上出现了中央和地方政府的目标偏差。

国家重点生态功能区较多地集中在西部地区，很长时间在这些地区开展主体功能区建设，地方与中央之间会存在这样的博弈局面：中央倾向于寄望地方政府尽量通过自身在行政管理方面的创造性，努力实现本地区经济社会发展与生态环境保护的双赢；而地方政府更倾向于在现有管理模式下，获得更多来自中央政府直接而快速的投入以达到相同的效果。倘若来自中央政府的相关投入满足不了地方政府的需求，则地方政府会倾向于优先保证经济社会发展而减弱在生态环境保护方面的努力。② 这可以说明在生态功能区施行中出现的一种现象，即不少县（市）都担心在国家级和省级主体功能区筹划编制进程中被规划纳入重点生态功能区。重点生态功能区意味着限制开发利用，也意味着地方政府要承担更多的生态环境保护职责、加大本地财政投入、进行产业升级以符合更高的环境控制标准、定期进行生态环境修复。湿地生态系统以合理保存、限制或者禁止开发利用为原则，其价值难以通过市场交易直接实现。因此，实现湿地保护和留存目标，需要外部投入而不是内部供应。例如，要考虑适当加大财政转移支付支持生态效益补偿。

第三节　西部地区湿地资源开发利用
微观层面社会性义务设置

地方湿地资源开发利用微观层面社会性义务设置的确立，是在宏观义务

---

① 曹姣星. 生态功能区建设中政府行为失范的具体表现与诱发因素分析 [J]. 云南行政学院学报，2015，17（3）：53.

② 韩博. 对国家重点生态功能区和县级主体功能区建设的思考 [J]. 云南社会科学，2016（1）：69-72.

设定的要求和边界下，针对社会主体的具体开发利用行为设定行为规范边界。例如尊重湿地资源生长规律义务设定、禁止性义务设定、限制性义务设定、生态恢复和修复义务设定、生态损害填补性或补偿性义务设定等。

一、尊重湿地资源要素生长规律进行义务设置

湿地资源生态系统具有自身生成、生长规律，系统中生物要素形成生态链错综复杂、结构具有多层级。湿地系统中的每一种环境要素，都有其自身自然生长规律。西部地区湿地资源具有系统性、脆弱性，一旦破坏就可能造成永久性损害。从生态安全战略出发，国家对西部湿地资源保护提出了更高的要求，划定重点生态功能区和各种保护区，能不进行经济性开发利用的尽量不进行；需要进行开发利用的要以维护湿地生态系统动态平衡、保持其生态服务价值为要求。因此，要遵循湿地资源系统动态规律和湿地环境要素的生长规律，科学化、可持续地开发和利用湿地。

从尊重和维护湿地资源生态系统出发，在法律规制上可以要求权利主体考虑湿地资源储存和生长规律、合理布局，不能采用损耗性、非持续性开发利用行为，保证湿地资源要素再生。例如，遵循湿地资源生态规律，选择对湿地资源生长和恢复有利的开发方式、开发规模和开发强度；尽量综合考虑湿地资源多元价值的实现；开发利用各环节尽量做到综合利用、综合回收，实现湿地资源的多目标、多用途的开发利用；开发利用要以满足湿地资源的自我调节能力为限度。湿地资源系统最基本的环境要素是土地和水，这是义务设置考量重点方面。开发利用过程要保持湿地面积不减少、湿地土壤功能不退化、湿地没有受到破坏性的污染，湿地水资源利用没有影响到湿地生态系统的平衡。湿地可以储藏和调节水资源，是农业发展的重要保证。湿地可以保证农田灌溉用水，还可以对洪水进行分洪、泄洪，保证农田不受洪水的威胁，可以发展水体生物，发展航运和利用水能。需要权衡和平衡湿地要素生态保护和经济利用。最好的方式是先进行区域性保护，例如建立湿地公园、自然保护区，然后再进行以保护为基础的旅游等开发利用。

二、湿地资源开发利用禁止性和限制性义务设置

资源利用禁限是指为了保护环境资源需要，依据环境资源自身特点对开

发和利用环境资源的时间、范围、工具、行为方式、对象等作出限制或禁止。禁止性义务是指特定区域或特定的一段时间内绝对不准进行湿地资源的开发和利用；而限制性义务一般是对湿地资源的开发和利用，在数量、区域、地段、方法、措施、程度等要素加以不同程度的控制和限制。

　　湿地资源开发利用的禁止和限制，首先要确立需要禁止和限制的湿地资源客体范围①：一是濒危的湿地资源，这类湿地资源的数量已经十分稀少，有的甚至濒临，从维护生物多样性出发，必须采取措施，禁止或限制这些资源的开发和利用；二是处于生长期的湿地资源，受到生态规律的制约，湿地资源的再生繁衍需要一定的周期，为了保证其生长周期的完整性，保护其再生能力，有必要对资源开发利用程度进行限制，以实现湿地资源的可持续发展；三是处于环境敏感区的湿地资源，这类湿地资源因其所处的位置对环境的影响较大，具有重大的生态价值或审美价值，因此，为使当地的小环境整体不受影响，对它们的开发利用进行必要的禁止或者限制；四是具有重要科研价值的特种资源，这类资源一般包括特殊的地质、地貌、特殊的古迹、文物等，人类对它们尚不够了解，一旦遭到开发行为的破坏、则造成信息的永久性损失，因此需要采取谨慎的态度；五是具有多种用途的湿地资源，在开发利用此类湿地资源之时，需要对其开发利用的方法、工具和技术进行限制，以促使其综合利用、合理利用和效率利用；六是国家基于环境公共利益的实现需要，对于特定资源的禁止和限制利用。

　　主要的禁止或者限制方法可以采用以下几种方法：

　　（1）湿地资源用途的禁止和限制。用途限制是最常见的限制方法。我国的土地用途管制即是这种方法的运用。将湿地资源按照科学方法进行分类，比较其经济价值、生态价值和社会价值的权重，然后加以分类利用，并设定各种用途之间的管制方法。这是实现湿地资源价值最大化的最好方法。当然，这种方法的运用，需要在立法上确认湿地资源的基本分类以及用途。此外，还需要与土地分类相结合，两者之间要协调一致。

　　（2）湿地资源利用工具的禁止和限制。利用工具不同对湿地资源影响也不同。对于给湿地资源成长带来毁灭性的、严重杀伤性的利用工具，应该禁止和限制使用。例如，在渔业资源利用过程中，需要禁止和限制对渔业资源

---

　　① 吕忠梅．环境法导论［M］．北京：北京大学出版社，2015：157.

生长具有严重破坏性的电鱼、炸鱼等方法和工具的运用。

（3）湿地资源利用时间的禁止和限制。与渔业资源、海洋资源和野生动物等类似，湿地资源的生长、恢复具有时间规律性，法律规制上要对之充分考虑。例如在湿地环境要素自然孵化、幼儿成长的时间阶段，要禁止和限制利用。

（4）湿地资源利用区域的禁止和限制。区域限制主要指根据这个区域的湿地资源特点，先划出一定区域，然后对该区域的社会活动加以禁止或者限制。基于环境要素之间的关联性，不同环境要素之间组成的结构稳定性不同，导致了不同生态系统之间的脆弱性也不同。此时，个体性保护不足以实现对生态系统保护。因此，划定一定区域范围对之进行专门保护非常有必要。比如划定湿地资源保护区、国家森林公园等生态敏感区、脆弱区，这是区域规制方法的运用。

（5）湿地资源利用对象的禁止和限制。对不同湿地资源进行价值评估，进而根据价值大小确定其开发利用程度。对于开发利用之后损毁性很大甚至是永久性灭失的生态物种或者湿地资源，应该禁止开发利用；对于开发利用之后对生态系统影响较大、储量大但属于不可再生资源或者资源总量短时间难以恢复的可再生资源，应该限制利用。

此外，微观层次社会性义务的设置要区分消极义务和积极义务两种不同义务形态，他们在行为要求、义务规范设定以及义务内容等均有不同。前者一般通过禁止或者限制物权人不得从事某种行为来达到保护环境的目的，这些行为一般是环境有害行为，这种通过限制或者禁止方法设定的义务方式一般是间接义务。后者一般通过规范权利人采取维护、维修、净化等利于环境保护的措施等方式，这种通过激励行为人作出积极行为的义务方式一般为直接义务。积极义务中有直接性和间接性的：直接性积极义务体现为要求行为人作用的行为对象直接为环境或者环境要素；而间接积极义务体现为要求行为人作出并非直接作用于环境和环境要素、对环境保护有利的行为。

湿地资源开发利用者所承担的微观层面的社会性义务大多带有强制性，这种义务在一定范围内不可选择、不可协商且不可转移。由于此类义务涉及开发利用者权利限制，从公平角度出发，要根据实际情形合理设计义务内容强制性程度。如果强制性过高，甚至远远超出开发利用者负担能力，那么即使设定的环境目标是严格和高尚的，也容易导致义务不可执行、环境目标落空。如果义务内容强制性过低，甚至远远低于开发利用者人的负担能力，那么，因其没有给开发利用者提供足够行为激励，也难以达到环境规制目的，义务履行同样缺乏效率。一般而言，义务设定要区分积极性义务和消极性义务的不同要求。前者义务内容强度相对较低，因其要求行为主体做出某种有利于生态环境保护直接行为。此外，由于开发利用主体范围很广泛，不同主体行为能力具有差异性，加以西部地区的湿地资源种类繁多、具有地域性和空间性的分布差异，应该区分不同组织形态、地域差异、行业性质等不同利益主体，进行不同法律义务配置。后者消极性义务设置的主要是不作为义务，社会主体不需要作出积极行为，而其内容要求以科学证明对环境无害为标准。

三、修复性和恢复性义务设置

由于在同一土地范围之内关联性环境要素种类繁多，湿地资源的开发和利用容易导致与之相关的环境要素损毁、生态系统的平衡能力遭受破坏。为了把环境损害降到最低，维护湿地面积的动态平衡解决我国湿地流失严重问题，需要设置恢复性环境义务。

《中华人民共和国民法典》出台之前，通过环境侵害救济方式来适用"恢复原状"责任以达到资源修复和恢复，具有很大的法律障碍。例如在适用范围方面，不少学者认为该责任方式不能直接适用于"环境损害恢复"，而只能适用于人的财产或者人身损害恢复。"恢复原状"之制度设计假设，为"物"之毁损的恢复，针对的有形之物，要有恢复的可能性和操作性，而"生态系统不是物，恢复原状不能包含生态恢复"。① 同时，在私权损害救济上，其恢复原状标准的确定、损害的可恢复性难认定、环境恢复的经济性都有问题。2020 年通过的《中华人民共和国民法典》，在 1234 条确立了生态环境损害的修复责任，在某种程度上解决了环境损害私法规范责任缺失问题。但是，这一责任的性质和实施，引发了不少的争议。这一责任大多通过环境公益诉讼或者环境损害赔偿诉讼实现，不能代替政府规制层面的相应义务设置。因此，

---

① 魏迎悦. 环境污染侵权中恢复原状的理论与实证考察 [J]. 黑龙江省政法管理干部学院学报，2017 (1)：95-99.

在公法意义上设置社会性义务成为必要。

恢复性环境义务设置旨在达到开发利用资源的同时，尽可能让湿地资源随之增殖。社会主体在开发使用湿地资源时，会采取一系列的措施，更新、节约、养护、增殖、综合利用湿地资源，这就是恢复性环境义务。① 此类义务有不同的设置路径，可以根据不同类型的自然湿地生态系统区域，以功能保护区为基础设定限制性和禁止性的法律义务。例如，恢复和整治已经受到污染和破坏的环境、禁止建设破坏和污染环境的设施、不得降低整体环境在精神上的美观舒适愉悦度等，违反义务导致湿地资源损害的，应当承担修复性或恢复性法律义务。另外，也可以在涉及湿地项目的开发利用招标或者审批中，设定湿地恢复性义务作为附加性条件。这方面美国的做法值得借鉴：1980 年，美国环保部门为了修正许可证的申请过程，对1975 年的《环境导则》进行了通盘修订，详尽制定了规避和降低环境损害的细致条件，明确了依据《清洁水法》第四百零四条签发许可证的实质环境尺度。《环境导则》明确规定，申请者若要获得开发活动的许可必须满足这样一些要件：不存在比现有项目对环境影响更小的替代方案；该项目不违反其他法律；该项目对湿地不会产生重大影响；该项目已采取所有减小对湿地不利影响的合适可行的措施。② 对于湿地恢复性义务设定，具体而言至少有恢复受损的湿地、新建新的湿地、强化现有的湿地功能、特别保存现有的湿地四种可以借鉴的方式。③当然，在西部地区湿地地方性法规或者规章

---

① 《森林法》第三十五条规定："采伐林木的单位或者个人，必须按照伐许可证规定的面积、株数、树种、期限完成更新造林任务，更新造林的面积和数不得少于采伐的面积和株数。"2003 年《中国的矿产资源政策白皮书》提出"建立多元化的矿山环境保护投资机制，建立矿山环境保护和土地复垦履约保证金制度……对生产矿山，建立以矿山企业为主的环境治理投资机制。对新建矿山，由企业负担治理资金"。

② 参见邵琛霞. 美国缓解湿地流失立法变迁及其启示——以损害补偿为中心 ［J］. 云南大学学报（法学版），2013，26（1）：152-157.

③ 恢复受损的湿地，对于从前的湿地或者受损的湿地，恢复其自然的功能或者曾经有过的功能和特性；新建新的湿地，在原先不存在湿地的地域新建人工湿地，这种方式可以增加湿地面积和功能；强化现有的湿地，这种方式提升、加强或者改善现有湿地的某些功能，一般用于一些特殊的目的，比如改善水质、提高蓄洪能力、改善物种栖息地等，其有助于增加湿地的功能；特别保存现有的湿地，通过建立合适的机制永久保存一些极具生态意义的湿地。四种湿地损害补偿方式的选择不是平行的，恢复受损的湿地是最佳的选择。

层次上，这种义务设定，不可能太具体细化，主要是明确生态恢复或者修复的义务追究主体、基本条件或者基本目标，例如目标包括遏制环境损害、消除污染侵扰、冻结生态摧残、修复水质、挽救树木、恢复渔业资源等要素，不可能载明具体的生态修复要求内容。具体内容和责任范围往往以专业的机构或者政府有关部门作出的环境损害评估为基础，在法律责任追究过程中提出的治理或者整治方案加以明确。

四、生态损害补偿性义务设置

湿地资源开发利用产生的外部性问题，除了通过修复和恢复性义务来实现，还可以通过损害性补偿或者生态补偿来实现。广义上，其实恢复性义务设置是对生态损害、破坏的一种填补。狭义上，损害补偿是在恢复性义务难以履行或者追究情况下，以通过环境损害补偿和生态补偿的方式进行的环境损害填补。与引入政府规制相比，有时候更好的方式或是设计一种责任规则——其对污染损害费用负担的分配要能够促进问题的"有效"解决。①

生态性补偿也叫生态效益补偿，是指为实现调节性生态功能的持续供给和社会公平，国家对致使调节生态功能减损的湿地资源特定开发利用者收费（税），以及对调节性生态功能的有意提供者、特别牺牲者的经济和非经济形式的回报和弥补的法律行为。② 它是环境物权行使造成社会性损害的一种间接规制方法。其本质是以保护和改善生态环境为目的，通过协调生态保护背后各方的相关经济利益，补偿相关利益主体，来激发人们保护生态环境的积极性。

生态补偿可以采用抑损性补偿和增益性补偿两种方式。③ 抑损性补偿是对开发、利用自然资源使生态调节功能丧失的开发者和利用者收缴生态效益补偿费。增益性补偿是国家为了维护、增值生态调节功能，加强对生态环境保护，对经济利益受损付出代价者给予的补偿。在增益性补偿中，补偿施主体是国家，补偿接受主体是为调节性生态功能贡献者或者牺牲者。在抑损性

---

① ［美］史蒂芬·布雷耶. 规制及其改革［M］. 李洪雷、宋华琳等译，宋华琳校. 北京：北京大学出版社，2008：37.

② 张爱年. 生态补偿法律制度研究［M］. 北京：法律出版社，2008：51.

③ 张爱年. 生态补偿法律制度研究［M］. 北京：法律出版社，2008：48-49.

补偿中，湿地资源特定开利用者是补偿实施者，补偿接受者是国家或者其他社会主体。生态效益补偿是行政补偿行为、行政征收行为、行政合同行为三种法律行为的综合。在抑损性生态效益补偿中，国家对湿地资源的合法开发利用者收取生态效益补偿费实际上是国家基于行政管理职能在环境保护领域所为的一种行政征收行为。增益性生态补偿是受益主体无法确定时进行的一种行政补偿行为。根据行政补偿类型，我国国家层面生态补偿有保护生态环境而对公益林区实施禁伐或限伐，给林农的经济带损失而引起森林生态效益补偿，对沙化地区农民的土使用限制引起的补偿，对自然保护区周围居民的湿地资源使用权限所引起的补偿等，这些都属于财产权限制特别牺牲补偿。①

　　生态补偿本质上是一种行政补偿方式。而行政补偿制度则集中体现了现代行政法这一核心问题。这是管制行政模式刚性规制方法逐渐转变服务行政、给付行政模式的柔性规制方法的公共问题治理机制转型，目标在于有效协调社会的多元化利益诉求。在服务行政、给付行政的主题和语境下，对环境物权之限制和约束，使得环境物权人构成了行政法所谓之"特别牺牲"。② 一方面，国家为了保证公共利益的实现，促进整体发展或是减轻整体损失，在约束特定个人或者组织的环境资源开发利用权利的过程中造成了特别牺牲，基于环境公平理应给予损失填补，即生态补偿样态的行政补偿；另一方面，这种补偿方式反映了法治国家平衡公共利益与私人利益之间的形式，展现了社会公平和正义的价值追求，最大限度地调和了集体与个体之间的矛盾。有时候，对湿地资源开发利用权利的规制具有社会性和价值判断的合法性，它有时不是谁对谁错的问题，而是谁应该作出适当的牺牲以实现社会利益

---

①　张爱年. 生态补偿法律制度研究［M］. 北京：法律出版社，2008：57-59.

②　"特别牺牲说"源于德国，系著名公法学家奥托·麦耶提出。依据台湾学者公认之精要定义，特别牺牲说是指国家为公共利益行使特定公权力，并非一般性，针对一般人产生同样影响或限制，而是针对某些特定人，逾其社会责任所应忍受之范围而给予不平等之负担，使其须忍受特别的损失，基于平等原则，其损失应由共同经费来负担，亦即以租税等形式分配给全国人民分担之。也就是说，为了国家、社会和公共利益的需要，牺牲个人的利益是必要的，但公众受益的国家行为造成的损害不能由个人负担，而应由公众负担，所以，国家应该从公众的税收——国库中支付一定的补偿费用，以弥补受到特别侵害的个人的损失。参见李晓新. 论我国行政补偿制度构建的理论基础［J］. 同济大学学报（社会科学版），2008（3）：89-94.

的问题。

五、作为违反社会性义务责任强化的代履行制度

在我国环境法律制度中出现的新型的制度形态中，代履行制度是我国生态环境法律重要制度之一。因义务人主观或客观原因没有履行相应义务，行政机关可以决定由他人代庖，履行产生的相应费用由义务人承担，即为代履行制度。《中华人民共和国行政强制法》以及一些环境保护的重要法律制度都对该制度做了规定。① 代履行制度将行为义务转换为付费义务，一定程度上避免了行政机关和义务人间的矛盾冲突，丰富了生态环境行政强制执行路径，并为生态环境领域的第三方治理提供了法律根据。同时，对激发他人参与环境污染治理的积极性和主动性、提升环境执法效力有重要作用。从西部地区地方性湿地保护立法看，不少法规或者规章在具体的规定中，都明确规定了代履行制度②，部分规定如表 6-1 所示。

---

① 《中华人民共和国行政强制法》（2011）第五十条规定："当事人不履行行政决定，其后果已经或者将危害交通安全、造成环境污染、破坏自然资源的，行政机关可以决定实施代履行，或者委托没有利害关系的第三人代履行。"该法第五十一条、第五十二条明确了代履行应当遵守的规定及其程序措施。这三个法条首次以基本法形式明确了我国环境行政代履行制度。《中华人民共和国水污染防治法》第八十三条第一款规定："企业事业单位违反本法规定，造成水污染事故的，由县级以上人民政府环境保护主管部门依照本条第二款的规定处以罚款，责令限期采取治理措施，消除污染；不按要求采取治理措施或者不具备治理能力的，由环境保护主管部门指定有治理能力的单位代为治理，所需费用由违法者承担……"《中华人民共和国固体废物污染环境防治法》第五十五条规定："产生危险废物的单位，必须按照国家有关规定处置危险废物，不得擅自倾倒、堆放；不处置的，由所在地县级以上地方人民政府环境保护行政主管部门责令限期改正；逾期不处置或者处置不符合国家有关规定的，由所在地县级以上地方人民政府环境保护行政主管部门指定单位按照国家有关规定代为处置，处置费用由产生危险废物的单位承担。"《中华人民共和国放射性污染防治法》第五十六条规定："产生放射性固体废物的单位，不按照本法第四十五条的规定对其产生的放射性固体废物进行处置的，由审批该单位立项环境影响评价文件的环境保护行政主管部门责令停止违法行为，限期改正；逾期不改正的，指定有处置能力的单位代为处置，所需费用由产生放射性固体废物的单位承担……"

② 非西部地区的湿地保护条例中，也大多对代履行进行了规定。例如《北京市湿地保护条例》（2012 年）第四十二条第三款规定"当事人逾期不恢复原状或者逾期不补建的，湿地保护管理部门可以依法实施代履行。"南京、广州等地的湿地保护条例或者立法文件，也都确立了湿地保护的代履行制度。

表 6-1　　　　　　　西部地区湿地立法中的代履行制度

法 律 名 称	出台时间	条 文 内 容
南宁市西津国家湿地公园保护条例	2016 年 9 月	第三十二条　违反本条例第十五条第二款规定，条例施行后仍然种植速生桉树的，由横县人民政府林业行政主管部门处每亩三千元罚款，并限期更新为适宜涵养水源的其他树种；逾期不更新的，依法实施代履行。
西安市湿地保护条例	2016 年 10 月	第四十三条第二款 施工结束后，建设单位应当及时修复因施工破坏的湿地；未履行修复义务的，湿地保护行政主管部门可以组织代为修复，所需费用由建设单位承担。
阿坝藏族羌族自治州湿地保护条例	2009 年 4 月	第二十九条 第四款第四项 违反本条例规定，有下列行为之一的，由县级以上湿地行政主管部门责令其停止破坏、限期恢复，并视情节轻重按下列规定予以处罚；有违法所得的，没收违法所得；构成犯罪的，依法追究刑事责任；……（四）当事人在责令恢复期限内拒不恢复或者恢复不达标的，由相关行政主管部门组织代为恢复，所需费用由当事人承担。……

　　该制度如何才能所适用于不同的湿地资源开发中，还需要进一步探究。湿地修复责任的代履行制度在主体边界、相关程序、费用标准、救济措施等法则中仍存在模糊。①

---

　　① 唐绍均，蒋云飞．环境行政代履行制度：优势、困境与完善 [J]．中州学刊，2016（1）：85.

第七章　社区协同保护视角下西部地区湿地保护社会参与机制

第一节　我国西部地区湿地保护社会参与的价值和意义

从全世界范围看，环境保护层面的社会参与是环境管理的一种趋势，同时也是一个备受关注的社会问题。环境保护层面的社会参与具有多元化的、丰富的理论依据，其中具有代表性的是环境权理论和公共政权监督理论。这两个理论使得我国西部地区湿地保护社会参与具有重要的价值和意义。

一、环境权理论的解释

环境权是新发展起来的权利形态，相对于传统民事权利、行政性权利而言，它是一种新型的重要法律权利，既是环境保护立法、执法和诉讼的基础，也是环境保护法的一个核心问题。

环境权是人类发展权的一种。人类发展和环境保护是相辅相成的关系，人类的发展势必要在一定程度上利用自然环境中的资源。在工业革命前期，人类没有认识到对自然环境资源的索取必须有所节制，因而引发了很多破坏环境的问题。进入 20 世纪 50 年代后，人类开始认识到保护环境的重要性，人类社会本身就是自然生态环境的一部分，人类发展权与环境权是互为因果的关系，相关的一系列环境保护理论也相继被提出。从理论研究层面看，环境权的实现与否，关系到人类社会能否可持续发展，而人类社会的健康、良好发展，能够使人类具有更强的环保意识，能够使人类群体具备更强的环境保护能力，从而能更好地确保环境权。从实务层面上看，人类社会的健康、良好发展有赖于对自然环境的合理地、有节制地开发和利用，即自然环境的可持续发展就是人类社会的可持续发展，而人类对自然环境的开发和利用，又终究要从自然环境资源中进行索取。在可持续发展理念的指导下，人类的索取程度、索取方式、索取标准必须受到环境权的限制和约束，这种限制和约束关系到人类发展权的行使方式以及变现形式。所以，不管是理论层面还是实务层面，对环境权研究本质上就是对人类社会的研究。1970 年《东京宣言》第五项规定："我们请求，把每个人享有其健康和福利等要素不受侵害的环境权利和当代人传给后代人的遗产应是一种富有自然美的自然资源的权利，作为一种基本人权，在法律体系中确定下来。"1972 年《斯德哥尔摩宣言》规定："人类具有在一个有尊严和幸福生活的环境里，对自由平等和充足的生活条件的基本权利，各国政府以保护和改善现代人和后代人的环境具有庄严的责任。"参与权是环境权利的重要内容之一。之后的《里约宣言》也原则性地规定了知情权与社会参与的原则。明确提出了社会参与原则的相关主张：一是环境问题应该在社会公民的充分参与下得以解决，一个国家的公民有获取不同级别国家管理机构关于环境信息的权利；二是一个国家的公民，有权利参与涉及环境管理和相关各项决策进程的机会；三是各国公共管理机构，应该通过提供广泛的资料、加大宣传等方式，来为公众认知环境问题和参与环境事务提供必要的激励和便利；四是国家有义务设立有效的行政程序以及司法程序，并注重设计其中的救济程序和合理补偿程序。从法律权利理论视角上看，公民的社会参与是法治社会的基本要求、是民主社会的一项基本权利。法治社会、民主社会在权利问题上的基本准则，是要求政府行使公共权力之时，如果该项权力的行使可能给社会公众带来可以预见的或者潜在的不利影响，那么，政府就应该听取相关利益人的建议和意见，并将合理的建议和意见，纳入公共权力行使的基本内容之中，以追求实质性的公平。

就湿地保护而言，从宏观角度看，湿地保护与当地的社会发展呈长期的正相关关系，但是从微观角度看，两者之间却确实存在着一定的矛盾关系，如何将这些矛盾关系统一到宏观的正相关关系中来，是建立湿地保护机制的过程中必须考虑的问题。在我国西部地区湿地保护中所采取的易地搬迁、生态补偿、社区共管、社区扶贫与社区旅游等主要措施，从相关项目的设置与启动，到措施的执行与落实，均离不开当地社区、居民的支持和配合。有的地区还通过当地社区、居民积极参与湿地保护，取得了一定的治理成绩与可推广经验。

二、有效社会监督理论的解释

从社会治理的角度分析，社会力量积极参与到原先单纯由政府行政机关实施的管理工作中来，也是社会监督的一种形式。如果让社会力量充分发挥监督的作用，仅仅是让其作为旁观者进行"场外裁判"是远远不足的。传统的"场外裁判"监督模式不足以使社会力量全面、准确地了解被监督对象，社会力量有可能会受到被监督对象的蒙蔽，也有可能出现因监督错位而出现干扰被监督者正常施政的问题。正所谓"没有调查就没有发言权"，社会力量的"发言权"不能被否定，但是未经调查就作出的"发言"实际上不利于监督的实施，这样的监督实际上是有监督之名却无监督之实。为了解决社会力量因"场外裁判"无法有效行使监督权的问题，将社会力量引入到社会服务中，让社会力量参与到社会管理工作中，形成政府与社会力量共同治理社会的机制，能够让社会力量充分了解社会治理的过程和细节，知悉社会治理的目标和要求，有利于社会力量对政府机关的工作进行全方位的监督，有利于社会力量在监督过程中提出建设性的意见和建议，并且能够使社会力量更加积极更加广泛、深入地参与到社会治理中。另一方面，在我国传统"单位制"社会管理体系逐渐瓦解，政府机关面对各类复杂社会问题的管理工作处于超负荷状态运行的当下，积极引入社会力量进行参与式监督，能够促进管理不到位、教育宣传不足等问题的解决。

在环境问题上，尽管每个国家和政府需要解决的环境问题形态和类型千差万别，但是其所面临的环境核心问题大同小异。整体上，各个国家在环境问题上最主要和本质的问题，是如何协调环境保护和经济发展之间的冲突，即如何在整体上实现国家和社会的可持续发展，而要真正解决这个问题并非易事。以我国西部地区湿地保护和经济的协同发展为例，虽然很多地方企业实现了经济增长，但是对湿地产生的环境破坏问题巨大，甚至是经济增长的贡献远难以抵消其给当地社会可持续发展带来的负成本。从经济学角度出发，应该关闭这些没有经济效率的企业。但实际上，这些企业没有被取缔，也没有真正承担应付的环境成本和被追究相关的法律责任。其中，企业和地方政府合谋而形成利益共同体，政府职责公共性的丧失，湿地保护中的地方政府失灵，是难以解决这一矛盾的重要原因。鉴于地方政府的权力执行瓶颈和信息瓶颈，中央政府想要监督制止这些消极行为，需要付出高昂的监督成本，由此产生了政府湿地保护行为中的一大顽疾。为此，社会监督成为必要，而且这种监督必须是有效的监督，即需要在西部地区湿地保护中实施以《环境保护法》为代表的法律法规构建的公众参与制度，加强社会民众对政府湿地保护行为的评价机制、问责机制和监督机制，克服地方政府自我利益化倾向，真正实现湿地保护的公共诉求。此外，社会力量对湿地保护的监督不应仅仅停留在只监督而不建设的层面——以政府为主导、以社区自治为基础的湿地保护工作，正是一种契合我国西部地区湿地保护需求的系统建设工程。

第二节　我国西部地区湿地保护社会参与存在的问题

一、我国西部地区湿地保护社会参与存在的问题

根据《建立以国家公园为主体的自然保护地体系的指导意见》中提出的"坚持生态为民，科学利用"原则和"探索全民共享机制"要求，《湿地保护法》在明确湿地合理利用要求（第二十二条）的前提下，鼓励单位和个人开展符合湿地保护要求的多种利用活动，鼓励有关单位优先安排当地居民参与湿地生态管护；县级以上地方人民政府可以采取定向扶持、产业转移、吸引社会资金、社区共建等方式，推动湿地周边地区绿色发展，促进经济发展与湿地保护相协调（第二十六条、第二十七条）。但整体而言，我国西部地区湿地保护社会参与仍存在不少问题。

（一）社会参与形式单一、层次有待深化

当前，西部地区湿地保护的社会参与的主要形式，是政府主导型，主要是对民众参与方面的宣传教育。例如，在与湿地保护相关的主题日①，动员民众参加各种湿地保护展览、培训班、讲座、研讨会，通过编写湿地保护杂志、科普读物，利用新闻媒体、多媒体进行湿地保护宣传教育。一般民众很难有合适的途径参与建议、监督国家湿地政策、法律制定。人大代表、民主

---

① 例如"2·2世界湿地日"，"3·22世界水日"，每年4月份的爱鸟周，"6·5世界环境日"。

党派成员、政协委员有身份上的便利，但真正为湿地保护方面作出的努力还不够，与湿地保护相关的提案、建议、质询不足，呼吁不够。此外，即使是政府主导的湿地保护宣传教育工作，在形式和方法上也没有完全紧跟社会变化的新形势，大多数依然只停留在对民众和大众媒体相对单一的灌输知识和宣讲教条阶段，宣传教育的效果不理想，甚至因过于形式主义而引起民众的反感，此种反感的情绪在当地民众的经济利益与湿地保护存在矛盾时很有可能激化。

在西部地区，湿地政策的出台的专家评审，是社会参与一个非常重要的形式。然而，专家名册是相关政府机构指定的，在独立审查有关公共政策之时，专家会受到所在部门利益的引导、提示和压力，无法保证其客观性和独立性。总体而言，西部地区湿地保护社会参与的层次较低，尚未能够充分延伸至对政府公共决策的参与。社会公众微观层次上的参与十分必要的，但是，如果不将范围拓展至政府公共决策和公共管理行为等公共领域，会极大地限制社会参与的层次和功能。从广义上讲，专家评审属于政府决策第三方评估的一种方式，目前国家正在逐步规范第三方评估的原则、方式等要素，如广西于 2016 年 11 月 2 日出台了《广西壮族自治区人民政府重大决策第三方评估管理办法》。对于湿地保护这一复杂工作而言，合法合规的第三方评估尤为重要，这也是社会力量参与该项工作，履行监督义务的重要依据和途径。

（二）非政府环保组织成长缓慢、参与程度低

从全国来看，非政府环保组织的作用越来越受到重视。但是，中国非政府环保组织在经费保障、人员保障和制度保障等方面仍存在较多问题。这些组织在政府规制和市场挤压下艰难地寻求生存和发展之路，难以在组织社会参与湿地保护方面发挥重大作用，西部地区的非政府环保组织也不例外。尤为值得注意的是，部分没有得到政府、企业或稳定的国内合法基金会支持的非政府环保组织，有可能会接受一些有特殊目的的国外机构的经济支持，进而会被这些国外机构所利用，从事不利于甚至是危害国家总体安全的活动。

造成非政府组织成长缓慢和参与力度弱的主要原因在于：一是登记注册。

非政府环保组织必须找某个业务主管单位才有可能获得合法的身份，假如没有获得业务主管单位的认可，登记机关不予受理登记申请。由于业务主管单位要对非政府环保组织的活动负责，又不能从中受益，导致各主管部门对非政府环保组织的主管申请大多采取消极推脱的态度。受条件限制，西部地区环保民间组织在各级民政部门正式注册登记率较低。非政府环保组织登记门槛过高，致使西部地区绝大部分环保 NGO 和几乎全部境外在华的环保 NGO 都没有登记注册，没有合法的身份，使非政府环保组织在组织行动上备受阻碍。二是缺乏稳定的经费来源。一些官办的非政府环保组织可以依赖政府的项目资金、财政拨款和补贴。但对于大多数民间非政府环保组织来说，个人和企业的捐助是他们主要的经费来源。由于国人在这方面的意识淡薄，加之经济实力有限，极少有支持自己国家环保草根组织的行为。活动经费的捉襟见肘，使得非政府环保组织活动范围、活动规模上受到很大限制。三是参与层次需要提升。非政府环保组织参与的形式较为单调，主要局限于进行环境考察和环保宣传，或出版环保杂志和读物，这些组织要想参与湿地资源的法律法规制定决策、进行相关诉讼和执法监督，目前在法律规则上存在障碍。

另外一个值得注意的现象是，一些已经取得合法地位，同时又在湿地保护事业上取得一定成绩的非政府环保组织，往往会因为当地政府完成政绩的原因，受到当地政府的错位干预。所谓错位干预，是指政府将某非政府环保组织打造成市场化经济实体，利用该组织进行招商引资，使原先的环保目的变成商业目的，进而把湿地保护变成湿地开发，最终不利于湿地保护工作。尤为值得注意的是，所谓的"绿色和平组织"早已被联合国定性为盲目的非政府环保组织，其活动对包括我国在内的许多国家均造成了冲击，与其相类似的非政府环保主义者值得各级各地政府的警惕。今年以来，号称"瑞典环保小公主"的桑伯格在国际社会打造声势，极力打造其热心环保的形象，对各国政府合理的现代化建设进行无端攻击，其真实意图令人怀疑，目前我国极少数未成年人也受到其"假环保，真罢课"的影响，盲目为"环保"造势。我国各级各地政府部门应提高对众多非政府环保组织的真实目的的鉴别能力，坚持科学理性的环保方针和湿地保护政策。

(三) 被动参与为主、事前参与不足

社会民众的湿地保护社会参与不乏主动参与的形式，但在实际上更多地体现为消极和被动的参与形式。具体而言，体现为湿地保护的预防性参与存在明显不足，例如，在湿地遭受污染之前，主动参与湿地保护的并不多见。主要体现为湿地区域受到周边工厂排污污染之后，通过各种途径表达其利益诉求。这是一种消极的、被动的社会参与形式。从环境科学角度分析，环境污染多带来的损害效果具有滞后性和潜伏性，很多环境污染的后果，要经过若干年甚至几十年，才能显示出其损害的最终后果。而待到那时，欲要排除污染后果、恢复湿地原有状态，非常困难。可见，被动式的社会参与，难以及时、有效地预防危害湿地行为的发生。它具有局部性、片面性，不是真正意义上的社会参与。社会力量被动参与的现象除了不利于湿地保护之外，还可能诱发其他社会问题，如部分社会利益群体并非出于环保目的参与湿地保护，而是纯粹为了谋取私利，湿地被破坏后进行利益诉求通常能够使其获取最大利益，而在他们获取利益的过程中往往伴随着对政府的要挟，并且无视真正致力于湿地保护的民众的合法合理利益。这些情况会助长当地对湿地的破坏风气，不利于自然环境的保护，也不利于社会治理。此外，被动的社会参与也会反过来助长政府或企业对湿地以牟利为出发点的"开发式保护"，导致政府或企业滥用生态补偿机制，盲目用金钱来"弥补"环境破坏，最终导致湿地遭受永久性破坏，违背湿地管理保护的初衷。

解决西部地区湿地保护问题应当从源头入手，变被动参与为主动参与。而被动参与变为主动参与，与环境保护的思想转变有关。目前，环境保护从末端治理思想转向事前预防思想，特别重视环境污染的预防工作。国家环境管理新模式与社会管理新模式的转变同步进行，其主旨就在于将过去单纯由政府"包办"一切事务转变为积极引入社会力量共同建设和谐社会，即由"管理"转变为"治理"，由社会被动接受政府管控转变为主动参与、自我管理，由政府指示要求转变为社会自我诉求，构建政府与社会协调一致的管理模式。在这两个背景下，回应国家环境管理新模式需要的社会监督也开始发挥重大作用。例如，2006年2月国家环保总局通过了《环境影响评价社会参与暂行办法》，就建设项目的环境影响评价的社会参与方式、组织方法等方面作出了明确规定。这体现了我国对环境污染的预防工作十分重视，但由于我

国是发展中国家，人口众多、资源缺乏，环境保护压力较大，与西方发达国家相比，在公民平均文化程度、环境教育普及、参与意识教育等各方面存在差距，我国环境污染预防原则的推行遭遇重重困难。而西部地区大多是我国较为落后的地区，推进环境保护预防更是艰难，直接影响了社会参与工作的稳步发展。

具体而言，在国家层面，应加强针对湿地保护的专门立法，用法律的形式确定政府、社会团体的职责。政府应加强对引入社会力量方式方法的研究，既要注重规范非政府环保组织的管理方法，又要积极加强对非政府环保组织的政策支持，使非政府环保组织能够真正参与到湿地保护工作中来，发挥积极作用。在地方层面，政府应迅速转变"以罚代保"的环保思想，加强湿地保护的预防性管理，此举既有利于保护湿地环境的完整性，又能防止利益团体利用湿地实施违规违法的行为。

二、西部地区湿地保护社会参与存在问题的原因分析

（一）法律政策导向及其具体规定不足

第一，长期以来，湿地政策法规的内容以开发利用为主，忽视湿地保护。无论是从单个法规的内容比例，还是从法规数量来看，我国的湿地相关立法内容，都是以开发利用为主的法律规范为主，关于资源保护的法律规范内容极少提及。例如，某些现行法规中，明确规定鼓励宜农荒水、荒滩开发，但是没有关于对开发土地的湿地功能的保护规定；某些法规中，对受工程损害土地应采取恢复措施作出了一些规定，但对受工程影响之湿地的功能恢复，没有作出规定。这样的例子还有很多。这极易造成公众在湿地资源保护和认识上的错误，将湿地视为可以随意利用的资源，而不是保护为主的资源。我国湿地管理工作中保护和开发本末倒置的情况还体现在超规格建立湿地公园这一问题上。部分地方持有以自然资源为基础发展旅游产业的观念，以建立湿地公园的名义"保护"湿地，这本是开发旅游资源的常规思路，但是由于湿地生态环境的脆弱性，这种思路极易对湿地的生态链造成毁灭性破坏，加之部分地方缺乏长远目光，一旦以开发旅游产业为目的建立起湿地公园，极易在利益驱使下随意扩大公园中的旅游项目，最终使公园偏离保护这一本源目标。

第二，湿地保护的社会监督和社会参与方面缺乏具体的范围、途径、程序的规定。2006 年颁布的《环境影响评价社会参与暂行办法》虽然第一次明确了社会参与机制，但是湿地保护并不仅仅涉及环境影响评价问题，相关的救济、信息收集、参与路径等依然缺乏规范，公众对湿地信息知之甚少。客观地说，湿地生态环境较之林地、海洋等环境更加脆弱，因而湿地保护的保障性工作也更加复杂，对各参与方的专业要求更加严格，所以在引入社会力量进行保护时，必须更加注重综合性基础工作的协调和规划。《湿地保护法》中的"当地居民参与""社区共建"等原则性的规定在个案中如何具体落实，也是该法在实施过程中必须解决的问题。

（二）经济发展相对落后导致舆论导向存在偏差

我国东西部地区经济发展不平衡是由来已久的事实。相对于东部经济发达地区，西部地区经济发展相对落后，社会发展受制于经济发展，进而影响了社会参与的动力。民众特别是湿地周边的大部分社区居民还需要为自身的生存、生计奔波，遑论对湿地保护产生内在的动力。经济发展相对落后的一个不良后果是，不少地方政府为了经济发展，过分追求经济效益而忽视了环境保护。另一方面，湿地保护观念的培育，受社会舆论氛围的影响很大。长期以来，地方政府在为了经济建设而过度开发湿地，甚至将经济建设用地转向了湿地，盲目开发利用、乱占滥用湿地，采用牺牲湿地搞生产建设的不合理开发方式。地方政府为了经济利益而开发湿地的举动还极有可能引来一些企业的加入，如果部分企业无视环境保护，在利益的驱使下极有可能会造成比政府自主开发更加严重的破坏。这种发展理念使得在相当一段时间内，湿地保护的舆论导向缺失，公众对湿地的认识还停留在浅层次水平上，甚至认为沼泽、滩涂等湿地是可有可无之物。这样的观念严重影响湿地保护工作的开展，也阻碍了公众湿地保护意识的形成和保护行动的实施，社会参与湿地保护的热情自然不高。另一方面，西部部分少数民族地区由于风俗习惯和宗教信仰等原因，对湿地保护主体的建设类别的保护性措施同样持消极态度，甚至是持反对态度，从而导致当地居民的滥耕、滥牧、滥伐、滥渔等现象得不到有效制止。

（三）社会参与湿地保护意识不强

据有关公众环境意识调查显示，目前社会参与环保活动的总体水平还较低。公众对人与自然关系的看法认识模糊，公众在经济发展和环境保护关系的认识上，更倾向于发展经济建设。整体来说，目前公众对湿地的了解和认识仍处于较低阶段，缺乏提出意见和做出决策的认知背景。湿地保护方面，对应该采取的行为和拥有的权利义务，公众缺乏应有认识。这些都是导致社会参与水平低下的原因。公众湿地保护意识不强固然有宣传教育不够的原因，但是其根本原因主要有两点：一是湿地本身就是一个复合型生态系统，湿地管理保护主体对公众的宣传教育难度较大；二是相较于湿地保护，地方上更加注重开发，这就更加大了对公众灌输湿地保护意识的难度。

（四）环境利益纠纷解决机制不完善

环境保护包括湿地保护与环境安全、生态安全、经济发展、经济利益等因素密切相关。目前，由于环境利益纠纷解决机制正在发展之中，社会还缺乏完善的多元化的纠纷解决机制，这导致利益冲突各方缺乏应有的协商平台和路径。例如，在处理污染事故或者遇到潜在环境污染时，企业与民众之间缺乏相互约束机制和协调机制。生产企业从自身经济利益出发、社会民众从自身环境利益出发，都在寻求自身利益最大化。由于缺乏必要的疏导和协调机制，很容易导致群体性事件发生。例如，2008年云南阳宗海①重大砷污染事故，8家企业无视周边民众的利益，向湖泊排放大量污染物。但是，当地政府片面地将经济发展作为首要目标，过于维护企业的利益，加上政府职能部门监管不力、监管缺位，最终导致群体事件的爆发。一些地方之所以出现民众暴力抗议环境污染事件，也是因为污染企业与公众之间缺乏有效的协商平台和处理路径。这些事件不仅直接降低了当地政府的公信力，对社会参与的积极性和良性发展也造成了极大的负面影响。同时，目前国家的生态补偿政策在各地的实施过程中缺乏统一标准，各地方政府在落实补偿措施时随意性过大，导致在纠纷中各参与方难以达成一致意见，这在网络发达的今天，极

① 所幸的是，阳宗海已经转向"共抓大保护、不搞大开发"的发展理念，践行"两山"理论，着力构建人与自然生命共同体，在今年将启动阳宗海南岸1300亩湿地建设、面山植绿补绿等工程，确保水质稳定在Ⅲ类水标准。参见昆明阳宗海将启动南岸1300亩湿地建设 推进明湖湾等项目［EB/OL］.（2019-1-20）［2019-10-15］. http：// yn. leju. com/ news/2019-01-20/20146492772572369730712. shtml。

易引发舆论危机，甚至有可能升级为群体性事件。从国家整体战略的角度来看，不管是湿地保护，还是因湿地保护而关联起来的各种社会关系，都是关系到国家总体安全的重要因素。如果湿地保护利益纠纷处理不当，极有可能造成牵一发而动全身的安全问题。因此，妥善处理湿地保护利益纠纷，或者在出现纠纷之前就解决纠纷的苗头，无论是对湿地管理保护业务主管部门还是各级政府而言，都是一件极为重要的任务。

第三节 社区协同视角下西部地区湿地保护社会参与路径

一、当前我国西部地区湿地保护社会参与模式解析

（一）案例选择及概述

综合考虑地理分布、湿地类型、社会参与保护模式的代表性和保护成效，本书选择以下 5 个案例作为研究对象，即广西北仑河口国家级自然保护区、云南大理的洱海、重庆梁平区的小微湿地、贵州威宁的草海自然保护区和青海三江源国家级自然保护区（下文将以地名指代案例，案例的基本信息如表7-1所示）。虽然 5 个案例的社会参与组织形式各异，但其中均有社会参与的元素在湿地保护工作中发挥不同程度的作用，并有政府部门、民间环保组织的多方参与。

（二）社会参与西部地区湿地保护模式解析

1. 组织形式：社区协同，多方参与

组织形式是社会参与湿地保护的组织基础。虽然这 5 个案例的组织形式各有差异，但是在政府部门、民间环保组织参与的同时，均有社区协同的元素融入其中。根据组织形式的不同，可将案例划分部门主管型、NGO 协调型和社区自治型①为三类（见表7-2）。

---

① 此种划分并非具有绝对性或者单一性，只是湿地保护的相关政府部门、NGO、社区中的任一方发挥的协调作用更大或拥有的协调力度更大。

案例基本信息

表7-1

基本信息			保护内容	引导策略		保障制度	
案例名称	湿地类型	组织形式	保护内容	利益补偿	产业引导	法规协议	资金来源
北仑河口	国家级自然保护区、国际重要湿地、中国唯一的GEF项目国际红树林示范区、全国海洋示范性自然保护区	部门主管型	建立红树林生态系统、滨海过渡带生态系统和海草床生态系统生态资源共同保护管理体系、开展相关的环境保护教育、红树林科普教育，巡护，监测	—	水产养殖，生态旅游	《广西壮族自治区北仑河口海洋自然保护区管理办法》	全球环境基金项目（GEF）和政府共同资助
洱海	自然湿地+人工湿地	部门主管型	船舶综合整治，"双取消"，流域禁磷，清除水葫芦、湖滨带建设，底泥疏浚，水生植物恢复，水源涵养林建设，湖区生态农业建设，湖滨区农村面源污染综合整治技术试验示范，"三退三还"，工业污染治理和污水处理厂及排污管网建设，"全民参与，清除垃圾"行动等重大生态保护及污染控制工程	—	生态旅游	《云南省大理白族自治州洱海保护条例》《大理白族自治州洱海流域水污染防治管理实施办法》《大理白族自治州洱海流域水政渔政管理实施办法》《大理白族自治州洱海流域滩地管理实施办法》《大理白族自治州洱海流域农村垃圾管理保护办法》《大理白族自治州洱海湿地保护管理实施办法》《大理白族自治州苍山保护管理条例》《云南省大理白族自治州洱海面源污染防治管理条例》《云南省大理白族自治州洱海西保护条例》《洱海流域保护网格化管理责任制实施办法》、管理责任、"门前三包"责任书	地方政府财政投入

续表

西部地区湿地保护社会参与模式解析

基本信息		组织形式	保护内容	引导策略		保障制度		资金来源
案例名称	湿地类型			利益补偿	产业引导	法规协议	保护协议	
梁平区	小微湿地	社区自治型	"湿地+"保护建设模式即湿地加全域旅游、乡村振兴,农村人居环境综合整治,脱贫攻坚等	一	乡村旅游、湿地生态产业	《全域湿地及乡村小微湿地保护建设规划》		村民自筹,地方政府财政投入
威宁	亚热带高原湿地	NGO协调型	村寨发展计划、渐进项目计划、林业计划、地理信息系统、保护区管理规划、环境教育、水土流失治理等	保护区建立之初提供的直接物质补偿、国家提供的生态补偿款	改进产业结构和推进第一、二和三产业升级,生态旅游	《贵州湿地保护条例》《威宁彝族回族苗族自治县草海保护条例》		国际合作项目赠款和提供村基金、国家资金补助、村寨自营项目的收益
三江源	中国面积最大的自然保护区、海拔最高的天然湿地			农牧民技能培训和转移就业、草畜平衡补偿、生态环境监测评估、草原生态管护机制、牧民生产资料补贴、扶持农牧民后续产业发展和农牧民基本生活燃料费补助等11个方面的生态补偿	生态畜牧业		《青海省人民政府关于探索建立三江源生态补偿机制的若干意见》、保护协议	

表 7-2　　　　　　　　　　　　　案例的组织形式对比分析

案例名称	组织形式现状			
	类型	组织协调机构	参 与 主 体	其他参与方
北仑河口	部门主管型	北仑河口国家级自然保护区管理处	村民委员会、村民、社区共管办公室、社区共管专家、海洋生态保护巡防队	中国海监北仑河口国家级自然保护区支队、广西红树林研究中心、志愿者
洱海		大理白族洱海保护管理局	乡镇、乡镇村委会、农户、滩地协管员、水面保洁员及公益性岗位人员	洱海保护管理局环保科、东西线陆地执法组、洱海公安分局、各镇洱海管理所、大理市人民法院环境巡回法庭
威宁	NGO协调型	国际鹤类基金会、国际渐进组织	村委会、村民	贵州省环境保护局、草海自然保护区管理局
三江源		三江源生态保护协会	村委会、村民	青海省三江源国家级自然保护区管理局、保护国际（CI）、国内相关研究所专家
梁平区	社区自治型	村委会	重庆市林业局湿地保护管理中心	其他相关部门

部门主管型，即湿地的管理机构为组织协调机构，牵头组织湿地内社区或周边社区等建立共管办公室、聘请当地协管员水面保洁员及公益性岗位人员等。共管办公室和协管员队伍等是社区协同湿地保护的主体。北仑河口和洱海案例属于此类，案例中的湿地管理机构均根据湿地保护的需要制定了管理计划或管理责任制度，并积极引导和鼓励乡镇村委会、农户、村民、社会组织共同参与湿地保护工作。部门主管型能够发挥政府机构执行能力强、资源调动便利的优势，政府机构可以利用自身的法律优势和政策优势，号召和发动各方力量集中统一实施保护措施。2018 年成立的自然资源部将多个与湿

地保护直接相关的部门整合在一起，有效解决了过去在湿地保护工作中政出多门、相互掣肘的问题，为部门主管型湿地保护提供了便利。

NGO 协调型，即由国际、国内的民间环保组织作为组织协调机构，通过协议等方式协调社区、地方政府和湿地保护管理部门在湿地资源保护管理方面的权责利，并通过改善当地社区的经济状况、增强当地群众的湿地保护意识、改善保护区与当地社区的关系等方式提高社区及其居民参与保护的水平。同时，民间环保组织作为监管机构组织开展监测和评估等工作。威宁和三江源案例分别是在由国际鹤类基金会、国际渐进组织和三江源生态保护协会的组织协调下开展的社会参与湿地保护实践。NGO 协调型的突出优势是专业水平高，而且部分国际 NGO 和国家级别的 NGO 能够引进科学的管理方法和管理人员，提高湿地管理的科学性和效率，而且一些政策评估型 NGO 能够客观地对保护计划、保护措施进行科学评估，提出建设性的建议和意见，有效指导湿地保护工作。

社区自治型，即以村委会作为组织协调机构，全体村民是保护与合理利用湿地资源的主力。作为重庆市小微湿地保护与利用探索的示范基地之一，梁平区村民在乡村生态产业发展、乡村人居环境改善、生态保护等方面都起到了重要作用。社区自治型充分体现了党和政府为人民服务的根本宗旨，大多数情况下能够充分得到群众的支持，而且在当前国家大力推行"放管服"政策的大形势下，该类型往往与当地的就业、治安、扶贫、卫生等项目结合起来，具有全面建设和发展当地民生工程的深远意义。

2. 保护内容：多元引导，循序渐进

首先，多元的引导策略是每个案例的特色所在。引导策略主要表现为利益补偿、产业引导和文化倡导等方面的多样化。产业引导旨在通过挖掘社区替代产业和引导产业生态转型，以缓解社区湿地资源保护与利用之间的矛盾。不同案例的引导产业各有侧重，如北仑河口的水产养殖、洱海的生态旅游、梁平区的乡村旅游和湿地生态产业、威宁的推进第一二三产业升级、三江源的生态畜牧业等。不同组织形式的引导方式亦有差异。例如，在三江源案例中，当地的人口中有 90% 是青藏高原的世居民族——藏族，他们长期生活在高寒的自然环境中，对周围环境重要性有着独特的理解，加之传统宗教观念的影响，由此在生产中创造了与自然环境和谐相处的生产方式即高原游牧方式。这些基于当地朴素的文化基础上的生产生活方式，符合现代生态保护要求和生态伦理价值观的道德评价，在客观上有利于自然环境和生物多样性的保护。凭借这一良好的内生需求与生态伦理价值观，玉树州按照五位一体的思路支持建立综合的乡村公益保护小区——农牧民以族群为基础，以小区为单位，自愿开展弹性巡山、监测、环境卫生、生态文化宣传等活动①，极富成效，也给采用文化倡导的西部地区湿地保护社会参与模式做了积极而有益的探索和实践，积累了宝贵的经验。通常情况下，多元引导是以社区为基础，以部门主管为主导，以 NGO 协调为支援进行的综合型湿地管理保护模式，三者互为支撑、互为补充。部门主管把握管理保护工作的方向和目标，社区自治保证湿地保护的惠民利民措施最终到位，NGO 协调确保管理保护工作的效率和公正，全面落实各项保护措施。

其次，考察每个案例中社会参与湿地保护的发展脉络，循序渐进是第二个共同的特点。案例中社会参与湿地保护的发展过程可分为三个阶段：第一阶段主要是开展湿地资源的保护活动；第二阶段是选择和构建组织形式；第三阶段是逐步推动开展日常保护工作。第一阶段的保护活动是社会参与湿地保护的首要环节，通过调查湿地资源、清除垃圾、治理污染源等短期活动，发现社区问题、挖掘社区文化、凝聚社区共识，如梁平区抓住国家关注小微湿地的重要生态服务功能的契机提出了"全域治水 湿地润城"的全域湿地理念，洱海三江源地区在引入"协议保护"这种新的生态保护方式之前进行了选点和可行性分析。选择和构建组织形式是社会参与湿地保护的重要环节，包括社区组织和制定相关保护协议、项目计划书，建立自然资源共同保护管理体系等。社区自组织是开展日常湿地保护工作的重要力量，如北仑河口山心社区的共管办公室、海洋生态保护巡防队，洱海的协管员，三江源自然保护区措池村的生态保护小组等。根据湿地的不同类型与特点，每个案例的日常保护工作内容亦有所不同（见表7-2）。事实上，三个阶段的工作并非线形流程的单向矢量结构，而是呈以湿地保护的根本任务为核心的环形结构，很多具体的工作贯穿于三个阶段，如宣传教育工作、保护区的规划调整工作、日常维护和保障升级工作、生态危机应对工作等。除此之外，每个阶段及其

---

① 张立. 地方环境治理中政府职能的立法思考——基于青海三江源生态环境保护的分析 [J]. 攀登，2015（6）：117.

相应的具体工作以湿地保护的根本任务的信息反馈介质，不断对每个环节的工作进行反馈和指令传递，确保管理保护工作呈动态实施状态。随着我国智能大数据信息技术的飞速发展，政府机构和其他社会力量对相关事务性工作的监管和处理已经达到了相当智能化的水平，所以在湿地保护的实际操作中，每个阶段能够同时进行，进一步提高工作效率。

3. 保障制度：法规缺位，经费不足

法规和经费是社会参与湿地保护的两大基本保障。假如法规缺失或不健全、社会参与湿地保护的运作经费不充足，那么社会参与湿地保护项目就很难具有可持续性。在法规保障方面，依托相关管理办法、部门规章制度和规范性文件，部门主管型的案例比 NGO 协调型和社区自治型的案例拥有更好的法治环境。例如，在洱海，除了施行《云南省大理白族自治州洱海保护条例》及其配套的一系列规范性文件外，为加强对协管员队伍的管理，洱海保护管理局相继出台《"洱海滩地协管员"管理制度》《"洱海滩地协管员"考勤制度》《"洱海滩地协管员"考核实施办法》等规章制度和建立管理考核制，用制度规范协管员队伍，发挥协管员队伍效能。在洱海环境保护方面，实行层级负责、属地管护的网格化管理责任制度。2015 年 3 月出台《洱海流域保护网格化管理责任制实施办法》，实行党委领导、政府组织、镇村为主、部门挂钩、分片包干、责任到人的工作机制，全面推行覆盖洱海全流域的网格化管理责任制度，突出各级组织在洱海保护治理中的责任和义务。① 在 NGO 协调型的案例中，社区和利益相关方的权责利往往通过合约、协议、村规民约等确定，一方面，这是其湿地保护的方式灵活性所在，但另一方面，社区及其居民的权益在法规保障层面偏弱，抵抗内外冲突的法律效力更是微乎其微。以三江源为例，其在玉树州、果洛州、甘德县、久治县等多个村社探索以农牧民为主体的社区共管保护机制，已形成了各界支持、广泛参与的良好工作格局。该机制的运作核心是将资源的保护权作为一种与经营权类似的权利移交给承诺保护的一方，从而确定资源所有者和保护者之间责、权、利，而在

---

① 乔世明等 . 少数民族地区生态环境保护法治研究［M］. 北京：法律出版社，2017：184.

我国现行的法律法规中并没有"保护权"这一提法。① 在梁平区的案例中，相关部门还处在加快制定《小微湿地保护与管理规范》国家标准的阶段，而梁平区已迈开了先行先试的步伐，积极探索小微湿地的保护与利用。这从一个侧面说明了小微湿地的建设与管理尚无全国统一标准，需要国家层面的政策和法规跟进调整和保障。

在经费方面，上述五个案例的经费来源包括政府、民间环保组织和社区（见表 7-1）。虽然湿地保护的经费来源呈现多元化，但深入探究这些案例及分析获取的调研资料，一些共性问题凸显：现阶段很多地方政府对湿地等保护地的旅游收益依赖性较强，短时间内难以完全实现自然资源的公益属性。由于保护经费的投入主要依靠地方政府，中央支持的经费较少，需要相应的激励机制及制度，保障地方政府负责的经费支出。否则，当地方政府的财力不足时，湿地保护政策的制定和执行力度也会随之降低。必须注意的是，部分地方对湿地保护的态度本来就是开发为先、保护为后，如果后续的日常维护、生态危机应对所需费用难以维持的话，很有可能助长这些地方"开发式保护"意图的抬头，对湿地脆弱的生态环境造成不利影响。

（三）结论与反思

综上比较分析，总结出上述五个案例三种模式的共同点是关注到了社会参与在湿地保护中的重要作用，循序渐进地引导社区及其居民参与保护，不同点在于组织形式、内容层次、引导方式和保障制度的差异。这三类组织形式在内容层次、引导方式和保障制度上各有优劣。其中，多元引导是值得梳理与提炼的经验，保障制度的缺陷也需要完善国家层面的法制建设和社会各方力量的支持予以弥补。事实上，多元引导湿地保护模式是目前我国所倡导的社会管理向社会治理理念转变在环境保护工程中的体现。湿地保护工作的对象虽然是自然界，但这项工作的涉及的很多内容，以及各项内容之间的相互关系终究是人类社会各种要素。

鉴于我国政府的执政理念已经转向更加注重治理而非统治，通过不断创新和探索新的治理方式和手段，政府在经济社会等主要领域和维护社会秩序

---

① 吴菲 . 我国协议保护制度的行政法探究［D］. 苏州大学，2013：28.

等关键问题上已具备较强治理能力；而与政府治理能力相比，我国各个领域的社会力量包括生态保护的社会参与力量依然薄弱且发展进程相对缓慢，前景亦不明朗。在当前甚至今后相当长的时期内，我国政府与社会间的关系必然是处于一种社会协同的状态。① 要使政府与社会间的协同关系发展为一种治理西部地区湿地保护问题的有效模式，还必须在治理理论的视域下反思如何在协同的各种体制机制中更多地导入社会参与的路径。社会治理的一个重要理念就是政府要积极地将社会力量引入社会管理之中，以政府为主导，团结各方面力量共同解决社会问题，形成治理的动态形势。湿地保护这一复杂工作恰恰能够成为社会治理的典型内容。

二、社区协同视角下我国西部地区湿地保护社会参与路径

我国西部地区湿地保护社会参与的实质，是在湿地保护的过程中产生的工作利益相关者的人际交往和互动行为。在协同治理湿地保护问题的各种体制机制中更多地导入社会参与的路径，就是要探索如何更加有效地结合当地社区居民自身的需要和社会人际互动模式，来提高社区居民参与湿地保护的积极性与有效性。与东部地区相比，西部地区由于各地经济发展不平衡，加之一些地区处于少数民族聚居区，湿地保护主体所要处理的社会关系更加复杂，对保护主体的要求也更高，所以西部地区的湿地保护相较于东部地区而言更具复杂性。首先社会参与、社区协同自然不能没有社区，而社区力发展壮大的基础又在于公众参与。只有提高公众对湿地保护的社会参与度，让公众从被动的受管理者变为主动的保护者，例如，强化他们的资源忧患意识，增强环境保护意识和湿地保护意识，使其发自内心的关心各种湿地保护事务并积极参与，从以往单纯资源利用到现在尊重生态协调、持续利用资源、科学合理生产生活，从偷捕乱猎、毁坏湿地资源到主动承担保护义务和责任后，才能逐步培育成熟理性的公民力量，同时又形成多种多样或基于兴趣爱好、或基于共同利益的社会组织，最终构建西部地区湿地保护的稳固基石。在这方面，NGO 协调的作用应该可以得到发挥。因为 NGO 通常具备较为专业的湿地保护知识和技能，且由于特有民间特征较易与社区形成亲密关系。政府可

---

① 任泽涛. 社会协同治理中的社会成长、实现机制及制度保障 ［D］. 浙江大学，2013：46.

以采取购买服务或者适当放宽 NGO 的准入门槛的方式，让其参与到对社区居民的宣传教育之中。其次，随着社区力量的不断发展，还需要健全政府与社区良性互动的机制，即协同机制。如通过社区居民行使法律赋予的湿地保护知情权、参与权、监督权，通过社会参与中的评价机制，对政府的湿地资源管理公共政策的有效性、管理行为合法性以及管理效果的绩效等各方面进行评价，增加政府决策和政府湿地管理行为的公开性和透明度，使政府的公共决策和湿地管理行为更能反映湿地保护的实际情况、更加符合社区及其居民的现实需求，方可形成政府与社会治理湿地保护问题的合力。最后，面对政府和社区协同开展湿地保护过程中产生的各种困境与瓶颈制约，只有从法律和制度层面做出合理安排，才能确保这种协同保护湿地的治理模式顺利发展。另外，正如前文所强调过的，在我国大数据信息技术取得长足进步的大背景下，政府可以将大数据技术引入到社区协同保护机制中。利用大数据技术全面深入地分析和了解社区对湿地保护的需求和工作实施效果，精准解决问题。

由上分析，所谓社区协同保护机制，就是在政府治理能力较高而社区发育程度较低的现实情形下，出于西部地区湿地有效决策、开发、规划、保护、管理、监督等治理的需要，政府尊重并保护社区（或社区居民）的主体地位及其自身的运作机制和规律，充分考虑其共同意识、意见、利益和需要，通过建立健全各种制度化的沟通渠道和参与平台，既培育社区不断成长，又推动落实各项相应的制度建设和政策措施纳入法治化轨道，从而激发社区（或社区居民）在湿地保护中的作用，实现社区生态环境与经济、社会效益的协调统一和最优化。社区协同保护机制是加快形成能够促进西部地区湿地保护的社会管理体制的必然选择。站在社区群众的立场来看，不管是他们自身掌握的保护资源，还是政府参与湿地保护各个部门，实际上都是可以用作保护湿地的"资源"，而政府这一强有力的"资源"，无疑是最值得信赖的，所以政府的主导作用不可或缺。在这一社会治理模式中，社区居民的参与是基础，社区协同是依托，法治保障是根本。确立在社区居民广泛参与基础上和法治保障下的协同保护，对于西部地区湿地保护至关重要。换言之，确立社区协同保护机制，内核是社区（或社区居民）参与保护的民主化进程，关键是建立健全协同保护的治理模式，根本保障是协同保护的制度化与法治化。从长远来看，社区协同湿地保护可以成为推动新时期社会治理的一个新的途径，能够为社会治理的各个主体提供一个完善治理模式的一个平台。因此，社区协同湿地保护机制，可以视为一个具有功能开拓性的机制。

三、社区协同保护的实现机制

为有效治理西部地区湿地保护问题，政府需要营造与社区（或社区居民）共同奋进的愿景目标，即十九大报告指出的要"加大生态系统保护力度……强化湿地保护和恢复""构建政府为主导、企业为主体、社会组织和公众共同参与的环境治理体系"，以"提供更多优质生态产品以满足人民日益增长的优美生态环境需要"。要实现这一美好愿景，既不可能仅凭政府之力，也无法单靠社区之力，而必然是源于政府与社区协同的合力。

在当前社区力量相对薄弱、发育程度较低的现实情形下，为了培育发展社区主体并发挥其在西部地区湿地保护中的作用，一方面，政府必须摒弃传统的一元主体并以行政控制为主的社会管理理念，树立多元治理、共治共建共享的新治理理念，综合运用行政、法治、政策、市场、道德等多种管理手段和方式，激励社区力量健康发育成长；另一方面，政府应当积极建立健全社区在西部地区湿地保护过程中的制度化沟通渠道和参与平台（见图7-1）。

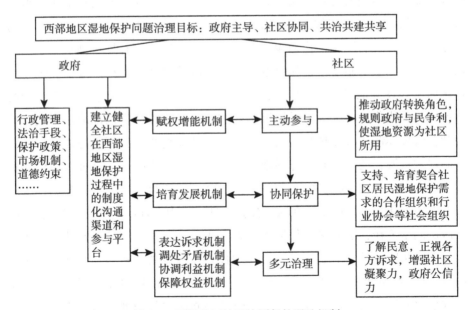

图7-1　西部地区社区协同保护湿地机制

（一）赋权增能机制

即充分赋予并尊重社区居民及其基层自治组织的相应权力，包括他们在湿地资源开发、利用和保护层面的决策权、控制权、监督权、利益分享权等，避免社区权力的缺席和由此产生的不合作行为，提升社区居民及其基层自治组织的自我认知，培育他们与政府、其他社会组织协同保护湿地的合作素养，引导他们进行自我组织、自我服务、自我管理的自主治理意识。例如，针对具备特殊保护价值但面积较小或破碎化的湿地，四川省从 2015 年开始探索通过建设"湿地保护小区"的模式予以保护，现在已取得了良好的效果。此种保护模式注意到了受限于面积、周边环境等因素，而无法建设自然保护区的小块湿地，抓住了其多与人居环境直接相关的特点，秉持"只要能够达到有效管理目的即可"的治理理念，采取了相对灵活的管理方式，鼓励社会团体、企业和个人参与建设湿地保护小区。① 2018 年，为加强保护湿地资源，贵州省在铜仁市启动了湿地保护小区建设工作，同时还有碧江、万山、玉屏等 10 个区县编制了湿地保护小区建设实施方案；云南省亦通过建立瑞丽市南畹河流域湿地保护小区，拉开了本省刚起步的湿地保护小区建设，开启湿地保护管理的新形式和生态文明建设的新征程。② 为充分发挥湿地的自然环境生态效益和社会效益，在居民参与湿地保护意愿总体较低的社区，还应当重视利用社区的传统力量（如村委、寨老等社区精英），赋予他们更多的决策权和管理权，调动、激发社区精英的参与积极性，再通过社区精英在社区与居民中的权威性和带动性，使社区参与理念逐渐向社区普通居民渗透，不断深化社区的协同保护参与度，使社区居民有能力、有信心参与湿地保护，并保证社区参与更加高效而可控。政府应该始终相信，社区居民对于自身的福祉与湿地关系是有清醒认识的，当人民具备了湿地保护的意识后，是有愿望并且有能力发挥自己的力量保护湿地的，所以政府在主导湿地保护工作的大前提下，充分尊重民意的基础上，可以大胆发动群众参与湿地保护工作。

---

① 四川拟建设首个省级湿地保护小区［EB/OL］．（2015-5-10）［2019-10-5］．https：//sichuan. scol. com. cn/ggxw/201505/10149913. html；利州区月坝高山湿地宛如仙境［EB/OL］．（2018-11-3）［2019-10-5］．http：//www. gyxww. cn/GY/SMGZ/201811/356863. html.

② 湿地保护小区建设开启瑞丽生态文明建设新征程［EB/OL］（2018-8-19）［2019-10-5］．http：//www. rl. gov. cn/lyj/Web/_F0_0_28D06KK8Y13BLQ- -Y2C36V1SMQSF. html.

（二）培育发展机制

即政府应当认真思考如何培育契合社区居民湿地保护需求的合作组织和行业协会等社会组织，尤其是在那些社区居民普遍具有较强的社区感，社区内部凝聚力较强，社会资本存量丰富的社区，它们不乏传统的民主制度的根基，有着培育湿地保护的合作组织及其相关行业协会的沃土。首先，要舍得向这些社会组织"放权"，敢于让他们"接力"。只要是社会组织能够"接得住、管得好"的事，都可以逐步移交给他们承接。其次，在资金、技术、能力提升等方面，建立或完善相应的投入体制予以支持。再次，对于积极释放正能量、正效应的社会自发力量建立各种引导机制。各个社区及其居民只有通过这些制度化的渠道和平台，才能切实发挥参与湿地保护的作用。近年来，国家大力实施"放管服"政策，在湿地保护方面，"放管服"政策有利于发动社区居民对当地湿地进行保护，使社区居民能够积极运用手中资源参与到保护自己家园的工作中。

例如，2010 年 12 月，云南省唯一以"保护湿地，生态平衡；规划湿地，和谐发展"为宗旨的公益性社会团体云南省湿地保护发展协会成立。自成立以来，该协会在主管部门云南省林业厅引导、协调和监督下，广泛动员和聚集社会力量，积极开展和推动云南省湿地保护发展的各项有益工作（包括联合相关部门、社区、研究机构、保护机构对云南省部分主要湿地资源环境现状进行联合调研，规划建设"云南省高原湿地论坛中心""牧羊河水源湿地保护科研示范基地"等），日益成为湿地保护发展事业中异军突起的新生力量，并得到了政府职能部门和社会各界的广泛关注，社会凝聚力、感召力、公信力、影响力不断增强。① 云南省湿地保护发展协会成立取得的成绩很典型地说明了：一方面，社会组织可以弥补政府在非规模化、差异化公共服务供给方面的不足，为社区提供更多更好符合其实际需要的湿地保护参与服务；另一方面，社会组织还可以提供某些独一无二的志愿性、公益性服务，从而提高社区居民个人的湿地保护责任意识、担当意识。

---

① 参见云南湿地协会，http：//www.aykj.net/front/news/1377080401322.html；云南省湿地保护发展协会探索政府指导、企业运作新模式，http：//www.shidi.org/sf_F6168697A0C944C5921449DEAC376730_151_cnplph.html。

（三）多元治理机制

多元治理机制是一种多方参与的，集管理、建设、监督、维护于一体的综合性湿地保护机制，这一机制不仅仅是让社区参与到湿地保护工作中，更是要在政府与社区群体之间建立一种高效的综合性互动机制，即在政府引导、社会组织参与、社区居民监督、法律保障的原则下，建立健全湿地保护治理领域的表达诉求、调处矛盾、协调利益以及保障权益等机制，并始终以各种具体机制安排确保社区协同保护的常态化运行，使社区、社会组织与湿地保护工作产生更多和更加深刻的联结和交融。在构建湿地保护合作网络、各种制度化沟通渠道和参与平台时，不能仅仅依靠政府单方面的行动与付出，而需要充分听取、吸纳来自社区、社区居民、社会组织、专业化社会工作者的各方反馈信息与意见建议。这些由不同社会主体实时提供的关于沟通渠道和参与平台建设的信息反馈，再加上湿地保护情势和生态环境问题的发展变化，恰好构成了所沟通渠道和参与平台的一种动态更新机制，从而确保社区协同治理制度与湿地的各种现实环境相适应，提高制度本身的效用。

另外，社区协同不应忽视 NGO 的作用。正如政府主导与社区自治相结合而构成社区协同的基本框架一样，NGO 协调也应作为社区协同的重要方面加入到社区协同当中。无论是政府主导的湿地保护战略策划、计划执行、计划实施效果评估，还是面向社区的湿地保护知识宣传教育、湿地保护动员、湿地保护技术支持，甚至是资源协调，NGO 都可以并且应该发挥其应有的作用。换言之，NGO 对湿地保护的支援贯穿于社区协同的始终，政府积极引导 NGO 参与社区协同，有利于提高社区协同湿地保护的效率。

云南省已经在这方面做出了积极探索。为畅通各界广诉社情民意的渠道，打造各部门听取民声民意的平台，从 2018 年 7 月开始，云南政协报社与云南省湿地保护发展协会联合举办了"议政圆桌"系列谈论会，其聚焦的湿地保护与科学利用主题讨论会如"滇池梦·云南土著水生植物保护与开发应用""全面加强湿地资源保护，促进湿地资源合理科学利用"，提出"土著湿生植物是生物多样性保护的重要基础，是每一个湿地建设的重要元素"。运用研究成果打造本地湿地品牌，不仅有利于土著湿生植物在湿地建设中得到更多开发利用，还能促进土著湿生植物得到更好保护，"强化综合管理部门协作，健全保护区管理机构，建立省湿地保护联席会议制度。整合林业、水利、环保等有关部门的资金、技术、设备和管理资源，建立综合的湿地资源动态监测体系，实现数据共享，提高自然保护区监测能力"① 等意见建议的提出，得到了云南省湿地保护管理办公室、昆明市滇池管理局、镇雄县人民政府、云南省环境科学院、西南林业大学湿地学院等政府部门、专家学者及相关企业、媒体的支持与回应。对于这种经过实践检验，符合湿地保护需要或者湿地治理发展趋势的民主、平等、灵活的对话平台，政府应在尊重其自身发展规律的前提下，进一步总结、推广并努力使其常态化、制度化、规范化。

---

① "议政圆桌"关注云南土著水生植物保护开发与应用 [EB/OL]. (2016-2-7) [2019-10-5]. http：//www. ynfzb. cn/zhoushi2016/HunMeng2016/272383. shtml；云南省湿地保护发展协会会长肖雪冰一行调研镇雄湿地资源保护情况 [EB/OL]. (2018-11-12) [2019-10-5]. https：//mp. weixin. qq. com/s/3UdBKj5xXFLRAjw43142zw.

结语：主要结论和展望

一、本书主要观点

本书经过对西部湿地的实际调查，在收集和整理相关文献研究基础上，对西部湿地保护法律规制存在的问题进行研究探讨，在立足湿地保护现实情况在基础上吸收域外研究成果，在前人研究基础上有所创新，对西部湿地保护法律制度构建与优化问题进行了深入研究，主要观点有：

1. 西部地区湿地保护现状和问题

《中华人民共和国湿地保护法》对湿地的概念进行了明确界定，结束了立法上长期缺乏湿地明确内涵外延的情况。但是其定义还存在外延不够明确的问题。湿地功能丰富，具有物质生产能量转换水分供给、气候调节等丰富的生态功能、经济功能和社会功能。湿地可以按照一定的标准，细分为海洋/海岸湿地、内陆湿地和人工湿地这三种主要类型。对湿地的进行分类具有重要意义，它可以使湿地法律规制更具有操作性、针对性和科学性。西部地区湿地资源具有显著的区域性特征，例如类型较多、在要素构成上具有独特性、具有丰富生物多样性等。个性化特点是西部湿地保护法律规制的基础。当前，西部地区湿地保护与利用现状体现为在管理体制上采用二元结构（区分城市湿地和非城市湿地）、在保护模式上采用区域性保护为主（确立自然保护区保护方式）、在保护机制上保护和利用并重（大力发展旅游业）、在湿地环境治理上污染控制和生态恢复并重（突出综合治理）、在立法层次上地方法规和规章并重。湿地保护时间存在主要问题不少，主要体现为项目违规与不合理占地建设、湿地资源要素过度开发和利用、社区居民湿地资源利用以及环境污染恶化。其背后原因具有多元复杂的主客观因素：客观上表现为立法体系不完善、经济发展与湿地保护存在冲突、湿地保护法律依据层次低、湿地保护技术落后等；主观上表现为对湿地价值认识不足和保护理念偏差。在立法规范上，西部地区湿地保护地方立法存在立法理念相对滞后、地方性体现不足、跨区域协同立法缺失、湿地定义不统一、管理体制协调难、法律责任设定对违法行为回应不够、法律规范针对性和操作性不强等问题。

2. 我国西部地区湿地保护法律规制理论逻辑

湿地资源特殊性体现在自然资源特性、空间特性和区域特性上，社会基础和多元利益诉求决定法律规制的内在逻辑。环境及环境要素具有公共性特征，是公共物品。体现为环境作为整体存在具有自然系统整体性和社会公共性。这种公共性法律意义在于奠定了环境法律规制的基础，确立了环境法社会法属性，决定了环境法权利本位性质，确立了环境法治法律综合调整机制和把环境功能性要素纳入法律规制。湿地保护法律规制基础是环境资源公共品格利益化，其呈现形态为环境公共利益。它是人类社会基于生存和发展需要，从环境中获取空间、物质条件和状况等要素的合理需求，包含经济性和生态性需求、物质性和精神性需求。环境利益是一种复杂利益形态，是兼具个体性、公共性和复合性，并包含经济、生态和社会利益的复合结构形态。但在一定条件下，环境资源公共性并不排斥环境资源私人利用。环境公共利益使得公共权力介入具有社会合法性，而私人协商很难解决这种复杂利益冲突。因此公共权力介入规制成为环境利益实现的制度路径。湿地资源保护以公共权力规制为主导的原因还来自承载在湿地资源上的特殊利益结构：一是在经济、生态和社会利益结构上更突出生态利益权重，二是在个体和公共利益结构中更突出公共利益权重。湿地保护法律规制目标是实现湿地生态利益，规则上更多体现为生态利益对经济、社会利益的限制和平衡。因此，湿地保护理念、目标、机制和方法与传统方法相比区别明显：理念上更为注重保存和保护、目标上更注重生态利益实现、方法上更注重抑制经济效益和社会效益、路径上更多体现为政府规制引导突出限制性义务设定。在西部地区湿地资源利益诉求更为复杂，其法律规制附加了更多特殊性限制和诉求：首先要顾及西部区域性社会生存权和发展权，这增强了人们对湿地资源作为经济利用的驱动；宏观上西部地区湿地资源上承载国家生态安全、宏观产业结构调整、西部产业转移承接利益诉求，体现在湿地经济利用、湿地资源区域性分布不均衡的诉求上。

3. 域外湿地保护立法实践经验和启示

从世界湿地保护历史发展来看，发达国家由于社会整体发展水平较高、全民生态环境意识强，其湿地保护进行较早，立法相对完备。虽然每个国家湿地保护目标、任务、侧重点等不尽相同，但是社会结构、社会制度之间具有共性可以吸收借鉴。各国湿地保护立法对我国西部地区地方湿地法律规制具有重要启示：一是建立具体化法律制度有利于将西部地区湿地资源转化为经济、社会和生态效益；二是应建立地方政府湿地保护绩效评估制度，因地制宜地制定湿地保护绩效评估；三是要更深入改变传统意义上政府与市场、公域与私域关系；四是政府可以通过合作培养当地居民开发生态旅游能力，共同分享生态旅游所带来的经济和生态效益，实现湿地的可持续发展；五是适度人为干预实现保护与合理利用，既减少湿地保护支出又为当地社区居民带来收益，调动了社区居民参与湿地保护积极性；六是通过制度化的措施鼓励社会参与，尤其是瓦登海湿地以保护自然生态系统完整性所采取的协作保护行动，对于正在探索建立国家公园自然保护体系启示很大。

4. 西部地区湿地保护法律规制路径选择

西部地区湿地保护法律规制有三层次目标定位：一是直接目标定位，立足湿地现状解决西部地区湿地保护主要问题；二是基础目标定位，妥善处理湿地资源留存、社会经济和民生发展三者关系，实现西部地区湿地资源可持续发展；三是根本目标定位，强化地方环境法治和推进西部地区生态文明建设。西部地区湿地保护法律规制需要秉持整体性理念基础，挖掘"两山论"生态环境保护理念内蕴，统摄可持续发展理念和科学发展观、多元化机制综合运用、协调化体系化立法和区域化地方化特殊保护四个基本理念，确立湿地保护在西部地区生态安全和生态文明中的地位。当开发与保护发生冲突时，不应当单纯考虑经济效益实现而更多地应考虑生态效益实现，不仅着眼于当前利益，还要更多地关注长远发展，达到经济、生态和社会效益有机统一。在西部地区湿地保护法律规制中，应充分考虑湿地特性来确定特殊原则，包括保护优先、科学开发、合理利用原则，风险预防原则，多元利益整体协调原则，受益者补偿原则，湿地管制许可原则和社会参与原则。在权利本位法治背景下，要以利用与保护平衡作为法律规制切入点，构建二元协调的规制路径和方法：一是通过权利确权确认环境和环境要素经济利益内容；二是利用生态利益对湿地利用进行平衡和限制。具体体现为：一是以二元要素划分为前提和基础，区分湿地环境功能和湿地环境要素、区分湿地环境要素和湿地自然资源、区分生存性湿地环境要素和发展性湿地环境要素；二是湿地利用自由取得和行政许可并重，便于有效控制环境风险，高效率配置环境资源；三是上刚性规制与柔性规制工具替用，改变过去过于刚性、单一的政府治理工具选择；四是注重社会性义务宏观和微观设定，重视整体性义务和个体性义务设置方法运用，要为湿地利用设定整体性义务，也要解决具体作为和不作为义务问题。

5. 西部地区湿地保护管理体制优化

我国湿地保护立法发展历程是我国湿地管理体制演变的映射。目前我国湿地管理保护的体制可以分为集中式管理和分散式管理两大类型，其中分散式管理又可以分为"集中式领导，分布式实施"、彻底的分散式管理两个种类，在一定条件下，也可以认为这是管理体制三种类型，它们各有利弊。湿地保护管理是一项极其复杂的系统工程，牵涉面广、部门多，《湿地保护法》第五条和第六条的规定一方面充分尊重现有的国家和地方与湿地保护相关实践，另一方面也为林草部门牵头、其他相关部门按职责分工负责的管理体制提供了明确的法律依据。在构建"以国家公园体制为主体的自然保护地体系"的政策背景下，西部湿地保护管理体制的改革方向，应当从促进各个湿地保护部门形成综合协调能力方面发力，建立以国家公园为主体的自然保护地体系与湿地保护管理体制，厘清现有的自然保护地体系与新型的自然保护地体系。按照保护区域的自然属性、生态价值和管理目标进行梳理调整和归类，逐步形成以国家公园为主体、自然保护区为基础、各类自然公园为补充的自然保护地分类系统。在"国家公园"之外，基于"区域性整体湿地整体保护体制"理念，构建湿地公园管理体制。从我国湿地保护管理体制立法建构伊始，缺乏刚性的协调机制是一大硬伤，这更需要在立法层面赋予湿地保护管理机构强有力的协调权，否则，湿地保护的很多法律制度形同虚设，实际中出现的具体问题也难以得到有效预防和解决。具体制度安排上，要加强综合协调权力配置，在保证设立一个管理主体的前提下，赋予湿地公园管理机构的综合协调能力，创设"综合协调权"，包括设计综合行政许可、综合行政处罚和资源的信息共享等各方面。

6. 西部湿地资源开发利用的规制义务设置

解决西部湿地资源经济、生态和社会利益平衡问题，需要确立西部地区湿地资源开发利用规制的社会性义务。其基本问题：一是社会性义务设置必须尊重湿地资源利用权，政府规制工具选择需要确认和尊重权利人利用权。

二是需要注重宏观和微观义务配置，微观义务配置注重从对个体社会行为社会和效果视角考量，能做什么、不能做什么、在什么条件下才能禁止限制某种行为、如何禁止和限制等等应该尽量具体明确，目的在于克服西部地区湿地立法在条文内容上与上位法重合度太高、规范设定权利和义务不够明确等问题。微观义务配置注重从整体性、结构性配置义务，克服西部湿地资源保护法律规制问题：不够重视对湿地资源整体性规划以及如何运用规划方式来保护湿地资源、不够重视对于湿地资源整体性分类和控制、不够重视湿地资源区域性差异问题和不够注重湿地资源作为环境要素在一定环境生态系统中关联性。重视对湿地资源的宏观义务配置，实际上就是重视从整体上保护湿地资源的措施。三是注意社会性义务配置边界，社会行为允许或不允许的行为内容要确定边界性。要处理好湿地资源权利和限制之间关系、湿地资源开发利用过程政府作为管理者规制义务和湿地资源权利人自身注意义务之间关系、社会民众禁止或限制性义务三个基本问题。四是注意区分湿地资源形态设置社会性义务，不同区域形态湿地资源经济、社会、生态等价值权重不同，这种价值差异化源于湿地存在种类不同、构成要素差异、地域性差别等不同影响因素，其保护措施和方法有差异，社会性义务设置随之不同，应针对一些特殊类型湿地形态可以进行特殊专门立法。在具体制度设计上，社会性义务宏观配置要注重湿地资源整体性价值和功能保护、修复和调整，运用好湿地资源规划、详细控制性规划、湿地资源生态红线设定和生态功能区划定规制工具。社会性义务微观确立是在宏观义务设定的要求和边界下，针对具体开发利用行为设定行为规范，包括尊重湿地资源生长规律义务、禁止性义务、限制性义务、生态恢复和修复义务、生态损害补偿性义务以及湿地资源物权终止义务设定。

7. 社会协同视角下西部湿地保护社会参与法律机制

社会参与被认为是实现公民环境利益的有效途径，是实现湿地可持续发展的重要措施。社会参与可以提高公民湿地保护的意识、有效遏制人为破坏湿地行为、增强政府对湿地的管理能力。环境保护社会参与具有多元化、丰富理论依据，代表是环境权理论和公共政权监督理论。西部地区湿地保护社会参与具有重要价值和意义。西部地区湿地保护社会参与取得了一定发展，但是依然存在问题，主要体现在：参与形式单一、层次有待深化；非政府环保组织成长缓慢、参与力度较弱；被动参与为主、事前参与不足。原因主要在于法律政策导向及其具体规定不足、缺乏法律保障、经济发展不平衡导致政府和社会舆论导向存在偏差、社会参与湿地保护意识不强以及环境利益纠纷解决机制还不完善等。《湿地保护法》出台前，湿地政策法规内容以开发利用为主，而忽视湿地保护，社会监督和社会参与方面缺乏具体范围、途径、程序规定；《湿地保护法》出台之后，原有地方性湿地保护法律规范需要完成"立改废释"工作。社会参与机制中，社区协同值得探索和进行立法规范。现实上，当前湿地保护协同模式探索在组织形式上要求社区协同、多方参与，保护内容上要多元引导、循序渐进，但是其普遍存在制度供给不足、经费受限等问题。要使政府与社会的协同关系发展为一种治理西部地区湿地保护问题的有效模式，必须在治理理论视域下反思如何在协同体制机制中更多地导入社会参与路径，以政府为主导，协同各方面力量共同解决问题。其中关键在于处理赋权增能、培育发展、多元治理三个问题：其一，通过赋权增能机制充分赋予并尊重社区居民及其基层自治组织相应权力，包括他们在湿地资源开发、利用和保护层面的决策权、控制权、监督权、利益分享权，避免社区权力缺席而产生不合作行为，同时引导人民群众及基层自治组织发扬自我组织、自我服务、自我管理自主治理意识；其二，通过培育发展机制，政府培育契合社区居民湿地保护需求的合作组织和行业协会等社会组织，尤其是在内部凝聚力较强、社会资本存量丰富的社区；其三，通过多元治理机制，在政府与社区群体之间建立一种高效综合性互动机制，在政府引导、社会组织参与、社区居民监督、法律保障原则下，建立健全湿地保护治理领域的表达诉求、调处矛盾、协调利益以及保障权益等机制。

二、西部地区湿地保护法律规制研究之展望

本书关于湿地问题讨论，置身于西部场域之中，具有独特研究意义。湿地保护研究是自然资源保护研究组成部分，是自然资源法律问题的一个很好的视角和切入点。自然资源保护规制需要摆脱自然资源物化的个体性视角，而代之以系统性、整体性的视角。在湿地保护法律规制中并非将湿地看作单独调整对象，而是将湿地作为一个复杂体系。期待在今后能够做更深的整体方法论视角下的自然资源法律规制研究。

本书虽然取得一定成果，但也存在诸多不足之处。本书的研究成果主要是针对少部分西部地区湿地保护进行，研究结论受制于样本分析，如能有更

多的第一手资料，研究结论就更具有理性。本书的研究主要突出研究理论依据、区域性场域与湿地保护之间的诉求关系，进而有选择性地研究一些基本制度，而对于其他一些湿地保护例如经济性激励关键性、核心性制度问题研究不足。只能通过"典型"微观来阐述并扩大到一般性理论问题与特征，无法解决全部特殊与一般理论差异。对于西部地区湿保护法律规制而言，未来几年主要是在《中华人民共和国湿地保护法》上位法基础上，制定具体的实施细则，提升规范的操作性，结合地方实际制定适应地方资源状态的法律规则。因此，关于西部地区湿地保护法律规制问题，还将在习近平法治思想、习近平生态文明思想的理论和方法论下，进一步以区域性发展理论，以社会行为规范及利益互动关系为观察，运用法社会学方法研究利益互动结构，尤其是地方性知识和观念对相关法律制度运行的影响。尤其是结合自然地理论和实践问题，深入研究其中的经济激励、社会合作与协同法律机制，研究政府规制工具选择和运用等问题。

参 考 文 献

一、著作类

[1] 吕忠梅. 环境法新视野 [M]. 北京：中国政法大学出版社，2019.

[2] 吕忠梅. 环境法导论 [M]. 北京：北京大学出版社，2015.

[3] 曹明德. 生态法新论 [M]. 北京：人民出版社，2007.

[4] 蔡守秋. 人与自然关系中的伦理与法 [M]. 长沙：湖南大学出版社，2009.

[5] [瑞典] 托马斯·思德纳. 环境与自然资源管理的政策工具 [M]. 张蔚文，黄祖辉译. 上海：上海人民出版社，2005.

[6] [英] 吉米·边沁. 立法理论 [M]. 李贵方等译. 北京：中国人民公安大学出版社，2004.

[7] 叶俊荣. 环境政策与法律 [M]. 北京：中国政法大学出版社，2003.

[8] 吴卫星. 环境权理论的新展开 [M]. 北京：北京大学出版社，2019.

[9] 单平基. 自然资源权利配置法律机制研究 [M]. 南京：东南大学出版社，2020.

[10] 黄萍. 自然资源使用权制度研究 [M]. 上海：上海社会科学院出版社，2013.

[11] 李爱年. 生态效益补偿法律制度研究 [M]. 北京：中国法制出版社，2008.

[12] 李晓文. 湿地保护与恢复的空间规划：理论、方法及案例 [M]. 北京：中国环境出版社，2021.

[13] 崔保山，杨志峰. 湿地学 [M]. 北京：北京师范大学出版社，2006.

[14] 陆健健等. 湿地生态学 [M]. 北京：高等教育出版社，2006.

［15］马广仁．中国湿地保护体系建设与探索［M］．北京：科学出版社，
2023.

［16］王文卿．中国红树林湿地保护与恢复战略研究［M］．北京：中国环境
出版社，2021.

［17］闫伟．区域生态补偿体系研究［M］．北京：经济科学出版社，2008.

［18］雷光春等．中国滨海湿地保护管理战略研究［M］．北京：高等教育出
版社，2017.

［19］李荣冠等．中国典型滨海湿地［M］．北京：科学出版社，2015.

［20］国家林业局野生动植物保护司．湿地管理与研究办法［M］．北京：中
国林业出版社，2001.

［21］劳承玉．自然资源开发与区域经济发展［M］．北京：中国经济出版社，
2010.

［22］李文华等．生态系统服务功能价值评估的理论、方法与应用［M］．北
京：中国人民大学出版社，2008.

［23］张蕾．中国湿地保护和利用法律制度研究［M］．北京：中国林业出版
社，2009.

［24］中国生态补偿机制与政策研究课题组．中国生态补偿机制与政策研究
［M］．北京：科学出版社，2007.

［25］林向群，宁小昆．湿地保护与管理［M］．北京：中国林业出版社，
2016.

［26］广西壮族自治区人大常委会法制工作委员会，广西壮族自治区林业厅．
广西湿地保护与立法实践［M］．北京：中国环境出版社，2015.

［27］于秀波．中国沿海湿地保护绿皮书（2017）［M］．北京：科学出版社，
2018.

［28］万本太，邹首民．走向实践的生态补偿——案例分析与探索［M］．北
京：中国环境科学出版社，2008.

［29］任勇，冯东方，俞海等．中国生态补偿理论与政策框架设计［M］．北
京：中国环境科学出版社，2008.

［30］张锋．生态补偿法律保障机制研究［M］．北京：中国环境科学出版社，
2010.

［31］刘爱原，康斌，郭玉清．中国滨海湿地研究态势基于文献计量分析视角

［M］. 北京：中国农业出版社，2018.

［32］梅燕. 自然保护区旅游地学资源保护性开发研究［M］. 北京：科学出版社，2016.

［33］吕宪国. 气候变化影响与风险气候变化对湿地影响与风险研究［M］. 北京：科学出版社，2018.

［34］亚洲开发银行. 中国湖泊和湿地生态恢复［M］. 哈尔滨：东北林业大学出版社，2016.

［35］王伟，辛利娟，李俊生. 陆域生态系统类自然保护区成效评估技术与案例研究［M］. 中国环境出版社，2018.

［36］刘兴土. 中国主要湿地区湿地保护与生态工程建设［M］. 北京：科学出版社，2017.

［37］魏强. 湿地生态系统服务社会福祉效应研究［M］. 北京：科学出版社，2017.

［38］李俊生等. 中国自然保护区绿皮书国家级自然保护区发展报告［M］. 北京：中国环境科学出版社，2015.

［39］马广仁. 中国国际重要湿地生态系统评价［M］. 北京：科学出版社，2016.

［40］梅燕. 自然保护区旅游开发的生态补偿机制研究［M］. 成都：西南财经大学出版社，2016.

二、论文类

［1］新时期我国自然保护地体系建设的环境伦理审视［J］. 环境保护，2019（Z1）.

［2］王艳霞，张素娟等. 滨海湿地生态补偿机制建设初探［J］. 湿地科学与管理，2011（4）.

［3］张慧，李智等. 中国亨氏湿地研究进展［J］. 湿地科学，2016（1）.

［4］孙博，谢屹，温亚利. 中国湿地生态补偿机制研究进展［J］. 湿地科学，2016（1）.

［5］刘子刚，刘喆. 湿地生态补偿概念和基本理论问题探讨［J］. 生态经济，2016（2）.

［6］殷书柏等. 湿地定义研究［J］. 湿地科学，2015（1）.

［7］ 吴后建等．中国国家湿地公园：现状、挑战和对策［J］．湿地科学，
　　　2015（3）．

［8］ 李玉凤，刘红玉．湿地分类和湿地景观分类研究进展［J］．湿地科学，
　　　2014（1）．

［9］ 王泽斌．哈尔滨市松北区湿地生态功能的展望［J］．环境科学与管理，
　　　2011（3）．

［10］张倩.《湿地公约》与我国湿地保护立法［J］.中国法学会环境资源法
　　　学研究会，2010（7）．

［11］谢云珍，王玉兵，赵泽洪等．广西湿地资源现状与保护对策［J］．中南
　　　林业调查规划，2009（4）．

［12］徐明华等．三江平原湿地生态服务功能重要性［J］．国土与自然资源研
　　　究，2012（1）．

［13］李凤．广西湿地立法保护的思考与建议［J］．湿地科学与管理，2011
　　　（2）．

［14］但新球，廖宝文等．中国红树林湿地资源、保护现状和主要威胁［J］.
　　　生态环境学报，2016（7）．

［15］赵智聪，彭琳，杨锐．国家公园体制建设背景下中国自然保护地体系的
　　　重构［J］．中国园林，2016（7）．

［16］张慧，李智等．中国城市湿地研究进展［J］．湿地科学，2016（1）．

［17］刘冬，林乃峰等．国外生态保护地体系对我国生态保护红线划定与管理
　　　启示［J］．生物多样性，2015（6）．

［18］梁增然．湿地生态补偿制度建设研究［J］．南京工业大学学报（社会科
　　　学版），2015（2）．

［19］杜金鸿，刘方正等．自然保护地生态系统服务价值评估研究进展［J］.
　　　环境科学研究，2019（9）．

［20］刘晓莉．中国湿地保护立法评判［J］．求是学刊，2011（3）．

［21］杨邦杰，姚昌恬等．中国湿地保护的现状、问题与策略——湿地保护调
　　　查报告［J］．中国发展，2011（1）．

［22］尹发能．长江中游湿地保护与利用研究［J］．国土与自然资源研究，
　　　2010（5）．

［23］高俊琴，郑姚闽等．长江中游生态区湿地保护现状及保护空缺分析

[J]. 湿地科学，2011（1）.

[24] 李凤，谭学锋等. 广西湿地立法保护的思考与建议 [J]. 湿地科学与管理，2011（2）.

[25] 姜宏瑶，温亚利. 我国湿地保护管理体制的主要问题及对策 [J]. 林业资源管理，2010（3）.

[26] 祁雪瑞. 湿地保护与开发双赢的法制选择 [J]. 中国资源经济，2011（2）.

[27] 周训芳. 湿地保护的主流化与湿地法律制度的生态化 [J]. 华东政法大学学报，2010（1）.

[28] 谭雪梅，王龙. 生态旅游景区湿地的保护与恢复 [J]. 中国林业，2011（5）.

[29] 邵琛霞. 美国湿地补偿制度及其对我国湿地立法的借鉴 [J]. 上海交通大学学报（社科版），2012（1）.

[30] 梅宏. 由墨西哥湾溢油事故反思美国滨海湿地保护的政策与法律 [J]. 中国政法大学学报，2010（5）.

[31] 梅宏，高歌. 日本湿地保护立法及启示 [J]. 环境保护，2010（22）.

[32] 梅宏. 滨海湿地保护：韩国的立法及启示 [J]. 湿地科学与管理，2011（4）.

[33] 王亚南. 大庆市建立湿地生态补偿机制的研究 [J]. 林区教学，2011（10）.

[34] 田信桥，伍佳佳. 湿地保护政策比较：韩国经验与中国智慧 [J]. 生态经济，2011（8）.

[35] 曹明德. 对建立生态补偿法律机制的再思考 [J]. 中国地质大学学报（社会科学版），2010（9）.

[36] 俞荣根. 地方性法规质量评估的理论意义与实践难题 [J]. 华中科技大学学报（社会科学版），2010（3）.

[37] 沈满洪，陆菁. 论生态保护补偿机制 [J]. 浙江学刊，2004（4）.

[38] 徐祥民. 论我国环境法中的总行为控制制度 [J]. 社会科学文摘，2016（2）.

[39] 孟焕，王琳，张仲胜，薛振山，吕宪国，邹元春. 气候变化对中国内陆湿地空间分布和主要生态功能的影响研究 [J]. 湿地科学，2016（5）.

［40］周云轩，田波等．我国海岸带湿地生态系统退化成因及其对策［J］．中国科学院院刊，2016（10）．

［41］潘佳，汪劲．中国湿地保护立法的现状、问题与完善对策［J］．资源科学，2017（4）．

［42］邵媛媛，周军伟，母锐敏，朱丽，姜天翼．中国城市发展与湿地保护研究［J］．生态环境学报，2018（2）．

［43］钭晓东．论环境法律责任机制的重整［J］．法学评论，2012（1）．

［44］陈文．论生态文明与法治文明共建背景下的生态保护立法模式［J］．河北法学，2013（11）．

［45］姜涛．生态文明建设法治化应处理好五个关系［J］．金陵法律评论，2015（2）．

［46］马爱慧，张安录．两型社会建设跨区域土地生态补偿［J］．广东土地科学，2009（5）．

［47］竺效．论中国环境法基本原则的立法发展与再发展［J］．华东政法大学学报，2014（3）．

［48］陈海嵩．国家环境保护义务的溯源与展开［J］．法学研究，2014（3）．

［49］王树义，周迪．生态文明建设与环境法治［J］．中国高校社会科学，2014（2）．

［50］王曦．论规范和制约有关环境的政府决策之必要性［J］．法学评论，2013（2）．

［51］吕忠梅．监管环境监管者：立法缺失及制度构建［J］．法商研究，2009（5）．

［52］吕忠梅．论生态文明建设的综合决策法律机制［J］．中国法学，2014（3）

［53］董正爱．社会转型发展中生态秩序的法律构造——基于利益博弈与工具理性的结构分析与反思［J］．法学评论，2012（5）．

［54］黄锡生，任洪涛．生态利益公平分享的法律制度探析［J］．内蒙古社会科学（汉文版），2013（4）．

［55］王春磊．我国环境法对环境利益消极保护及其反思［J］．暨南学报（哲学社会科学版），2013（6）．

［56］马波．政府环境责任考核指标体系探析［J］．河北法学，2014（12）．

［57］ 吴鹏．生态修复法制初探——基于生态文明社会建设的需要［J］．河北法学，2013（5）．

［58］ 晋海．我国基层政府环境监管失范的体制根源与对策要点［J］．法学评论，2012（3）．

［59］ 陈海嵩．国家环境保护义务的溯源与展开［J］．法学研究，2014（3）．

［60］ 阳东辰．公共性控制：政府环境责任的省察与实现路径［J］．现代法学，2011（2）．

［61］ 王树义，刘静．美国自然资源损害赔偿制度探析［J］．法学评论，2009（1）．

［62］ 周圣佑，秦鹏．《长江保护法》视域下湿地产权制度的"旧"与"新"［J］．中国人口·资源与环境，2023，33（3）．

［63］ 杜群．中国自然保护地法治建设的回顾与展望［J］．北京航空航天大学学报（社会科学版），2023，36（1）．

［64］ 李挚萍，杨雷．"自然恢复为主"的规范内涵与法律实施机制［J］．吉首大学学报（社会科学版），2023，44（1）．

［65］ 吴健，于元赫，龚亚珍等．湿地保护、生态旅游与农民增收——以云南拉市海湿地为例［J］．生态学报，2023，43（7）．

［66］ 袁军，史良树，唐小平．浅析中国湿地保护管理中的三种主流湿地定义［J］．湿地科学，2022，20．

［67］ 王瑞卿，张明祥，武海涛，李媛辉．从《中华人民共和国湿地保护法》解析湿地定义与分类［J］．湿地科学，2022，20（3）．

［68］ 胡攀．湿地保护纳入自然保护地体系的规范困境及出路［J］．南京工业大学学报（社会科学版），2022，21（2）．

［69］ 朱俊宇．《湿地保护法》：湿地保护和修复的法治保障［J］．人民论坛，2022（5）．

［70］ 王会，杨光，温亚利．我国湿地保护法律的空缺分析与立法建议［J］．中国环境管理，2021，13（6）．

［71］ 胡德胜，许胜晴，归帆．黄河流域自然保护地管理体制机制的立法规制［J］．中国软科学，2021（11）．

［72］ 刘瑞婷，李媛辉．中国湿地法律保护的不足与完善［J］．湿地科学，2021，19（5）．

［73］迁婕，李京梅. 美国"湿地信用"评估与交易及对中国湿地修复的启示［J］. 资源科学，2021，43（9）.

［74］王江，李佳欣. 湿地保护立法的目的构设与制度优化——以碳达峰、碳中和为引领［J］. 中国土地科学，2021，35（9）.

［75］李和平，梁洪. 我国城市湿地公园保护立法研究［J］. 中国园林，2019，35（1）.

［76］刘国庆，陈旭. 浅谈西部地区湿地保护的现状及法律对策［J］. 牡丹江大学学报，2010，19（12）.

三、网页文献

［1］舒锐. 自然资源国家保有须更具操性［EB/OL］. http：//news. 163. com/14/1031/03/A9RRO19U00014AED. html，2014-10-31/2014-10-31.

［2］杨华云. 曹明德：政府应从环境公共事件中反思决策［EB/OL］. http：//news. qq. com/a/20120816/001675_1. html，2012-8-16/2012-12-8.

［3］第一财经日报. 中国湿地保护真相调查：危机加剧保护或让位发展［EB/OL］. http：//www. lvhua. com/chinese/info/A00000040787-1. html.

［4］中国经济周刊. 专家称湿地与森林应享受同样保护待遇［EB/OL］. http：//news. sina. com. cn/c/sd/2011-01-18/001121830399_3. shtml.

［5］中国经济周刊. 我国湿地保护面临多头管理与各自为政难题［EB/OL］. http：//news. sina. com. cn/c/sd/2011-01-18/001121830399_4. shtml.

［6］林业部"十二五"规划将重点保护森林和湿地［EB/OL］. http：//news. qq. com/a/20110210/000661_1. htm.

［7］蒋天雪. 和谐社会背景下湿地保护立法的完善［EB/OL］. http：//paper. people. com. cn/rmlt/html/2011-01/11/content_746832. htm？div=-1.

四、外文资料

［1］Carl Brueh，Wole Coker，and Chris Van Arsdale. Constitutional Environmental Law：Giving Force to Fundamental Principles in Africa［J］. Columbia Journal of Environmental Law，2001.

［2］David R. Boyd. The Environmental Rights Revolution：A Global Study of Constitutions［J］. Human Rights，and the Environment，2012.

［3］ Mingde Cao. Environmental Justice ［J］. The 3rd China-EU Social Ecological and Legal Forum, 2013.

［4］ Michael Rackemann. Environmental Decision-making, the Rule of Law and Environmental Jus-tice ［J］. Theory&Practice, 2011.

［5］ Jillian Button. Carbon: Commodity or Currency T-he Case for an International Carbon Market Basedon the Currency Model ［J］. The Harvard Environmental Law Review, 2008.

［6］ Libecap, Gary D. Property Rights in Environmental Assets: Economic and Legal Perspectives ［J］. ArizonaLaw Review, 2008.

［7］ Helmuth Cremer, Philippe De Donder, Firouz Gahvari. Political Sustainability and the Design of Environmental Taxes ［J］. International Tax and Public Finance, 2004 (6).

［8］ Francisco J. André, M. Alejandro Cardenete, Esther Velázquez. Performing an Environmental Tax Reform in a Regional Economy. A computable General Equilibrium Approach ［J］. The Annals of Regional Science, 2005 (2).

［9］ Akira Maeda. The Emergence of Market Power in Emission Rights Markets: The Role of Initial Permit Distribution ［J］. Journal of Regulatory Economics, 2003 (3).

［10］ Lan-Cui Liu, Ying Fan, Gang Wu, Yi-Ming Wei. Using LMDI Method to Analyze the Change of China's Industrial CO_2 Emissions from Final Fuel Use: An Empirical Analysis ［J］. Energy Policy, 2007 (11).

［11］ Don Fullerton, Seung-Rae Kim. Environmental Investment and Policy with Distortionary Taxes, and Endogenous Growth ［J］. Journal of Environmental Economics and Management, 2008 (2).

后　记

　　本书是国家社会科学基金一般项目"法社会学视角下西部地区湿地保护立法研究"的最终研究成果。合作作者具体撰写分工为：黄中显撰写绪论和第一、二、四、六章，黄谟媛撰写第三、五、七章，最后由黄中显进行统稿。

　　环境法中环境污染问题和自然生态保护问题是每个环境法人不可回避的问题。但就兴趣而言，我们更倾向于对自然生态保护问题的研究。尤其是环境要素中的自然资源承载的环境、生态和社会利益，物权性个人利益和社会利益，形成更为动态、复杂的互动关系，也让相关社会问题在法律研究范畴内具有更深邃的思考引力。课题立项之时，正值自然保护地、功能规划、国土空间规划等问题兴起、探索和争论时期，生态环境保护法律研究，更多眼光转移到自然资源"系统性"问题产生的社会性问题而引发的法律规制诉求。而湿地是自然资源具有特殊又有特色的环境要素，在自然保护地理论和实践觉醒之下，对湿地的法律规制研究难以回避，对于此类资源的理性科学的决策和立法，迫在眉睫。在科学保护和理性规制趋势下，如何平衡经济发展和资源保护问题，在不同场域有不同的利益动态平衡和博弈。而西部地区，是一个很好的观察点。西部地区承载西部大开发、精准扶贫（现在是扶贫巩固）、乡村振兴和国家生态安全四个重大国家战略性宏观政策。通过经济发展改善民生的内在驱动力不断，但是贯彻实施绿色发展理念、实现国家生态安全战略的内在要求凸显。这种场域，使得自然资源的开发利用和保护之间的张力拉满。因此，本书研究设计的初心，是以湿地为观察对象，以西部地区为观察场域，观察特殊场域下承载于特殊自然资源之上经济、生态和社会利益交错博弈下的法律规则应当如何构造，为地方性自然资源立法变革提供智识。

　　知与行，并非具有天然一致性；只有知行合一，才可笃行致远。项目的研究过程其实并非一马平川，湿地保护法律规制研究实证性强，在项目研究之初，法律研究资料并不丰富，且国家层面并未出台湿地保护相应立法，各个地方的立法也在探索之中。尤其是对中国西部问题的个性思考，虽看到星星点点的思想火光，但难成一团热火。然对研究者而言，研究之旅的价值首先是作为其思想之旅而得以呈现的，而在此旅途中无意偶遇或有意寻觅而得的种种风景，则是这趟旅程的"春华秋实"。因而，所有的研究成果都是阶段性的反思，适当时候，研究者需要将思考结果呈现给同行们交流和批评指正，并以此继续前行。本书是在原有书稿基础上，结合现有国家政策和法律法规做补充修改，对一些论证逻辑进行修改正，让书稿数据资源更丰富、让逻辑形式更为多样而饱满、让学术观点更加理性而务实。

湿地保护法律规制问题是个长久话题。其内在诉求，不仅在于湿地作为自然资源本身承载的"口腹之欲"生存期待，也在于湿地作为环境要素本身承载的"荒野理想"对人类精神家园的塑造期望。

本书的两位作者，长期关注自然资源立法问题，也主持和参与了不少地方人大和政府涉自然资源保护的地方性法规、规章、政策性文件立法草案起草、立法评估、立法论证以及政策制定论证工作。在此过程中，本课题形成的研究成果、学术观点，得以运用其中，也得到各级立法机关和政府部门的充分肯定。

感谢在本课题研究过程中，给予课题组关心帮助和支持的组织和个人，他们在不同领域、不同时间，以不同方式和通过不同途径，恰当地提供了帮助和支持、激励和动力。

感谢课题组所有成员为顺利完成课题研究贡献智慧。感谢武汉大学出版社的胡荣女士，本书得以顺利出版，在于她的鼎力相助和认真敬业，她周到细致的工作，使本书得以顺利出版。